转型之路

开埠后济南城市交通与城市发展研究（1904—1945）

任谢元／著

山东省高水平学科『高峰学科』建设项目
艺术与设计学科博士文丛
总主编 潘鲁生
主 编 董占军

山东教育出版社
·济南·

图书在版编目（CIP）数据

转型之路：开埠后济南城市交通与城市发展研究：1904—1945 / 任谢元著 . — 济南：山东教育出版社，2023.9

（艺术与设计学科博士文丛 / 潘鲁生总主编）

ISBN 978-7-5701-2667-5

Ⅰ. ①转… Ⅱ . ①任… Ⅲ . ①城市交通运输 - 交通运输史 - 济南 - 1904—1945 Ⅳ . ① F572.89

中国版本图书馆 CIP 数据核字（2023）第 176974 号

YISHU YU SHEJI XUEKE BOSHI WENCONG

ZHUANXING ZHI LU——KAIBU HOU JINAN CHENGSHI JIAOTONG YU CHENGSHI FAZHAN YANJIU（1904—1945）

艺术与设计学科博士文丛　　潘鲁生/总主编　董占军/主编

转型之路——开埠后济南城市交通与城市发展研究（1904—1945）　任谢元/著

主管单位：山东出版传媒股份有限公司

出版发行：山东教育出版社

地址：济南市市中区二环南路 2066 号 4 区 1 号　邮编：250003

电话：（0531）82092660　网址：www.sjs.com.cn

印　　刷：山东星海彩印有限公司

版　　次：2023 年 9 月第 1 版

印　　次：2023 年 9 月第 1 次印刷

开　　本：710 毫米 × 1000 毫米　1/16

印　　张：20.5

字　　数：342 千

定　　价：65.00 元

（如印装质量有问题，请与印刷厂联系调换）印厂电话：0531-88881100

1912 年，津浦铁路济南站建成使用并成为济南商埠的地标性建筑

1930 年代，明信片上的胶济铁路济南站建筑影像

1930 年代，济南永绥门（圩子门）城楼和门外的杆石桥

清末，站在西门城楼上东望西门大街—院西大街一线

济南开埠初期的经二路街道交通场景

济南开埠初期的经三路街道和行人

1912 年建成的黄河泺口铁路桥，是民国济南的新景观

1930 年代，着色明信片上的济南黄河泺口铁桥

（前插照片 雍坚 王任 供图）

《艺术与设计学科博士文丛》
编辑委员会

总序

时光荏苒，社会变迁，中国社会自近现代以来经历了从农耕文明到工业文明、从自给自足的小农经济到市场化的商品经济等一系列深层转型和变革，人们的生活方式、思想文化、消费观念、审美趣味也随之变迁。艺术与设计是一个具体的领域、一个生动的载体，承载和阐释着传统与现代、历史与未来、文化与科技、有形器物与无形精神的交织演进。如何深入地认识和理解艺术与设计学科，厘定其中理路，剖析内在动因，阐释社会历史与生活巨流形之于艺术与设计的规律和影响，不断回溯和认识关键的节点、重要的因素、有影响的人和事以及有意义的现象，并将其启示投入今天的艺术与设计发展，是艺术与设计专业领域学人的责任和使命。

当前，国家高度重视文化建设，习近平总书记深刻阐释并强调“坚持创造性转化、创新性发展，不断铸就中华文化新辉煌”，从中华民族伟大复兴的历史意义和战略意义上推进文化发展。新时代，艺术与设计以艺术意象展现文脉，以设计语言沟通传统，诠释中国气派，塑造中国风格，展示中国精神，成为传承发展中华优秀传统文化的重要桥梁；艺术与设计求解现实命题，深化民生视角，激发产业动能，在文化进步、产业发展、乡村振兴、现代城市建设中发挥重要作用，成为生产性服务业和提升国家文化软实力的重要组成部分。关注现实发展的趋势与动态，对艺术与设计做出从现象到路径与规律的理论剖析，形成实践策略并推动理论体系的建构与发展，探索推进设计教育、设计文化等方面承前启后的深层实践，也是艺术与设计领域学者和教师的使命。

山东工艺美术学院是一所以艺术与设计见长的专业院校，自1973年建校以来，经历了工艺美术行业与设计产业的变迁发展历程，一直以承传造物文脉、植根民间文化、服务社会发展为己任。几十年来，在西方艺术冲击、设计潮流迭变、高等教育扩展等节点，守初心，传文脉，存本质，形成了赓续工艺传统、发展当代设计的办学理念和注重人文情怀与实践创新的教学思路。在新时代争创一流学科建设的历史机遇期，更期通过理论沉淀和人文荟萃提升学校办学层次与人才质量，以守正出新的艺术情怀和匠心独运的创意设计，为新时代艺术与设计一流学科建设提供学术支撑，深化学科内涵和文化底蕴。

鉴于上述时代情境和学校发展实践，我们策划推出这套《艺术与设计学科博士文丛》系列丛书，从山东工艺美术学院具有博士学位的专业教师的博士学位论文中，精选20余部，陆续结集出版，以期赓续学术文脉，夯实学科基础，促进学术深耕，认真总结和凝练实践经验，不断促进理论的建构与升华，在专业领域中有所贡献并进一步反哺教学、培育实践、提升科研。

艺术与设计具有自身的广度和深度。前接晚清余绪，在西方艺术理念和设计思潮的熏染下，无论近代初期视觉启蒙运动中图谱之学与实学实业的相得益彰、早期艺术教育之萌发，还是国粹画派与西洋画派之争，中国社会思潮与现代艺术运动始终纠葛在一起。乃至在整个中国革命与现代化建设进程中，艺术创新与美术革命始终同国家各项事业的发展同步前行。百多年来，前辈学人围绕“工艺与美术”“艺术与设计”及“艺术与科学”等诸多时代命题做出了许多深层次理论探讨，这为中国高等艺术教育发展、高端设计人才培养以及社会经济、文化事业的发展提供了必不可少的人才动力。在社会发展进程中，新技术、新观念、新方法不断涌现，学科交叉不单为学界共识，而且已成为高等教育的发展方向。设计之道、艺术之思、图像之学，不断为历史学、文艺学、民俗学、社会学、传媒学等多学科交叉所关注。反之，倡导创意创新的艺术价值观也需要不断吸收和汲取其他学科的文化精神与思维范式。总体来讲，无论西方艺术史论家，还是国内学贤新秀，无不注重对艺术设计与人类文明演进的理论反思，由此为我们打开观察艺术世界的另一扇窗户。在高等艺术教育领域，学科进一步交叉融合，而不同专业人才的引入、融合、发展，极大地促进和推动了复合型人才培养，有利于高校适应社会对艺术人才综合素养的期望和诉求。

基于此，本套《艺术与设计学科博士文丛》以艺术与设计为主线，涉及艺术学、设计学、文艺学、历史学、民俗学、艺术人类学、社会学等多个学科，既有纯粹的艺术理论成果，也有牵涉不同实践层面的多维之作，既有学院派的内在精覃之思考，也有面向社会、深入现实的博雅通识之著述。丛书集合了山东工艺美术学院新一代青年学人的学术智慧与理论探索。希冀这套丛书能够为学校整体发展、学科建设、人才培养和文脉传承注入新的能量和力量，也期待新一代青年学人茁壮成长，共创一流，百尺竿头，更进一步！

潘鲁生

己亥年冬月于历山作坊

前言

“开埠”是筹设一定的区域为商埠区，开展对外商贸活动。本书研究对象是1904—1945年间开埠后济南城市交通与城市发展的历史。

开埠前，济南城区是由古城基础上发展起来的府城和圩城共同组成的。城区面积不大，道路窄狭，城市交通发展缓慢。开埠后，济南城市发展开始转型，商埠区迅速发展，成长为有别于旧城区的新城区，并带动城市交通的快速发展。随之，现代化的城市交通管理机构先后出现，并呈现出特色鲜明的发展阶段：1928年“五三惨案”前，城市道路建设实行“分而治之”的管理方式，老城区和四关按照内地章程，由历城县管理，商埠区按租建章程，由工程局负责实施管理；市政府时期，道路管理机构趋向统一，由工务局负责全市道路基础设施建设和管理，同时兼有设计委员会和工程委员会；日伪公署时期，工务局被改为伪建设局，为适应殖民统治需要，还成立了都市计划室。相应地，现代化的交通管理机构开始组建、发展，交通法规和管理职能不断健全。

在此基础上，济南城市道路建设得到加强，街道的扩建、整修同步进行，不仅建成了济南第一条现代化的沥青马路，还对城区水道和桥梁进行了修筑；市政府时期，城市道路建设全面展开，现代化的道路基础设施大幅度增长，市内道路网系统初步形成，道路交通状况得到明显改善；日伪公署时期，城市道路建设进入“失主”态势，道路建设发展缓慢。这一阶段，铁路交通初建并开始发展，不仅拥有了交汇市区的胶济铁路和津浦铁路等干线，而且还开通了市内干线的黄台桥、泺黄支线。与此相适应，城市公共交通工具有了突破性发展，出现了新旧交通工具并存的局面，其发展态势泾渭分明：传统交通工具持续应用，半机械化交通工具迅猛发展，机械化交通工具初步兴起。

与城市交通的发展相协同，城市交通管理也逐步完善。济南市逐步制定、完善城市道路管理法规和各类交通工具管理暂行规则，为城市交通发展奠定制度保障。随着城市建设的发展，交通管理工作逐渐走上正规，道路卫生、道路维护、道路整修、道路照明、道路绿化等工作进一步规范化，其道路管理水平稳步提高。与之相伴随，济南市不断推进交通工具及从业人员管理法规，车辆登记与检验、车辆装置与行停、司机服装与训练检验、交通事故与违规处罚等系列工作有了明确规定。另外，车捐是政府捐税收入的重要来源，历届政府均极为重视车捐征收，屡定车捐规章，厘定捐率，进行减免捐及漏捐处罚，从而保证车捐征收工作。

城市交通与城市发展有密切关联。城市交通对城市空间布局的影响巨大，使旧城由封闭走向开放，并推动着商埠区的形成与扩展。不仅如此，城市交通还推动着城市产业结构的变动和城市经济空间的变迁，进而导致人口分布格局的变化，引起职业需求催生社会分层的转型，同时促进市民生活质量的提高。

由此，本书选取城市公共交通工具作为参照，与国内、省内城市进行比较，以期定位开埠后济南城市的交通状况，并分析导致这种状况的原因所在。

目录

绪 论 ≫

一、研究对象与研究范围

城市交通分为城市对外交通和城市内部交通两类，本文选取1904年自开商埠后济南城市内部交通作为研究对象。城市内部交通是指人和物运动的发生与终止均产生于城市内部的那部分交通，由各种城市交通设施共同组织承担完成其运输需求。[①]从历史上来看，城市交通是城市社会系统的一个有机组成部分，它与城市发展相互依存、荣辱与共。城市道路是城市交通运输的基础，它是指城市规划区内的车行道、人行道、广场、停车场以及跨河桥、立交桥、人行天桥、隧道、路灯、地下通道等构筑物和已经征用的规划红线范围内的道路建设用地。城市道路是城市重要的基础设施，它构成城市的骨架，确定城市的格局。城市各类建设都要依据道路的走向布置，城市道路是发挥城市功能的基本条件，既担负着城市内部的交通运输，又负担着城市的对外交通中转、集散功能，在全社会交通网络

① 沈建武，吴瑞麟：《城市道路与交通》，武汉：武汉大学出版社，2011年版，第1页。

中起着“结点”的作用。[①]作为社会基础设施和公共服务，城市交通对于城市繁荣和社会经济发展有着不可估量的作用，历来都是政府重点关注的对象。现今，如何改善城市交通拥堵问题，解决困扰城市发展、影响市民正常生活的困难，仍旧是政府和人们十分关心的问题。

本文研究时段选取1904年至1945年。选取1904年作为起始年，主要是因为济南在这一年自开商埠，同时作为近代化标志之一的胶济铁路在同年建成，由此带来了济南商业的繁荣，济南成为进出口贸易的交通枢纽城市，进而催发了市内交通的变革，推动着济南城市形态的演变。同样，为适应新式交通推动城市发展的需要，当时政府划定东西约五里、南北约二里的区域作为商埠专门领地，用以商货转输、发展商业。与之相随，商埠区规划了域内棋盘格式（经纬路）的道路系统，修建了济南第一条东西向的现代道路。后来，津浦铁路和胶济铁路在济南的交汇，更是提升了济南的重要枢纽城市地位，持续推进了商埠区的扩大和道路系统的延伸，而交通系统的近代化又引起居民出行方式、生活方式、市政管理等一系列的链条反应，从整体上不断推进着济南的城市化进程。选取1945年作为研究的终止年限，主要是因为，济南市公署时期虽然城市规划和商埠管理等市政事务进入到“失主”态势，城市发展印上了深深的殖民烙印，许多道路系统的规划都着眼于服务战争需要，甚至完全忽视城市发展的内在需求。但沦陷后的济南也曾进行城市的整体规划和建设，并建成了东西部商业区，将分散的城市四方模块连接起来，可见这一时期的城市仍在蹒跚发展之中。

基于以上研究起止时段，根据研究需要，又将其划分为三个时段（见第二章、第三章），第一个时段是1904年到1928年，此时段政局动荡，统治机关更替频繁，特别是1928年济南发生了震惊中外的“五三惨案”，城市内外城市交通发展中断；第二个时段是1929年至1937年，此时段为济南市政府统治时期，政局相对稳定，城市交通全面展开；第三个时段是1938年至1945年，此时期济南陷落，开始进入日伪公署统治时期，城市交通建设和管理完全服务

① 王建勇：《中国道路交通和交通管理》，北京：警官教育出版社，1995年版，第74页。

于日本帝国主义的殖民统治需要。

二、研究缘起与研究意义

历史研究的启发，往往源于当代社会发展的直接启示，本文的研究亦是如此。在近代中国城市发展的过程中，诸多因素起到了不同的作用，其中开埠无疑是城市发展的基点，交通则始终贯穿于城市发展的整个过程。综观坐拥铁路或者依傍于海运、河运等优越交通地理位置的城市，其发展离不开优越的交通条件。如交通条件较好的上海、天津迅速发展为大城市，石家庄、哈尔滨、青岛、大连则迅速成长为新兴城市，一些内陆的中等城市如济南、郑州更是因铁路的修建而注入活力，开始突破传统单一的政治功能迅速成长。而城市内部交通对城市发展的作用，则表现得相对平常。城市对外交通和城市内部交通紧密相连。可以说，城市对外交通对市内交通的发展产生了一定影响。城市内部交通无论是在空间维度上呈现出由市中心向外递减的规律，还是在时间维度上呈现出明显的周期性，都同城市对外交通流量有一定的关系。城市内部交通的好坏对城市对外交通也起着相应的促进或阻碍作用。

作为内陆地区自开商埠的济南，对外交通——铁路（胶济铁路和津浦铁路）的建成运营同样对市内交通的发展起到了一定的促进作用，各种因素协同推动了城市格局由传统单一的政治功能向综合性城市转变，并开启了城市近代化的进程。1904年胶济铁路通车，济南随之自开商埠，并以胶济铁路为界勘定市内规划与建设，筹划了商埠“棋盘式”道路网络，开辟连接旧城与商埠区的道路网。1912年津浦铁路通车，城市空间得以继续拓展。城市空间的扩大又推动了市内交通的发展，加上新式交通工具的引进与推广，进一步推动了城市空间规模的扩展，带动了城市道路的翻修和延展。济南先后于1918年、1926年进行了旧商埠区的扩展，逐渐地形成了以胶济、津浦平行支撑济南旧城和商埠规划建设的格局。

城市交通与城市形态、城市空间密切交织。可以看出，在城市发展的历程中，无论是城市形态的转变还是城市空间的拓展，总能看到城市交通的相应变化，或由交通引起，或是推动交通的延伸。研究城市交通不仅仅是一个工程或技术问题，而且还是一个综合性的社会问题。它与城市规划、城市空间演化、市政管理、社会变迁、人口分布、土地利用等诸多因素相关联，城市交通规划、建设和管理的水平从某种程度上说，直接体现政府的城市治理水平，关系到国计民生。因此，无论是从学术研究，还是从现实关怀来看，开展济南城市交通考察，有利于厘清近代济南城市交通发展的脉络和样态，展现近代济南城市交通建设管理的画卷，对当今城市交通的规划、建设和管理也有一定的借鉴意义。

（一）城市交通是当今学界、政府重要的关注点之一

城市交通是我们了解城市社会的一个窗口，通过观察、研究它，可以窥见它与城市社会的相互作用，以及它在城市和社会中的功能。从这种意义上来说，城市交通一直是城市经济学、城市社会学、城市地理学、城市生态学、交通社会学、管理学乃至军事学等众多学科的关注点之一。城市交通是城市内部及城市与外部之间的人员和物资实现空间位移的载体，它包括城市内部交通和对外交通，涉及城市中地面、地下、空中交通等各种运输方式。[①]工业革命前的城市化时期，城市规模有限，城市经济活动较单一，那时的城市交通主要依靠脚力、畜力或者水运实现人或物的内外移动，其缺陷不言而喻；工业革命后，伴随着工业化、城市化进程的加快，城市交通也在快速发展，城市迅速成为各种生产要素和生活要素的高度集聚地，呈现出不同于以往的全新生产和生活方式，带动了城市规模和结构的深刻变化，城市交通也相应地发展到了新阶段。近代中国城市交通的发展呈现出三个明显特征：一是城市对外交通迅速发展。工业化、城市化发挥了辐射作用，使周边地区（尤其是农村）的人口和物资向城市聚集流动，推动着城市外部交通的迅速发展，这一点在后续学术史回顾中也得以证实；铁路的修建与使用大大提升了城市对外交通水平，加强了城市与周边区域及城市间的交通运输网络联系。二是城市内部交通体系开始形成。工业化与城市化不仅使城市人口增多、经济规模扩大，而且丰富了城市产业结构，形成了各具专门功能的商埠

① 刘秉镰，王燕：《城市交通经济分析》，北京：中国经济出版社，1997年版，第1页。

区、娱乐区等，这些都对城市内部交通提出新的要求，促使城市内部交通逐步发展完善。也正是在这个时期，城市内部交通才成为维持城市社会经济活动系统运转的必要前提，城市内部交通问题才开始为人们所关注。三是现代化城市交通系统形成。在城市对外交通中，城市交通工具开始采用现代化先进技术，交通工具已由帆船、马车进化到轮船、火车、汽车、飞机。铁路运输开始发展，并成为城市对外交通的主导方式。此后，有轨电车、无轨电车、公共汽车及人力车、出租车相继投入使用，逐步取代了马车。从19世纪中期开始，机动车逐渐成为城市内部交通的主要方式。现今，随着城市化程度的不断提高，城市交通体系走向全方位、立体化的格局，交通工具和交通方式多元化，然而城市交通问题却变得日益突出，成为人们社会现实生活中的一个重大问题，甚至成为“城市病”的代名词。同时有如下问题需要探知，近代的济南城市交通状况怎样？当时政府对交通工具是如何管理的，存不存在诸如当今时代的交通问题？面对城市交通问题，当时政府采取了怎样的应对策略？

（二）近代城市交通研究在近代史研究，尤其是城市史研究中还留有待开发的“空地”

近年来，近代城市交通研究逐渐成为学界的关注点之一，产出成果较为丰富，天津、杭州、苏州、芜湖等地先后举办了四届“中国近代交通社会史学术研讨会”。相关研究主要集中在城市交通与社会发展、市政建设及交通工具变革等方面；对单体城市交通的研究仅侧重于某个方面或者在论及城市规划、发展时捎带涉及，对上海、南京、北京等经济、政治发达城市的公共交通用力较多。李沛霖对抗战前南京城市公共交通工具运营境况、公共交通与城市化进程的关系进行了论述，将抗战前南京城市公共交通与国内其他城市公共交通进行比较。[①]同样，《近代化进程中的上海城市公共交通研究（1908—1937）》也是对单体城市公共交通的研究，将租界与华界公共交通方

① 李沛霖：《抗战前南京城市公共交通研究（1907—1937）》，南京师范大学博士学位论文2012年。

式进行对比。[①]笔者见到的系统论述单体城市内部交通的研究成果，有吴俊范的《从水乡到都市：近代上海城市道路系统演变与环境（1843—1949）》，此文以公共租界工部局档案和民国上海市政档案资料为基础，运用历史地理学并辅以数据库、GIS手段，对近代上海城市的空间扩展，特别是市内道路系统的演变进行梳理，并深度挖掘道路系统演变的动力机制，由此对人地关系、道路系统演变的环境效应进行探析。[②]作为全国政治中心的首都北京，其公共交通事业发达程度几乎可与南京、上海相媲美，李玉梅的《民国时期北京电车公司研究》则是选取民国时期北京电车公司作为个案，研究其创办过程、发展演变、经营状况、职工生活等，同时兼论电车公司与其他交通工具的合作与冲突。从已有的研究成果来看，城市对外交通，尤其是铁路对单体城市发展的影响受到众多学者的青睐，而城市内部交通很大程度上受到了“冷落”，仅有少数学者在论述城市规划、城市空间时，涉及城市内部道路的变迁，对城市内部交通管理及交通问题应对则少有研究。与此相应，对电报、电话等“无形交通”事业也缺少关注。

（三）济南城市交通在近代中国城市交通发展中具有一定的代表性

济南作为“自我发展”的内陆城市典范，自开商埠起了至关重要的作用，而自开商埠在很大程度上又依赖对外交通胶济铁路的修建。其时袁世凯、周馥联名上奏的《直隶总督袁世凯等为添开济南潍县及周村商埠事奏折》中载，“查得山东沿海通商口岸，向只烟台一处，自光绪二十四年德国议租胶澳以后，青岛建筑码头，兴造铁路，现已通至济南省城，转瞬开办津镇铁路，将与胶济铁路相接。济南本为黄河、小清河码头，现在又为两路枢纽，地势扼要，商货转输，较为便利。亟应在于济南城外自开通商口岸，以期中外咸受利益。至省城以东之潍县及长山县所属之周村，皆为商贾荟萃之区，该两处又为胶济铁路必经之道，胶关进口洋货，济南出口土货，必皆经由于此。拟将潍

① 陈文彬：《近代化进程中的上海城市公共交通研究（1908—1937）》，复旦大学博士学位论文2004年。

② 吴俊范：《从水乡到都市：近代上海城市道路系统演变与环境（1843—1949）》，复旦大学博士学位论文2008年。

县、周村一并开作商埠，作为济南分关，统规济南商埠案内办理”。[①]商埠开辟和铁路开通之后，济南成为连接沿海港口城市和内陆地区的中转站，1912年津浦铁路全线通车后，济南市的地位得到了进一步提升，成为胶济线与津浦线交会点上的重要枢纽城市，“济南为商货出入之尾闾。其输出也，则由各县输送于胶、津两路之各站，集有成数，则运之济南，再从青岛输以出口。其输入亦自青岛或南京由胶、津两路输于济南，再而零星渐次散布于各县。然输入之货，尚有从烟台、龙口输入内地者。但以内地之交通关系，故为数极少”。[②]至此，济南成为华北商贸重镇和山东土洋货物的重要集散中心。

不仅如此，济南还是近代中国城市拓展中“新旧城独立”的典型代表，济南是在老城之外建立新商埠区，在建新商埠区的同时规划了城区的道路交通。新城区道路的规划和命名，则是采取了经纬方式来筹划，东西方向道路为“经”，南北方向道路为“纬”，纬路与经路基本垂直相交，形成了棋盘格式的道路系统。

三、相关学术研究现状

从城市发展的过程来看，城市交通与城市发展密切关联，纵观城市发展中的城市交通，往往具有很大的共性，又因区域不同而表现出独特的个性。因此，研究济南城市交通有必要对全国其他地区的城市交通研究现状做一梳理，以期为济南城市交通的研究提供理论依据和方法指导。民国时期，因处于特殊的战乱时期，学界对城市交通的研究成果相对较少，而因军事斗争而催生的交通研究成果则较多，特别是抗日战争时期，如章勃的《日本对华之交通侵略》、沈翔的《日人经营之华北交通事业》、王沿津的《战时交通政策》等。这些研究成果论述了战时交通政策与经济的关系，抗战期间的交通统制、组织机构、法规制定等方面的情况及变革事项。本文主要梳理近三十年来国内外有关城市交通的研究成果。

① 叶志如：《清末济南潍县及周村开辟商埠史料》，《历史档案》1988年第3期，第27页。

② 周传铭著，济南市图书馆整理：《济南快览》（1927年），济南：齐鲁书社，2011年版，第172页。

（一）城市交通体系与诸问题研究

改革开放以后，伴随着城市化进程的加速，城市史研究飞速发展，其中有关城市交通的研究在单体城市通史中占据了重要篇幅。总结这一时期城市交通或部分论及城市交通的研究著作，大致可分为以下四类：

第一类是关于单个城市研究的通论性著作，其中或多或少地论及城市交通。熊月之主编的《上海通史》之第8卷《民国经济》系统阐述了民国时期上海经济地位的确立过程，认为上海能够成为全国金融中心，正是由于其便利的交通运输发挥了对全国城乡的吸纳和辐射作用；书中特别论述了海运贸易对国内市场的驱动价值，即使上海不断拓宽与国内埠际贸易的规模，由此也催发了城市交通基础设施的完善及新式邮电事业的发展。[①]石玉新主编的《石家庄通史·近现代卷》强调，正是由于京汉铁路与正太铁路的修建，使石家庄成为两条铁路的交叉枢纽，从而启动了城市化的脚步，从一个名不见经传的村镇迅速发展成民国时期的中等城市。[②]此外，还有诸多如天津、武汉、重庆等单体城市史的研究都在不同程度上评述了交通体系对城市发展、城市区域格局变动的意义。

第二类是在关于近代不同类型城市的比较性研究成果中，论及城市交通对城市近代化的影响。隗瀛涛主编的《中国近代不同类型城市综合研究》，主要是基于现代化主线对近代中国城市进行定位划分，论述了城市间新式交通的兴起、发展，分水路交通与近代长江沿岸城市、东南沿海五口城市、北方沿海城市，铁路交通与东北地区、华北地区、华中华东地区、华南西南及西北等地区城市，公路交通与近代兰州、宝鸡、昆明，多功能交通枢纽城市天津、上海、武汉、重庆等五类城市化发展道路进行阐述，最后论述了交通与近代城市的盛衰与分布。[③]何一民的《近代中国衰落城市研究》，综合运用多学科的理论和方法，全面深入地对近代中国衰落城市进行了系统、科学的剖析，深入阐述了城市衰落的原因与城市发展周期、交通地理的变迁与近代中

① 潘君祥，王仰清主编：《民国经济》，上海：上海人民出版社，1999年版。

② 石玉新主编：《石家庄通史·近现代卷》，石家庄：河北人民出版社，2011年版。

③ 隗瀛涛主编：《中国近代不同类型城市综合研究》，成都：四川大学出版社，1998年版。

国城市衰落、战争与近代中国衰落城市等，总结了近代中国交通地理的发展概况，分析了区域城市的非均衡发展与交通地理变迁的关系。①还有的学者将近代中国城市与国外城市进行比较研究，同样强调了城市交通体系的重要性。

第三类是关于城市交通体系、城市管理体制的专论性著作。苏生文的《中国早期的交通近代化研究1840—1927》，通过丰富的史料，较系统地论述了近代中国轮船、火车、汽车等交通工具从西方引进、受挫到发展的艰难曲折历程及其对中国社会产生的影响，澄清了中国近代交通史上一些模糊的史实和认识，提出了自己的一些独特的见解，填补了中国近代交通史研究的空白，具有较高学术意义和理论价值。②何玉宏的《社会学视野下的城市交通问题》，是一部从社会学视角来探讨城市交通问题的著作，具有较高的学术价值和现实意义。该著作着眼于交通与环境之间的相互联系和相互作用，从现代生态思维的角度去认识城市交通、评价城市交通、设计城市交通，给予本人以极大的启迪。③张利民的《艰难的起步——中国近代城市行政管理机制研究》，对城市管理的范畴和外延，特别是对城市规划、城市道路修筑职业化、交通法规完备化等进行了较为深入的论述。④另外，还有许多城市交通与城市发展关系的研究成果，从不同的侧面阐明交通之于城市的意义。

第四类是关于近代城市发展的通论性著作。何一民的《近代中国城市发展与社会变迁1840—1949年》，是第一部系统地研究近代中国城市发展与社会变迁互动关系的著作。该著作运用多学科相结合的研究方法，认为“门户位置和优越的自然地理条件及贸易先导是城市优先发展的重要动力之一，它甚至在一定程度上决定着城市兴衰的命运”。⑤江沛、秦熠、刘晖、蒋竹山的《中华民国专题史·城市化进程研究》（第九卷），是由历史学者们合作完成的成果，对民国时期城市化进程中的种种问题进行全面研究，认为近代城市

① 何一民：《近代中国衰落城市研究》，成都：巴蜀书社，2007年版。

② 苏生文：《中国早期的交通近代化研究1840—1927》，上海学林出版社，2014年版。

③ 何玉宏：《社会学视野下的交通问题》，南京：南京出版社，2006年版。

④ 张利民：《艰难的起步：中国近代城市行政管理机制研究》，天津：天津社会科学院出版社，2008年版。

⑤ 何一民：《近代中国城市发展与社会变迁（1840—1949）》，北京：科学出版社，2004年版。

发展要素是交通枢纽城市占得先机，经济与交通中心转移导致旧有城镇地位下降，新式交通枢纽促使东中部现代城市成长，并导致经贸重心向中心城市位移，现代工商业与城市区域经济中心地位变动及自东南向西北的城市差异、城市空间扩展与规模剧增、城市空间转变与城市生活。①此外，宁越敏等的《中国城市发展史》，赵永革、王亚男的《百年城市变迁》，虞和平的《中国近代城市史》，傅崇兰、黄志宏等的《中国城市发展史》，曹洪涛、刘金声的《中国近现代城市的发展》等，也都是各具特点的研究近代城市发展的著作。②

就研究论文而言，改革开放以后的研究成果颇为丰富。熊月之、张生对1986—2006年的中国城市史研究的状况进行了较为详细的总结。③2009—2016年召开的四届近代交通社会史学术研讨会对近代交通社会史的主要研究内容和发展方向进行了较为系统的总结，进一步推动交通史研究的深入。本文以此为基础，主要对2000年以后的城市交通进行评述。有关研究成果主要分以下几类：

第一类是铁路与近代中国社会变迁研究。铁路作为助推城市近代化的重要力量，日益受到学界的青睐，涌现出丰硕的学位论文和期刊论文。章健的《铁路与近代安徽经济社会变迁研究（1912—1937）》，首先论述了近代安徽铁路的建设和运营，在此基础上分析了铁路与安徽近代农业、工矿业、城市化、城乡生活的关系。④王庆国的《试论铁路交通对近代徐州经济的影响》认为，近代铁路的修建，拓展了徐州与国内外市场的联系，推动了徐州经济的发展，在一定程度上恢复了徐州因水路交通丧失而失去的地位。然而，由于战争的影响，铁路功能的充分发挥受到限制，城市经济发展过程曲折艰难。⑤另外，部分学者还对铁路与区域交通体系关系进行了研究。郭海成的《陇海

① 江沛等：《中华民国专题史·城市化进程研究》，南京：南京大学出版社，2015年版。

② 赵永革、王亚男：《百年城市变迁》，北京：中国经济出版社，2000年版；傅崇兰、黄志宏等：《中国城市发展史》，北京：社会科学文献出版社，2009年版；宁越敏等：《中国城市发展史》，合肥：安徽科技出版社，1994年版；曹洪涛、刘金声：《中国近现代城市的发展》，北京：中国城市出版社，1998年版。

③ 熊月之、张生：《中国城市史研究综述（1986—2006）》，《史林》2008年第1期。

④ 章健：《铁路与近代安徽经济社会变迁研究（1912—1937）》，苏州大学博士学位论文2013年。

⑤ 王庆国：《试论铁路交通对近代徐州经济的影响》，《杭州电子科技大学学报（社会科学版）》，2007年第1期。

铁路与近代关中交通体系的重构》，对陇海铁路开通前后关中地区的交通网络进行比较后认为，传统的运输方式虽因铁路的开通受到冲击，但并未退出运输市场，反而在交通体系的重构过程中，形成了与铁路运输方式既竞争又互补的局面。[①]与此同时，铁路建设及运输管理研究、与铁路有关的个人及群体研究也开始进入国内学者的视野。

第二类是交通体系与城市化、近代化。作为城市建设发展的重要环节的交通体系，不仅推动了区域的社会变动，而且还推进了城市的近代化进程。张玉龙的《抗日战争时期的西南交通建设与城市近代化》，论述了因战而兴的西南地区交通建设事业，立体式近代交通运输网络的形成，推动着西南地区城市经济社会结构及文化价值观念的变迁，从而使城市近代化程度不断发展。然而，受诸多因素的制约，城市近代化与交通建设的良性互动关系出现错节。[②]陈文彬的《近代城市公共交通与市民生活：1908—1937年的上海》，基于档案资料和报刊史料，论述了以电车、公共汽车等现代化的公共交通工具与传统个体交通工具相比具有的优越性。不仅如此，公共交通还与市民生活方式的变化、市民公共意识的生长等密切相关。[③]

第三类是近代交通体系与区域社会变动。景菲菲的《从交通方式的变迁看近代山东经济格局》，以大量的档案资料和地方志为基础，用大量的篇幅论述了山东地区以港口为基础的海运和胶济铁路为主构成的新交通体系的形成过程，分析了铁路和港口联动机制对市场的影响。[④]丁贤勇的《近代交通与市场空间结构的嬗变——以浙江为中心》提出，新式交通对市场空间的影响，表现出鲜明的空间级差性和发展中的时序性、互补性，并且推动了商业市镇由沿大江大河分布到沿铁路线分布，加强了中心城市与周边市场的联系，使浙江地区的商业格局发生了变化。[⑤]相比较而言，戴鞍钢的《交通与经济的互

---

① 郭海成：《陇海铁路与近代关中交通体系的重构》，《兰州学刊》2013年第3期。

② 张玉龙：《抗日战争时期的西南交通建设与城市近代化》，《贵州社会科学》2002年第2期。

③ 陈文彬：《近代城市公共交通与市民生活：1908—1937年的上海》，《江西社会科学》2008年第3期。

④ 景菲菲：《从交通方式的变迁看近代山东经济格局》，《重庆交通大学学报（社科版）》，2015年第2期。

⑤ 丁贤勇：《近代交通与市场空间结构的嬗变》，《中国经济史研究》2010年第3期。

为制约——以近代中国西部省份为例》，则是通过案例分析了历史条件和自然地理对西部地区交通近代化的制约，该文认为作为生产环节的投入要素，交通运输的发展直接影响着地区商品经济状况，乃至城市的近代化进程。[①]同样，西部地区经济调整的近代化过程，也是强制性地在运输力量与经济发展间寻求合理的比例，这是研究近代交通体系与区域社会变动的崭新视角。

目前，关于近代交通体系与区域社会变动的研究，学者们还从城市人口变迁等视角进行论述。刘莉的《近代东北交通与城市人口的增长及流布（1860—1931）》认为，近代交通体系的建立为大量人口流入东北地区提供了便利，尤其是交通体系的节点或枢纽对吸纳周边移民发挥了巨大作用，从而使城市进一步得到拓展，足见城市与人口的聚散有着直接而重要的关联与互动。[②]岳钦韬的《近代长江三角洲地区的交通发展与人口流动——以铁路运输为中心（1905—1936）》则同样认为，铁路使人口流动规模和活动空间得以扩大，沿线城市站点人口普遍上升，在一定程度上促进了区域城市化进程。

此外，还有许多成果就交通体系本身展开论述。朱培麟的《三峡地区近代交通史略》、杨洪的《试论西北近代交通建设》、杨光的《清末民初常州交通近代化探析》、任放的《近代两湖地区的交通格局》、丁芮的《警察制度下近代北京城市的交通管理》、邱国盛的《人力车与近代城市公共交通的演变》等等，都是从不同角度论述近代交通体系的形成、演变及相关政策。

纵观以上研究成果，不难看出近代城市交通研究还存在许多触及不深或尚未开垦的领域：1. 总的来看，已有的研究成果在研究上往往出现“聚焦”效应，限制了城市交通研究范围的拓展。就研究时间来说，学者对20世纪初以来的城市交通研究下力最大，收获最丰，而对鸦片战争以来的19世纪中后期关注度尚待加大投入；就空间来说，研究者们对沿海城市、沿江河线上城市及沿铁路线上城市及地区关注度较大，对边缘地区城市或缺乏特色的城市

① 戴鞍钢：《交通与经济的互为制约——以近代中国西部省份为例》，《中国延安干部学院学报》2010年第2期。

② 刘莉：《近代东北交通与城市人口的增长及流布（1860—1931）》，《西北师大学报（社会科学版）》2016年第4期。

关注度不高，特别是对城乡的关注尚需进一步投入。2. 学界大多关注城市交通体系与社会诸因素的互动，对交通体系本身如交通工具、交通附属设施的管理、运营等问题关注较少。3. 学界对城市交通与区域经济格局、城市近代化的研究成果丰硕，但对政治（政权）对城市交通施加的影响关注不高。4. 学界关于城市交通体系的专论性成果较少，尤其是单体城市的交通体系研究。5. 学界有关城市对外交通的成果较为丰富，市内交通研究则相对较少。

（二）济南城市交通体系研究

城市发展与自身交通体系密切相连，近代济南城市大发展也充分体现了这一特点。有关近代济南的研究发端于城市史研究，学界熟知的国外最早关于济南城市研究的著作是鲍德威的《中国的城市变迁：1890—1949年山东济南的政治与发展》。该书探索了20世纪前半叶济南城市的政治、经济和社会文化发展及其对城市的影响，对以后的国内城市史研究具有重要的参考启发意义。①安作璋主编的《济南通史》（近代卷、现代卷），分五部分系统论述了1840—1949年间济南的历史发展过程、特点及其规律。②党明德、林吉玲的《济南百年城市发展史——开埠以来的济南》，以济南开埠为起端，论述了百年来济南对外开放与城市化进程的历史，涉及城市规划与城区空间演变、城市基础设施建设与市政管理等。③王守中、郭大松的《近代山东城市变迁史》一书中部分章节论述了济南开埠前后城市的经济发展与城市变迁。④聂家华的《对外开放与城市社会变迁——以济南为例的研究（1904—1937）》，运用历史学和社会学等多学科相结合的研究方法，以近代济南早期现代化启动与推进为主线，从经济与社会结构、城市基础设施与市政建设、城市教育等层面，考察了近代济南城市不同时段的现代化发展历程，展现出近代济南城市

① [美]鲍德威著，张汉等译：《中国的城市变迁：1890—1949年山东济南的政治与发展》，北京：北京大学出版社，2010年版。

② 党明德等：《济南通史（近代卷）》，济南：齐鲁书社，2008年版；刘春明等：《济南通史（现代卷）》，济南：齐鲁书社，2008年版。

③ 党明德，林吉玲：《济南百年城市发展史——开埠以来的济南》，济南：齐鲁书社，2004年版。

④ 王守中，郭大松：《近代山东城市变迁史》，济南：山东教育出版社，2001年版。

社会的全景式变迁进程。[①]王音的《济南城市近代化历程》，依托重大事件的划界，分四部分论述了近代济南全方位的发展变迁。[②]从以上论著不难看出，目前关于近代济南城市史的研究已取得了一定成果。然而，这些成果对城市交通体系相关问题涉及较少，对城市交通方式的管理运营及社会关系等更是缺乏关注。

随着济南城市史研究的深入，学界开始关注作为济南城市基础设施重要组成部分的城市交通研究，虽然尚未出现专门的有关城市交通的著作，但出现了一些有价值的涉及城市交通，尤其是铁路交通与城市变迁的研究成果，并在学界引起了一定的反响。张玉法的《中国现代化的区域研究——山东省（1860—1916）》，较早提出胶济铁路通车对济南城市化有着重要影响。[③]江沛、秦熠、刘晖、蒋竹山的《中华民国专题史·城市化进程研究》（第九卷），阐述了城市交通条件对济南现代工商业与城市区域经济中心地位变动的影响。[④]王守中、郭大松也持同样观点，认为交通近代化驱动了济南经济发展格局转变，确立了济南贸易枢纽的地位。陈为忠的《近代华北花生的运销体系（1908—1937）》，基于海关贸易报告的数据，分析了胶济铁路通车后济南在山东花生出口贸易中地位的变化。[⑤]林吉玲、董建霞、满霞的《胶济铁路与山东区域城市化发展研究》，以胶济铁路与近代山东区域城市化的变迁作为切入点，重点考察铁路在沿线区域交通、社会经济、城镇化、社会生活等方面由传统向现代的转型中所起的作用，[⑥]特别是作为交通网络节点的城市（青岛、济南等）是如何凭借着近代交通体系的助力，推动着城市空间结构扩张

---

① 聂家华：《对外开放与城市社会变迁——以济南为例的研究（1904—1937）》，济南：齐鲁书社，2007年版。

② 王音：《济南城市近代化历程》，济南：济南出版社，2006年版。

③ 张玉法：《中国现代化的区域研究——山东省（1860—1916）》，“中研院”近代史研究所1982年版。

④ 江沛，秦熠，刘晖，蒋竹山：《中华民国专题史·城市化进程研究》（第九卷），南京：南京大学出版社，2015年版。

⑤ 陈为忠：《近代华北花生的运销体系（1908—1937）》，《中国历史地理论丛》2003年第1辑。

⑥ 林吉玲，董建霞，满霞：《胶济铁路与山东区域城市化发展研究》，北京：中国文史出版社，2013年版。

与功能转变，此书是集三位作者前期研究成果之结晶[①]。秦熠的《铁路与近代济南城市的空间变迁（1904—1937）》认为，济南城市内外部空间的变化与铁路交通有着密切关系，铁路开通吸纳大量移民，促使人口结构发生变化，改变了城市的社会生活空间。[②]张学见的《青岛港、胶济铁路与沿线经济变迁（1898—1937）》，以山东交通近代化转型为前提，阐述了胶济铁路基础设施、机构沿革和营业状况，分两条主线论述了胶济铁路沿线产业兴衰和进出口商贸流通情况。[③]迟晓静、熊亚平的《铁路沿线城市的成长与周边市镇的发展——以济南为例（1904—1937）》认为，济南由消费型政治中心城市向综合型近代化城市的转变，主要是得益于铁路的建设，而铁路沿线市镇的发展也因此被带动起来。[④]

与此同时，许多研究生对济南近代城市规划、城市空间进行了大量研究，在其论文中将城市交通作为重要线索而多有论述。王西波的《济南近代城市规划研究》，是中国近代城市规划史的案例研究成果，作者运用文献和实际调查方法，在掌握大量一手资料的基础上，融城市交通特别是铁路交通于城市规划之中，将济南城市规划与国内城市、欧美西方城市的规划进行比较研究，论述了近代济南城市规划的特点和规律。[⑤]赵英丽的《近代济南城市规划和城市发展研究》，则是更为详尽的近代济南城市规划研究成果，阐述了1840—1948年济南城市规划与建设的发展史，章节安排主要以城市形态结构发生重大变化的标志性年份和发生重大政治变动的年份为依据，分四个部分论述济南城市的拓展演化。城市发展的论述主要从城市性质的变化、工商业的快速发展、道路系统建设、城区人口的集聚、城市空间结构的演变、城市

① 林吉玲，董建霞：《胶济铁路与济南商埠的兴起（1904—1937）》，《东岳论丛》2010年第3期；董建霞，林吉玲：《铁路与近代济南经济发展论析》，《山东师范大学学报（人文社会科学版）》2011年第2期；满霞：《胶济铁路与近代社会变迁研究——以1899—1937年为中心》，山东大学硕士学位论文2007年。

② 秦熠：《铁路与近代济南城市的空间变迁（1904—1937）》，《历史教学》2015年第10期。

③ 张学见：《青岛港、胶济铁路与沿线经济变迁（1898—1937）》，南开大学博士论文2012年。

④ 迟晓静，熊亚平：《铁路沿线城市的成长与周边市镇的发展——以济南为例（1904—1937）》，《兰州学刊》2015年第6期。

⑤ 王西波：《济南近代城市规划研究》，武汉理工大学硕士学位论文2003年。

文化风貌、城市规划发展过程中具体执行部门的管理机制等方面阐述。[①]孟宁的《近代济南城市空间转型及发展研究（1904—1948）》，以济南城市空间发展与转型为研究对象，重点对商埠区与旧城区的空间演变动力因素、特点等机理进行比较性论述，其间依据不同阶段城市空间布局情况，兼论其与市内道路交通和铁路的关系。[②]王瑞琪的《近代济南开埠与城市转型》，基于报刊等资料，首先考察济南开埠前的背景，详述商埠区的规划筹建，同时探讨商埠区市政建设，对路政与市内交通、城市供水、城市消防和城市清洁卫生等近代化生活方式进行论述，认为开埠是济南经济空间和公共空间走向近代化的关键一环。[③]

回顾上述研究，不难发现近代济南城市交通研究呈现出以下特点：1. 旱涝不均明显。有关济南城市交通的研究，城市对外交通方面受到了较多关注，其中尤以铁路最受青睐，而曾经辉煌的小清河等水运到近代则无人问津，新出现的电话、电报等无形交通也较少进入研究者的视野。据笔者发现，学者们绝大多数从铁路对城市发展的积极方面进行论述，较少涉及战争期间特别是济南“五三惨案”期间铁路交通的作用及争夺情况。同样，相当一部分研究者忽视了对铁路本身的管理经营的研究；有关市内交通方面的研究更是寥寥无几，笔者所见的仅是零零散散地出现在相关成果中，对市内道路交通管理的研究更是不多。2. 只见局部，整体性研究尚未出现。综观济南城市交通方面的研究，大部分只是就某一方面或某种交通工具的研究，或是在城市规划中略带涉及城市交通，而有关近代济南城市交通的系统性研究成果尚未出现。3. 相关研究多集中于开埠后，而对开埠前较少涉及。有关济南城市交通的研究成果，或因新式交通工具的引进、推广，或因城市空间的扩张，研究者们将目光聚焦于开埠后的城市交通，对开埠前的城市交通仅几笔带过。

---

① 赵英丽：《近代济南城市规划和城市发展研究》，北京师范大学博士学位论文2006年。

② 孟宁：《近代济南城市空间转型及发展研究（1904—1948）》，西安建筑科技大学硕士学位论文2009年。

③ 王瑞琪：《近代济南开埠与城市转型》，南昌大学硕士学位论文2014年。

四、研究方法与资料来源

（一）研究方法

1. 档案解读研究法

档案是本课题研究的主要资料来源之一。笔者查阅山东省档案馆、济南市档案馆馆藏有关济南的档案，发现商会、同业公会、市政公署档案中涉及城市交通及相关问题的信息，仔细分析、解读与本课题相关的档案资料，从中梳理并描绘出近代济南城市交通轨迹，展现出近代济南城市交通管理的鲜活情景，并尽可能地通过档案还原历史的本来面貌。另外，山东省图书馆还藏有不少民国时期的报刊，也为本文提供了大量资料。如《济南日报》1926年12月7日曾以“灯楼上安置了红绿电灯”刊载：“普利门内，柴家巷，估衣市街，城顶，市街，四面街口，汇为十字形，实系城厢交通之中心点。此处业经市政厅饬工拆卸四角，修成大圆圈，以期交通便利。现复于中心设一灯楼，上端配置红绿电灯八盏，分向四面街口，灯现绿色，系表示通行无阻。灯现红色，系表示前有障碍，电门开闭，均由岗警司之。用意纯在免除汽车肇事，保证行人安全。闻警厅行将布告商民车夫，一体周知矣。”这些鲜活的细节刺激着笔者的研究欲望。

2. 比较分析法

本文在撰写过程中，运用了对比方法，对近代济南开埠前后交通状况、城市空间格局演变、旧城区与商埠区道路系统等进行比较研究。

3. 交通社会学、历史地理学等方法的运用

济南城市的自然地理条件和区位情况是济南交通发展延伸的基础。交通作为一种社会现象和社会行业，是诸多要素的组合体。在研究城市交通的过程中，运用交通社会学的理论与方法透视交通与社会生活诸要素之间的关系是非常必要的。研究城市交通，绘图是必不可少的环节，在本文撰写过程中同样需要运用历史地理学等相关学科的方法进行区域交通的研究。

4. 实际考察和访问

笔者充分利用居住济南的优势，实际考察了近代济南街区、城市代表性

建筑等，这些是建构论文的基础和核实文献资料真伪的重要手段之一。本文选择近代济南交通作为研究对象，笔者先后访问了济南原居民、守望老济南的研究者及政府相关部门人员，拓展了思路，同时获得了一些新的资料。

5. 借鉴多学科的有关理论

城市交通问题是一个综合的社会经济问题。城市交通不仅仅是历史学研究的范畴，它还包含城市规划、城市经济以及城市社会等多方面的内容。因此，研究城市交通必然会涉及多学科的有关理论，如城市社会学理论、交通运输理论、城市经济理论、城市规划理论等。芝加哥学派的代表人物E. W·伯吉斯在《城市发展：一项研究计划的导言》中明确提出了“集中和疏散论，或称向心流动和离心流动论”，即从城市社会学的角度对城市人口的迁移、居民出行的机制、工作地点及家庭地址的选择做广泛而深入的研究。[①]以上这些理论为本文的研究提供了理论基础。

（二）资料来源

1. 档案资料

档案是历史研究的关键，特别是近代史研究的基础性材料，它最能真实、鲜活地反映当时的状况，是研究所需的第一手资料。众多先辈学者对档案与史学研究的关系有深刻的认识，清代学者章学诚曾将档案与史学的关系形象地比喻为“车之有两轮，鸟之有双翼”。[②]戴逸先生也认为：“无论是中国过去的史学家，还是当代的史学家都把档案看作史学研究中最重要的史料，看作历史学科得以生存和发展的根本条件。可以说，离开了档案，就不能进行严肃的、深入的历史研究。”[③]

同样，笔者在论文撰写的过程中，也充分利用了档案材料，所用材料主要有以下四部分：第一，山东省档案馆馆藏档案。山东省警法等机关档案汇集（全宗号：J000）共309卷，档案形成时间为1925年至1949年；山东省警察

① 何玉宏：《社会学视野下的城市交通问题》，南京：南京出版社，2006年版，第3—4页。

② 陈育红：《对档案史料地位的再认识》，《湘南学院学报》2015年第1期。

③ 戴逸：《加强联系与合作共同繁荣史学事业与档案事业——在第十三届国际档案大会闭幕式上的演讲（摘要）》，《档案管理》1996年第6期。

系统全宗汇集（全宗号：J016）共176卷，档案形成时间为1918年至1948年；山东省政府建设厅档案（全宗号：J102）共3 835卷，档案形成时间为1921年至1947年；山东省政府档案（全宗号：J105）共614卷，档案形成时间1914年至1948年；山东省政府民政厅档案（全宗号：J165）共24卷，档案形成时间为1926年至1948年；山东省政府财政厅档案（全宗号：J166）共16卷，档案形成时间为1929年至1948年。第二，建设总署济南工程局、济南市公署建设局、济南市政府财政局档案（全宗号：历临75）共100余卷，档案形成时间为1929年至1948年。档案的主要内容包括：山东省民政厅、济南市公署、济南市政府关于市县分治的训令；有关土地征用、管理的法令章则、管理计划、公文函件，解决土地补偿费的行政状书、缴契执照；济南古迹名胜整理委员会筹备会会议记录等。第三，济南市商会档案（全宗号：历临77）馆藏该全宗档案100余卷，档案形成时间为1913年至1948年；济南市商会各行业同业公会档案（全宗号：历临76）馆藏该全宗档案1 000余卷，档案形成时间为1928年至1948年。此类商会及同业公会档案中蕴含着相当数量的有关城市交通、市政管理等方面的内容。第四，国家档案局“开放档案信息资源共享利用系统”中的档案。

此外，济南市档案馆还藏有济南市社会局、济南市公署、警备总队、济南市北部都市建设办事处等部门关于道路清洁、交通工具管理、水道扩张工事计划、道路整修等方面的档案，这些也是本课题重要的资料来源。

2. 近代济南报刊资料

近代济南乃至山东地区出版的报刊也是论文的重要资料来源。从国家图书馆购得的济南市政府秘书处编《济南市市政月刊（1934—1937）》和济南市公署秘书处编《济南市政公报（1940—1944）》，从山东省图书馆查阅到的《济南市市政月刊（1929—1930）》《济南日报（1925—1938）》《山东官报（1905—1912）》等构成了本文的主干资料来源。此外，山东省建设厅1931年创办的《山东省建设月刊》、上海中华全国道路建设协会的《道路月刊（1922—1937）》《大公报（天津版）》《申报》及《顺天时报》等也提供了部分资料。

3. 地方史志资料

《济南市志资料》《济南市房地产志资料（1-3辑）》《济南府志》《续修历城县志》《民国山东通志》《中华民国省区全志·鲁豫晋三省志（1925年）》《山东省志·交通志》《山东省志·金融志》《山东省志·民政志》《山东省志·粮食志》《山东省志·商业志》《济南铁路局志1899—1985》《济南城市建设管理志1840—1985》《济南黄河志》《小清河史志辑存》《山东省志资料》《济南文史资料选辑》《济南市志资料》《济南市地名志》《山东省志·黄河志》《山东省志·水利志》《山东省志·建筑志》《山东省志·测绘志》《山东省志·铁路志》《华东战时交通通信史料汇编·山东卷》《济南金融志（1840—1985）》《济南市税务志（1840—1985）》等从不同的方面为本文的撰写提供了极具参考价值的史料。

4. 民国时期的著作

"南满洲铁道株式会社"（日本帝国主义为掠夺资源设立的公司）编的《济南旧迹志》（1927年）、济南"日本商工会议所"的《济南事情》（1939年）、叶春墀的《济南指南》（1915年）、周传铭的《济南快览》（1927年）、罗腾霄的《济南大观》（1934年）、倪锡英的《济南》（1936年）、日伪济南市公署秘书处编的《济南市政概要》（1940年）、济南市政府的《济南市政府市区测量报告书》（1934年）、济南市政府秘书处编《济南市政府周年工作报告》（1935年）、《济南市政府工作报告》（1932年）、济南市工务局编《济南市工务局取缔建筑暂行规则》、周志骅的《世界百大商埠要览》（1930年）、马精武等的《我国的商埠》（1933年）、蒋慎吾的《近代中国市政》（1937年）、孙宝生的《历城县乡土调查录》（1928年）、林修竹的《山东各县乡土调查录》（1930年）等。

5. 其他相关资料

济南市政协文史资料委员会的《20世纪济南文史资料文库（政治卷、经济卷、军事卷、文化卷、教育卷、社会卷）》、济南市房产管理局编志办公室的《济南市房地产志资料》（第1—3辑）、中共济南市市中区委宣传部的《纪念济南自开商埠一百周年专家座谈研讨会研讨论文专刊》（上册、下册）、山东地方史志编纂委员会的《山东史志资料》（第1—9辑）、山东省政协文史资料委员会的《山东工商经济史料集萃》（第1—3辑）、济南市民政局的《济南老街老巷》、中国史学会济南分会的《山东近代史资料选集》、济南市政协文史资料委员会编的《20世纪济南文史资料文库》、国家图书馆编委会的《近代交通史全编》（全48册）、全国图书馆文献缩微复制中心的《民国时期市政建设史料选编》等。

五、章节安排与主要内容

第一章论述开埠前济南城市的历史沿革，城市内外交通演变与城市空间布局，以及城市经济及社会发展状况，并由此推及城市人口的数量、分布及结构。基于此，梳理开埠前济南城市空间及功能区域的演变历程，廓清当时城市对外交通、内部交通和交通工具的现状与样态。

第二章论述开埠后济南城市交通管理机构的演变。分三个时期梳理济南城市道路机构的更迭情况，论述其内部管理机构的发展演变，兼述不同时期道路的设计机构和工程机构。与此同时，从实施城市交通管理的先决条件，暨道路交通管理机构、管理队伍、交通设施入手，对城市交通管理机构进行探讨。

第三章论述开埠后济南城市交通的发展情况。首先，明确三个时期济南城市道路及基础设施建设的态势，依次论述道路建设、明暗沟建设及桥梁建设情况，并对三个时期进行分析比较。其次，从铁路开设机构的沿革、基础设施建设和运行情况等方面，梳理济南城市铁路的发展脉络。再者，分类探讨了济南城市公共交通工具的存在样态及发展趋势。

第四章论述开埠后济南城市交通的管理。该章较全面地梳理了近代济南城市道路管理的方式和特点，并且对城市交通工具、城市交通从业人员，实施严格的管理方针。另外，选取有代表性的“车捐税”，详细考察其管理的动态过程，从车捐规章与捐率厘定、捐税统计、减（免）捐与漏捐处罚等方面进行阐述。

第五章论述近代济南城市交通与城市发展。城市发展主要体现在城市空间的拓展、城市经济的发展及城市人口的增长等方面。正是基于这些方面，探求城市交通与城市空间之间的关系，尝试梳理交通格局影响下济南城市空间和城市商业布局的变迁规律，进而一窥济南市的人口分布、社会分层转型等状况。

结语部分选取省内和省外部分城市作为参照，尝试探求近代济南城市交通在山东乃至全国的地位，并分析导致此种状况的原因。

六、研究定位及创新之处

（一）基于以上学术史的回顾，本书定位如下

通过系统梳理近代济南城市交通状况，展现近代济南城市交通管理等方面的生动画卷，一窥近代化进程中传统与现代、正面与负面等双边因素的博弈，并透视城市交通发展的内在驱动机制和交通推动城市发展的重要程度，希冀为现代的城市交通和城市管理提供有益的参考。

（二）创新性是笔者不懈的追求目标，本书以下两个方面均有所突破

1. 研究对象拓展到单体城市的市内交通研究

从上述学术史的回顾中不难发现，城市对外交通受到了较高关注，并且成果丰硕。相比较而言，学者对城市内部交通的关注较少。济南作为一座内陆型城市，缘何在近代步入了快速发展之路，可以说城市内部交通也是至关重要的一环。梳理济南城市交通发展轨迹，探查城市交通与城市发展的相互作用，单靠研究其中的某种交通工具或交通类型是不行的，城市交通内在的各个要素（各种交通类型或方式）是相互联系、相互依存，乃至是相互推动（制约）的，所以有必要对济南城市内部道路交通进行考察，以填补近代济南城市交通系统研究的空白。

2. 档案资料和报刊资料等的广泛应用

本书充分挖掘档案、报刊和地方志资料，拓宽了已有成果的资料来源。目前有关济南交通等方面的主要研究成果，对档案资料和报刊资料的应用有限，有的甚至没有利用这两方面的资料，而本书的主要资料来源恰是档案、报刊资料和地方志材料，从而使课题研究更真实、更鲜活、更有价值。

第一章　开埠前济南城市发展与城市交通 ≫

第一节　济南城市的地理位置与历史沿革

一、地理位置

济南为山东之都会，位于东经117度，北纬36度，南起岱岳，蜿蜒北上，位于鲁中山地北麓东西大道的西端，城北有黄河直达渤海，离城约五里，同时又处于南北之中心（明清时期北京至南京官马大道的中间），交通发达，地理位置优越。古来谈论济南形势的人，曾有这样一段记述："函历诸山导其前，鹊华群峰抱其后，明湖荡漾，泺水萦环，宛有江南之胜。"[①]连绵的山脉在济南的东南西北四方环绕着，把济南城围在中间。

环城的山，以城南最为雄奇。离城最近的，当属城南五里处的历山（现称千佛山），相传为舜所耕田之处，是济南古称历下之由来。同历山相连着的有马鞍山（在城西

① 倪锡英：《济南》（1936年），南京：南京出版社，2012年版，第26页。

南四里）、兴隆山和大佛山（在城南十里），大佛山东去，便是玉函山（离城二十里）。这里已是泰山的北麓，再向南去越过长城岭的遗迹，便到东岳泰山了。城东的山，最大的是龙洞山，离城东南三十里。那里以洞著名。连着龙洞山，便是鲍山（在城东三十里）。离城东较近的，有庙山、茂陵山和荆山；东北还有卧牛山（在城东北十五里）、九里山（在城东北五里）和历史上著名的华山（在城东北十五里）。城西的山，有奎山（在城西十五里）、标山（在城西北八里）、黄山（在城西南六十里）、药山（在城西北十二里）、匡山（在城西北十二里）、紫荆山（在城西北十五里）、卧狼山（在城西南十五里）、龙山（在城西南十二里）和白马山（在城西南十五里）。城北的山很少，只有在城北十五里泺口镇旁的鹊山。

济南城四周因为有了这些山，所以便成为一个泻泄之所，山泉都向济南城汇流，不仅造就了济南七十二名泉的胜迹，而且还形成了现今著名的大明湖。泉水经过了济南城，绕城一周，汇入大明湖，再由大明湖出北水关，合为小清河和泺水的水源。小清河是从前济水的南源，最初和大清河相合，后来黄河决口，大清河为黄河所夺，变成了现今黄河的河道。小清河便单独流经章丘、齐东、邹平，到高城镇南，复合獭河，向东北流，经博兴入海，和现在黄河的入海道，恰好是平行前进。泺水发源于济南城西北，向北流入黄河，是联结济南城和黄河的水道。

二、历史沿革

济南旧城区的形成，经历了较长历史时期的演变。唐虞夏商之际，济南为青、兖两州所平分，在公元前17至公元前11世纪的商朝时期，济南地区属于商朝的势力范围，商代遗址在市区和郊区各县均有发现。[①]姬周时期，以土地分藩于诸侯，于是齐、鲁、谭诸国，泺、章、台、鲍、平陵诸邑，其领地皆跨济南。春秋战国时期，济南为齐国独并。春秋鲁桓公时，济南称泺。《春秋左传·桓公十八年》（公元前694年）载："公会齐侯于泺。"泺是指泺水，

① 济南市志编纂委员会编：《济南市志资料　第一辑》，1981年版，第102页。

“泺”是济南当时的名称。此后，济南又称“历”，《史记·晋世家》：“平公元年伐齐，齐灵公与战靡下。”[①]《史记》集解中徐广曰：“靡，一作历。”这是史籍上把济南称为“历”字的开始。秦朝罢诸侯，设郡县，济南地属齐郡之东郡，称历下。汉高帝六年（公元前201年），封其子刘肥为齐王（即齐悼惠王），辖6郡73县。高后元年（公元前187年），高后立其兄子郦侯吕台为吕王，割齐之济南郡为吕王奉邑，因在济水之南命名，治所设东平陵。济南之名最早出现在这里。文帝元年，置济南国。其后汉封山东诸侯，遂为齐王所有。三国时济南属魏，始为青州济南郡，正始七年（246年）复为济南国。魏平蜀后（263年），曾在济南北境置济岷郡，晋时并入济南郡。265年，晋武帝司马炎受魏禅，封司马遂为济南王，晋初仍为济南郡，晋永嘉末（313年前后），郡治由平陵（汉以后称东平陵为平陵）移至历城，扩大城垣，是为郡治之始。刘宋时，青州济南郡始治历城，历城首县，始名于此；此时期，历城又升格为冀州的州治。皇兴三年（469），北魏政权改侨置冀州为齐州，齐州辖济南郡（治历城）、东魏郡（原治历城，后徙治台城，故址在今历城东北）、太原郡（治升城，在今长清张夏）等六郡。

至隋统一，开皇三年（583年）罢郡为州，又称齐州；炀帝大业二年（606年），复改为齐郡，辖历城、祝阿（齐河）、临邑（济阳）、章丘等十县。唐初，高祖武德元年（618年）罢郡置州，齐州属河南道（全国共分十道）；天宝元年（742年）改齐州为临淄郡；天宝五年（746年）为济南郡、复为齐州。后政区稳定，齐州辖历城、章丘、临邑、临济、长清、禹城等六县。907年，朱温称帝，是为后梁，至960年宋灭后周，史称五代，基本上沿袭唐制未变；后梁时，曾改历城为历山。宋朝，全国分为十五路，济南属京东东路，为齐州；政和六年（1116年）升为济南府，辖历城等五县，是为府治之始。金代设山东东路和山东西路，这是历史上首次以“山东”作为政区名称的开始。当时，济南府隶属于山东东路，辖历城（府治）、章丘、长清、济阳等七县。山东东路首府为益都（青州），但是山东东西路提刑司以

① 济南市房产管理局编志办公室：《济南市房地产志资料　第一辑》，1983年，第6页。

及后来添置的山东东西路宣抚使司都驻济南，可见济南地位的重要，故而时人称："济南介山东两路之间，最为冲要。"[①]元时全国分十二省，中书省统河北、山东、山西等地，下分二十九路，今地属济南路，辖棣州（无棣等四县）、滨州（利津等三县）及历城、章丘、邹平、济阳等四县。

明代，全国分为十五省，洪武元年（1368年）置山东行省；洪武九年（1376年），山东行省移治济南府历城县，"此省会之始也"，[②]济南开始成为全省政治中心，济南府的辖区亦扩大为四州、二十六县。清因明制，全国分二十二省。济南为山东省治和济南府治。济南府辖区初与明代同，雍正年间多次变化，后定为一州（德州）十五县（历城、淄川、长清等）。

民国成立，省域未变，改府为道，济南属岱北道，行政区域重新划分，济南一道遂领历城、章丘、邹平等二十七县。1914年，岱北道改为济南道，治历城县，辖县不变。1925年，张宗昌督鲁，因道区过大、管理维艰，改全省四道为11道，济南属济南道，仅辖历城等原有十县，平阴、商河分别划归泰安道（治泰安）和武定道（治惠民），道辖区域缩小。同时，改商埠局为市政厅，直辖于省。1927年，南京国民政府废除"道"的政区建置，实行省县两级政区制。1929年设济南市，与历城、长清划界。至1948年解放，政区未变。

① 张华松：《济南史话》，北京：社会科学文献出版社，2014年版，第23页。

② ［清］王赠芳等修，成瓘等纂：《道光济南府志·沿革》，道光二十年（1840年）刻本。

第二节　济南城市交通演变与城市空间扩大

一、城市内外交通的演变

（一）城市对外交通的承袭与发展

济南境内的交通既有陆路又有水路。19世纪中期山东全省陆路交通主要有十一条，其中济南五条，分别是济南至留智庙（河北省）线、济南至潍县（潍坊）线、济南至临清线、济南至东昌（聊城）线、济南至武定（惠民）线。至此，山东境内公路均由外国投资兴修。随着《北京条约》的签订，烟台被迫对外开放，成为山东与国际贸易相连的中心城市，通过两条交通线与内陆连接起来：一条是水路，由烟台经羊角沟入小清河至济南；一条是陆路，经烟潍大道至潍县，再沿鲁中山地北麓的东西大道经青州、周村至济南。济南因其中间贸易枢纽地位，成为地区性贸易中心。[①]

济南的水路交通主要是黄河和小清河。小清河原是山东省境内一条历史悠久的天然河流，后经历代整治，形成一定规模的河海通航、水陆联运的航道，上自黄台板桥，下至河口，通航里程为215公里；自黄台板桥以上可达市内的泺源桥（即西门桥）。1891年小清河疏浚后，成为连接省城济南至沿海口岸的通道，“内海民船运载客货，每由烟台出海经蓬莱县之天桥口，黄县之龙口，掖县之虎头崖抵羊角沟，换载小船取道该河上驶，经过岔河石村，直抵济南省城东关外之黄台桥”[②]。1895年，沾化永阜盐场被淹后，小清河边的羊角沟盐产剧增，大批海盐源源不断地经小清河运至济南黄台板桥，然后从陆运转至泺口，从泺口入黄河，再入运河，可达河南、安徽等地。[③]与水路航运

① 王守中，郭大松：《近代山东城市变迁史》，济南：山东教育出版社，2001年版，第97页。

② 山东省航运管理局编史办公室：《山东航运史 近代部分》（送审稿），1991年，第22页。

③ 党明德主编：《济南通史 · 近代卷》，济南：齐鲁书社，2008年版，第253页。

交通相伴随，黄台因地理位置重要而繁盛发展成为新港口，黄台港即如此成为小清河沿岸吞吐量最大的港口之一。黄台港位于济南市区东北的黄台板桥村东，小清河南岸，北濒黄河，是小清河上游的主要港口。该港在1904年胶济铁路建成以前，是济南市通向渤海的唯一进出港口。清政府从海盐运输及城乡物资交流的需要出发，十分重视黄台港的开发，实行水路、陆路联动机制，于1905年建成了从济南市郊胶济铁路线上的黄台车站直通黄台港的铁路专用线，修建了自黄台港至济南市北郊黄河重要码头泺口的轻便铁路。[①]

济南地区黄河的前身为大清河，黄河现行河道是清咸丰五年（1855年）河南兰阳铜瓦厢决口改道夺大清河，从山东利津县入海后逐渐形成的。济南地处山东黄河中部咽喉河段，河道弯曲狭窄，又逢清廷用兵镇压农民起义，无暇筑堤防洪，致使黄河经常泛滥为害。据统计，自1855年至清代末年的56年间，济南河段有22年均发生决口。[②]虽如此，历史上大清河时期（咸丰五年前）该河道曾是重要的航运通道，其上行运盐，下行运粮。盐运一般由河口上行经泺口至东平转运河，运送济南、泰安、东昌及江苏、安徽、河南等地；下行粮食来自沿黄各县，大部分经海路运往天津。即使在黄河夺占大清河河道后，济南段泺口仍是航运的重要节点，其上游可直达河南的开封。河南东部所产的棉花、花生、桐油、药材等，很多由水路集中到泺口。而由大运河北上或南下的船只，也可由黄河下驶泺口，货物由泺口转小清河出海。[③]其实，泺口的交通商易地位由来已久，金代泺口为历城六镇之一。元代济南转盐运使，在泺口设有盐仓。明洪武元年，济南都转盐运使，在泺口设批验所，泺口成为食盐的集散地。清初泺口更是繁荣，吸引富家大户筑府造第。即使在黄河夺取其河道之后，泺口依旧繁盛如故，作为水路和公路的中转站，沿黄河省市县所需原盐多由此集散。盛极时期，曾有居民四千户，一万五千余人，大小商号百余家，济南商会还曾设分会于此地。[④]焦俊先曾

① 路延捷：《小清河》，北京：气象出版社，1993年版，第200页。

② 济南市黄河河务局编：《济南市黄河志》，1993年版，第1页。

③ 党明德主编：《济南通史·近代卷》，济南：齐鲁书社，2008年版，第253页。

④ 济南市志编纂委员会编：《济南市志资料　第四辑》，1983年版，第22页。

如此评价："泺口，因码头而成镇，因盐运而发达，逐渐形成了独立的城池。到清末已发展为地跨黄河两岸，拥有东南门、西南门、西门及大坝门的大城镇，和济南府城遥相呼应，有了'小济南'的别称。"[①]津浦铁路全线通车后，泺口更是成为水陆交通中心。

（二）城市内部交通的微变与延展

清代以前，济南古城空间扩展缓慢，城内交通系统基本上是循规微变，表现最为显著的就是道路数量的增加。清中叶以后，随着城市经济的发展，"城东、西、南三门皆重关，东门则于重关外独多一门，规制窄狭，一经车马辐辏，辄形梗阻"。道光十一年（1831年），巡抚纳尔额命去其门，并将门券扩而大之，行人便焉。[②]然而，此举并不能满足交通需求，于是在城西门修筑"泺源桥"，该桥遂成为城内外东西干道的通衢咽喉。道光十六年（1836年），济南府知府王镇浚挖护城河。《府志》载《挑挖护城河各工奏案》略云：道光十六年三月二十日开工，至六月二十日各工一律报完。核计挑挖护城河一道，东、西泺河二道，共计长四千二百十六丈；趵突泉河一道，计长一百六十三丈；南门以西山水沟一道，计长八十六丈。修补东、西、北三门内外石桥三座，拆修东、西、南三门外吊桥三座，坛桥、卫闸石桥二座。修补齐川门牌坊一座，添立泺源、历山、汇波三门牌坊三座。新建北门以东石闸一座，南门以西滚水坝一座，挑浚趵突泉池一座。修砌寿康等泉石池八座。新修东门以北、南门桥垛并以东、以西、西门以北石泊岸共五段，三皇庙石泊岸台阶一段，共计长六十七丈四尺。坛桥、卫闸两桥石雁翅共八段，计长二十一丈五尺。新筑南门以东、以西，马跑泉以北，坛桥以西桩埽共四段，计长六十六丈五尺。起除南门东、西土渣二堆，计长二十四丈；铺换西门内外石路一道，计长四十七丈五尺；挖砌城内沟渠五道，共计长七百一十八丈。从此省城内外泉脉深通，河流疏畅，即大雨时行，山泉湖水同时涨发，可以顺轨而下，不至漫溢。沿河一带田园亦可无乏水之虞，而桥

① 焦俊先：《济南盐业史话》，济南：济南出版社，2013年版，第30页。

② 张华松等点校：《历城县志正续合编　第三册》，济南：济南出版社，2007年版，第251页。

梁、闸座、泊岸、牌坊以及道路、沟渠无不整齐坚固，焕然一新，盖百余年未经兴举之工也。[①]由上述奏案不难发现，这是对城市道路、沟渠、桥梁等内部交通的系统整理，其整理遵循了济南北郊多水、南面多山这一特殊的地理环境规律，通过修整马路、疏浚河道、搭建桥梁等手段，使城市交通便利，防洪排水等功能进一步增强。

一直以来，济南的城内街道都很狭窄，一般街巷只有一丈宽，即使是作为主要街道的院东、院西大街也只有两丈多宽。街巷路面多由来自城南山区的青石板铺设。鸦片战争后，济南对外交通地位得到提升，往来商贸活动更加频繁，市内交通状况面临严峻挑战。基于此，济南城以东、西、南城门为中心修成三条关外大街，成为贯穿城市的主轴。清光绪三年（1877年），为使交通更加便捷，在济南老城内运署街东侧的城墙上又开巽利门，俗称“新东门”。《续修历城县志》载：“府城旧止四门，光绪季年，人民殷繁，车马时病塞途，乃复增辟四门，在西南曰‘坤顺’，在西北曰‘乾健’，在东北曰‘艮吉’，在东南曰‘巽利’。惟‘艮吉’以出入人少，常闭不启。”并在城门外的东护城河上建三孔石拱巽利桥。[②]与此同时，清政府准许外国列强来华传教办学，遂逐渐形成了独具特色的教派建筑街区。

总的来看，济南的市内交通发展受地理环境因素制约较大，道路等级初露势头，次级的街巷道路主要是以关外大街为中心辐射四方，沟通城门马道及南北向街道。马道与城内街巷相通，形成环形道路，但由于缺乏统一规划，受建筑物和地形的制约，街道宽窄不一，走向也不端直，斜街曲巷较多，一条街巷中往往有几次曲折，而且街中有街，巷中有巷，十分复杂。另外，济南泉水丰富，地下水位偏高，城内地面大多低洼潮湿。为了防止地面坎坷泥泞，原先街道都用青石铺砌。但是青石质地较软，且不耐久磨，容易破裂。所以，在开埠之前，济南城内几乎没有一条平整的道路。

（三）城市交通工具的徘徊与迟进

历史上，城市的兴起和发展总是和交通条件紧密联系在一起。一定的交

① 张华松等点校：《历城县志正续合编　第三册》，济南：济南出版社，2007年版，第250—251页。

② 张华松等点校：《历城县志正续合编　第三册》，济南：济南出版社，2007年版，第251页。

通条件为城市的形成和发展提供必要的保障，而人类文明的进步、社会发展的需要又促进了城市交通的发展。在古代，人员及货物的流动囿于交通条件的限制，多依赖水路运输和人力畜力运输。[①]济南的城市交通方式也依循着这样的规律，甚至是在工业化以后的很长一段时间里，还是有赖于人力和畜力两种方式。

自古以来，山东就有水路、陆路驿站和驿运的历史，到元朝时更是普设驿站。据记载，元代在山东设水、马驿54处，其中高唐州马站备马64匹；洑州会通站有船100只，马116匹，驴90头；济南路有马站2处，马1 446匹。[②]这些驿站使用的畜力交通工具有牛、马、驴、羊，人力交通工具有船。明代驿站驿运基本承袭元制，除设水、马驿外，还在繁冲之处设递运所，专司运输，用驿运和航运来解决南粮北运和南方物资供应京师的需要。《山东通志》记载：山东设水、马驿52个，递运所11个，共63个，其中济南府有17个，包括马驿12个、水驿3个、递运所2个，有马227匹、驴219头、驿船46只。[③]其时，山东的交通运输工具尚以人挑、肩扛、兽驮为主。清代时交通工具基本没有发展，正如白寿彝先生在《中国交通史》中所述："元、明、清的交通工具，实质上不见得有什么进展。在陆地上的交通工具更无可说。水上的交通工具也不过是海船的发展和舟的种类之加多而已。"[④]

由此，近代以前，驿路为山东的主要商道，据《民国通志》记载主要有三条：一是从烟台到济南；二是从天津经运河到德州，再到济南；三是由运河到济宁，再到济南。[⑤]至于交通工具，旅客用的有轿车、骡驮轿等，运货的有大车、窝车、牛车、小车、马、骡、驴等。轿车有宽三尺、长四尺的篷帐，以二骡拉之，一日可行约九十里。骡驮轿篷宽三尺五寸、长五尺二寸、

① 沈建武，吴瑞麟：《城市道路与交通》，武汉：武汉大学出版社，2011年版，第1—2页。

② 山东省地方交通史志编纂：《山东公路交通史 运输篇古代史》（试写稿），1983年，第1页、第8页。

③［明］陆釴等：《山东通志》（嘉靖）卷八。

④ 白寿彝：《中国交通史》，北京：团结出版社，2007年版，第197页。

⑤《民国山东通志》编辑委员会编：《民国山东通志　第三册》，济南：山东文献杂志社，2002年版，第1 592页。

高三尺五寸，可仰卧其中，前后均可装辕，用二骡拉或人抬均可，为富有客人所常用，一日可行约五十里；大车无篷，载重三四百斤至二千斤不等，使用骡马由三四头至七八头不等；窝车有篷，可载客，亦可装货，为商人所常用；牛车为牛独拉之车，小车为人力车，构造都较小，但使用普遍；更为普遍的是以驴、骡等牲畜驮运，或用人力挑运。

中国近代交通局面的打开，亦与外敌入侵密切相关。轮船始现于我国海面，为清道光十五年（1835年），英国渣甸号至广东被拒退，而改造帆船入港。其后轮船亦继至广东，迨至鸦片战争失败，1842年清政府被迫与英国签订《南京条约》，割让香港岛，英国遂有一根据地，并开五口通商，外轮在此可自由出入，此为外国侵略我国交通之策源地。1865年，英商杜兰德在北京宣武门外造小铁路约里许，试行小火车，是为火车输入中国之始。此后，经过抵制、觉醒、试办等方式，近代以机器为动力的海陆交通工具逐渐取代古代的人力、畜力交通工具，火车、轮船、汽车等相继在中国出现。作为内陆城市的济南，火车等现代交通工具则出现得相对较晚，尤其在府城。济南一般人家不养牲畜，出行多雇轿雇车，在城里以轿子、独轮小车为主，出远门主要坐骡马大车，男子外出多骑马。在西门附近，因来往客商较多，逐渐形成了以经营马鞍、鞭子为主的鞭指巷。清咸丰年间，在鞭指巷的北首有一间规模不小的车马店，以方便来往的客商雇车。城郊的普通居民多以步行为主。[①]然而，随着时代的进步、社会的发展，近代交通终于冲破阻挠，在济南大地上慢慢地壮大起来。

二、城市空间布局的扩大

济南古城历经历下古城、齐州州城和济南府城发展演变而来。东汉时，府城居东平陵，即今济南东关七十里之龙山镇，比开埠之时的内城还小；晋代从东平陵将郡治移来后，城区逐渐扩大，约为现内城的五分之二。济南古城的较快发展源于魏晋南北朝时期城市政治地位的提升，瞬间移入的庞大官

① 党明德主编：《济南通史·近代卷》，济南：齐鲁书社，2008年版，第12—13页。

僚机构推动着城垣的扩大，使得当时的济南城在历城县城外，又建筑了东城，隔历水东西相望，同时兼以城郭护绕两城。[①]唐宋元时期，继续拆建扩城，齐州州城拥有了东、北、西三面，并且均有城郭环绕。到了明代，陆钎的《山东通志》载："济南旧有城，创始莫详，国朝洪武四年始内外甃以砧石，周十二里四十八丈……东曰齐川门，西曰泺源门，南曰舜田门，今改历山门，北曰汇波门。"[②]这是济南府城定型的开始。明代以前济南府城为土城，后发展为砧石城，其城垣在明代曾整修过五次。清沿明制，对府城的巩固极为重视，曾数次重修府城及有关建筑物。据志书载：城周12里又48丈，高3丈2尺，宽5丈。设城楼11座，铺舍55座，敌台13座，垛口3 350个，旗台55座。东、西、南三门各设月城，内外两层门，门上均有2层城楼，四门客厅各2座，炮台各4座。[③]此时，济南府城内外，官舍民房已经大大增加，商业买卖已逐渐繁荣，济南府城的东、西、南关厢附近的平民、商市的聚居已经形成，旧城区已相应扩大到府城以外关厢和关厢附近一带，近郊市区化速度加快。

鸦片战争以后，在内忧外患的双重重压下，清王朝对于城池更是关注，自上而下都在强化象征其统治地位的城市建筑。咸丰年间，捻军赖文光、张宗禹等部曾一度进入山东境内，一些官僚豪绅，为了巩固其封建统治，曾在济南府城外的东、西、南关厢边沿修筑土圩。《续修历城县志》卷十三记载："咸丰庚申（1860年）捻匪北窜，团练大臣杜堮，因关厢无障蔽，督绅重筑土圩以环之，周四十里。同治乙丑（1865年）地方有司与诸绅董议，改建石圩。"[④]关于石圩的基本情况，《济南新筑石圩碑》记载："以城北多水，缺其一面，减土圩之三，自东北而西北，共计三千六百七十丈，高一丈二尺，基厚一丈五尺，顶厚一丈，为垛三千三百有奇。门七：曰岱安、曰永固、曰永靖、曰永绥、曰永镇、曰济安、曰海晏。炮台十四。"[⑤]石圩的修筑，确定了济南城区的新边界，城区轮廓大致成菱形，老城成为内城（图1-1）。圩子门

① 徐北文，李永祥：《济南文史论丛初编》，济南：济南出版社，2003年版，第375页。

② 济南市房产管理局编志办公室：《济南市房地产志资料　第一辑》，1983年版，第12页。

③ 济南市志编纂委员会编：《济南市志资料　第四辑》，1983年版，第46页。

④ 济南市房产管理局编志办公室：《济南市房地产志资料　第一辑》，1983年版，第20页。

⑤ 张华松等点校：《历城县志正续合编　第三册》，济南：济南出版社，2007年版，第253页。

分布不对称，以济安和海晏两门衔接与北郊的联系，而永靖门是从齐川门赴东昌府的通道，永镇门是从泺源门赴齐河、张夏和泰安等地的通道，岱安门是游览历山和联通南部山区的通道。内城沿袭传统布局，变化不大；外城的布局因无统一规划，斜街曲巷交错，显得凌乱不堪。三条关外大街构成外城的骨架，成为城区布设的依托，城门的位置和关外大街的走向基本决定了外城的轮廓和布局形势；街道的走向受关外大街和护城河走向的制约，以水源和城门为中心呈辐射状。从城市布局上来看，老城是城市的核心，以政治职能为主；外城以经济职能为主，市场活跃，并形成各具特色的手工业街巷。商业区的分布呈多层次，其中心在老城区，围绕官署分布；外城区以农贸市场为主，手工业中心在外城区，西门外是手工业最发达的地方。清末办理"洋务"新政，城市不断向外扩展，实际已经突破城圩，西至杆石桥外，北扩至四公里以外，沿济南通向外地的大路两侧，民众自由建造了许多建筑。[①]到开埠前，除了在南门外建立驻军区，在东西门外自发形成了市场区和居民区外，济南古城并无实质性的扩展。

城市空间布局的扩大还表现在城区内外道路的变化上。济南街道，环城以内分八约，以忠、信、孝、悌、温、柔美、和礼、法等字，区分城内为八区。明代以前，济南城市道路主要集中在环城以内，明代济南成为省会后，由于官署衙门大量迁入济南，特别是明德藩王宫的修建，使城内空间拥挤不堪。于是，一些住户、商人、官僚，甚至行政机关，只好在城郊选址建房，致使城郊迅速形成人烟稠密的居民区。宣统三年（1911年），城外关厢西关区有29街巷，比乾隆时（13街巷）增加了16街巷；南关区有40街巷，比乾隆时（21街巷）增加了19街巷；东关区有10街巷，比乾隆时（7街巷）增加了3街巷；趵突泉区有19街巷，比乾隆时（16街巷）增加了3街巷。不仅如此，近城的村落也都有所增加。不难发现，济南城市空间虽在逐步扩大，但因受自然地理环境的制约，各区的发展并不均衡，呈两极分化趋势，西关、南关、趵突泉区域发展势头迅猛，东关区发展缓慢，东门外偏北因属湖泊沼泽地带，

① 济南市史志办公室编：《济南泉水文化通览》，济南：济南出版社，2013年版，第27页。

则是人烟稀少。

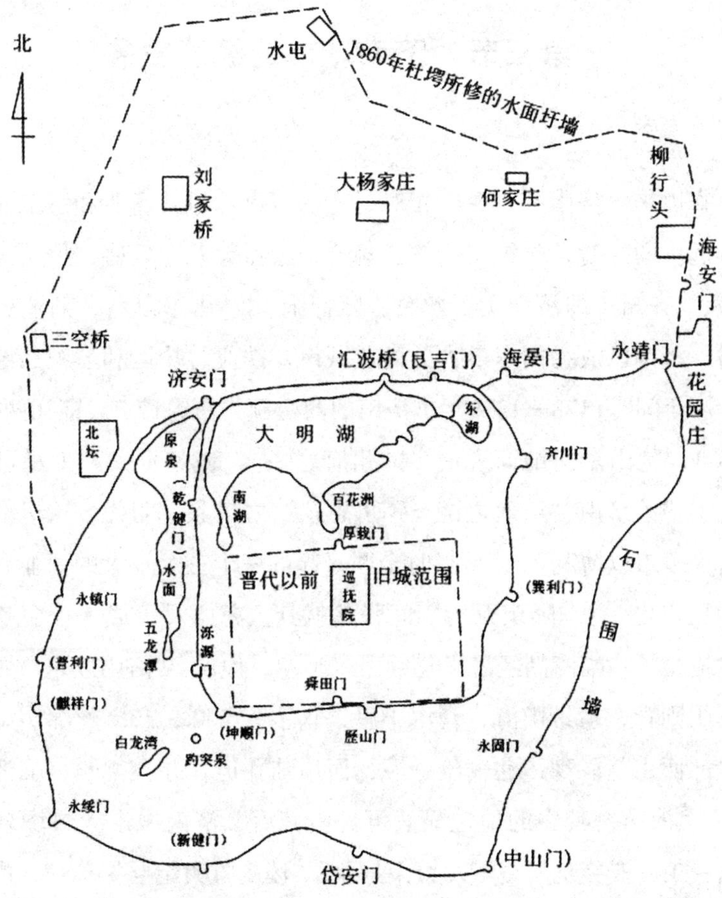

图1-1　济南城墙圩墙形势图（1936年）

资料来源：济南市志编纂委员会编：《济南市志（第四册）》，1997年版，附页，笔者根据原图绘制。

第三节　济南城市的经济发展

一直以来，济南都是一个相对封建的城市，但其商业和手工业生产活动历时久远。两汉时，丝织、冶铁、陶器、漆器等尤为兴盛，据《汉书·地理志》载："齐州（即济南）贡丝葛，赋锦绢。"[①]唐宋以后，商业更加繁荣。元朝时，济南已成为山东最大的商业城市，铁业、盐运和丝织品经营规模较大。天历年间（1328—1329年）济南的商税额为白银12 752锭36两6钱（每锭为50两），是山东交纳商税最多的州府之一。[②]诚如意大利人马可·波罗在其游记中描绘济南"产丝之饶，不可思议"之景象。明代，这里"远方之货至，富人争市以博利"，[③]是当时全国兴起的三十三个较大的商业和手工业较发达的城市之一。[④]隆庆万历年间张瀚就其宦游所及著成《松窗梦语》，他在书中描绘了一幅商品经济发达的山东画卷，他说："洛阳以东，泰山之阳为兖，其阴则青，襟带山海，膏壤千里，宜禾黍桑麻，产多丝绵布帛，济南其都会也。西走赵、魏，北输沧、瀛，而川陆孔道，并会德州、临清、济宁之间……"[⑤]济南在其中的地位显然可见。其后，济南城市人口增多，商贸往来频繁，工商业更是呈现一片繁荣景象。《读史方舆纪要》称：城内西北隅为大明湖，"旧时湖流浩衍，望华不注峰，如侵水中，今多为居民填塞，治圃环沼，仅存曲港，可通小舟，而蔬菜、菱芡鱼蟹之属，甚为民利"。清代嘉庆

① 山东师范学院地理系编著：《济南地理》，济南：山东人民出版社，1959年版，第166页。

② 济南市史志编纂委员会编，张福山主编：《济南市志（第四册）》，北京：中华书局，1997年版，第3页。

③ 南京大学历史系中国古代史教研室编：《中国资本主义萌芽问题讨论集 续编》，北京：生活·读书·新知三联书店，1960年版，第82页。

④ 中国人民大学历史教研室编：《明清社会经济形态的研究》，上海：上海人民出版社，1957年版，第210页。

⑤ 童书业：《中国手工业商业发展史》，济南：齐鲁书社，1998年版，第252页。

初年，章丘县旧军镇孟家在济南开设“瑞蚨祥”“瑞升祥”等杂货店。《续修历城县志》载：“同治以来，修建石圩，关厢与乡村截然分开。承平日久，省会之地，四方辐辏，城市逼窄，侨寓斯土者，时于城外隙地或平治墓田构建庐舍。于是，昔日空阔之区悉成宅第，而市廛亦以增多。”[①]《行脚山东记》载，周村“每日皆有自省城（即济南）送丝之回空车”[②]。清末，济南商业贸易发展到省内外许多地区。

从上可以看出，济南城市在兴起和发展过程中，其内部出现了手工业生产和商业活动，并且城市商品经济日趋活跃。鸦片战争以后，由于帝国主义的入侵，中国被迫开放门户，中国社会性质发生变化，逐渐沦为半殖民地半封建社会。济南作为一个内陆城市，也深受影响，城市经济随之出现变化。对此，郭大松在《近代山东城市变迁史》中指出：“19世纪下半叶，随着大运河的衰落和沿海通商口岸的开放，山东的贸易圈发生了很大变化，由过去以大运河为主要沟通渠道的国内南北线型贸易，变成了以沿海通商口岸为中心的几个不同贸易圈。其中，鲁中山地北麓东西陆路大道上的城市，如潍县、周村、博山等，主要属于以烟台为中心的贸易范围；济宁则属于以上海、镇江为中心的贸易范围；而省会济南则处于烟台、天津和上海、镇江等几个通商口岸贸易圈的交叉地带。”[③]济南逐渐卷入了国际国内贸易体系之中，传统的商品经济结构遭遇到前所未有的危机。

面对外国资本主义商品的涤荡冲击，济南手工业内部出现了破产、衰落与发展、繁盛两种不同的发展态势。[④]第一类是在外国工业品冲击下逐渐衰退的手工业，主要以手工纺织为代表；第二类是虽遭到外国商品的冲击，但并未被淘汰且持续发展的手工业，主要以缫丝业和丝织业为代表；第三类是受国际市场需求刺激而生产扩大更加兴旺的手工业，主要以草编业为代表；第四类是在对外贸易中迅速兴起的新兴手工业，主要以花边业和发网业为代

① 毛承霖：《续修历城县志》卷三《地域考》。

② 景苏，罗仑：《清代山东经营地主的性质》，济南：山东人民出版社，1959年版，第23页。

③ 王守中，郭大松：《近代山东城市变迁史》，济南：山东教育出版社，2001年版，第141页。

④ 党明德主编：《济南通史·近代卷》，济南：齐鲁书社，2008年版，第273页。

表。此外，还有陶瓷业、阿胶业、中成药加工业等手工业领域，对于这些领域，外国商品尚未染指。上述传统的手工业，在济南城区形成了若干个手工工场集散点：木器、风箱、笼屉、梳篦等手工作坊多在山水沟、正觉寺街一带；笔墨、文具、乐器等多在芙蓉街、后宰门街、布政司小街一带；服装、鞋帽多在西门大街、院西大街、芙蓉街一带；纺麻、绳经、印刷等多在太平寺街、鞭指巷、芙蓉街一带；藤竹业多在西顺城街；棺材铺在升官街；成衣铺多在芙蓉街、后宰门街附近；阿胶业多在东流水街；手工染坊多在西关一带；翻砂业与剪刀业集中在剪子巷一带；铜锡器业大都集中在小板桥和花墙子街一带；窑场多集中在北洼一带。①

与此同时，济南的近代工业开始兴起。光绪元年（1875年），山东巡抚丁宝桢建机器局于城北泺口，成为济南近代官办工业的首创。戊戌变法后，清廷提倡“振兴实业”，兴办了工艺局和工艺传习所工场。济南府地区也以提倡实业、传习工艺为宗旨，创立了一些官办手工工场。1900年，济南教养总局成立，其规模较大，主要产品有布匹、鞋靴、木器、绳经、席箔、毛巾等。1902年，山东农工商务局在济南创办了另一家规模较大的手工业工场——济南工艺局，下设铜铁、毛毯、织布、绣花、木器、洋车等六厂，后改称工艺传习所，增设电镀、染色、毛巾、洋烛等厂。除此之外，济南的私营染织业、铜锡业、翻砂业、砖瓦建筑业、首饰业等行业，均有发展，但多因资金微薄，发展非常缓慢。官营企业主导城市经济格局依旧如昔，济南封建性城市的性质并未改变。

放眼国内其他资本主义、近代工业发生和发展较早的地区，在19世纪60年代就出现了早期近代工业，70年代以后，相继出现中国民族资本主义近代企业。随着戊戌变法和清末新政的相继实施，民族工业获得发展，据1895—1898年不完全统计，全国新创办的较大规模厂家大约有50多家，资本总额1 200余万元。反观济南，到1904年开埠前仍与世界市场隔绝，外国资本尚未直接渗透进来，富商大贾的商业资本虽有较大增长，也渐有投资近代企业的

① 党明德主编：《济南通史·近代卷》，济南：齐鲁书社，2008年版，第277页。

要求，但在封建势力的压抑下却难以实现。[①]

与城市手工业的发展相协同，晚清济南的商业也发展了起来，出现了城镇商业中心，泺口镇、黄台因处交通要冲，商业活动较盛，商品交易以粮、盐、茶、山果、药材、棉花、丝绸、鞋帽和日用杂货等为大宗，交易场所主要集中在旧城内和城北泺口一带。加之，济南城既为省、府、县三级政府驻地，又为全省的政治文化中心，故其城市商业主要集中在服务性行业。因官署多在城内，居民区主要在东关、南关一带，因此商业较为集中在东关、南关这两个地区，而且商业多是为达官富人提供服务和消遣的行业，如芙蓉街、院西大街有绸布店，东门里有大舞台戏院，江家池有德盛楼、锦盛楼，鹊华居、明湖书场则设在大明湖等。[②]清晚期，随着手工业在西关一带的发展，济南城市商业中心逐渐向西关转移。光绪末年，西关发展成为商业中心，并形成闻名全国的国药行、杂货行、绸布行、鞋帽行和钱行，时称西关“五大行”，左右着济南市场。国药行有药栈五大家：全盛栈、永盛栈、广德栈、德和栈、泰兴栈；药局八家，经营小批发、零售药店有五六十家。杂货行有五大家货栈：泰来栈、致成栈、裕成栈、恒聚栈、复兴栈，经营批发业务。较大店铺有乾德和、乾德祥、公祥、春和等。后来，乾德和有“杂货王”之称。另有数十家大小店铺分布各街道。当时，杂货行经营范围很广，成为无所不包的行业，土产、海味、食糖、纸张、烟茶、南酒、糯米、迷信用品等均为大宗。绸布行中有五大家：隆祥老号、瑞林祥、瑞蚨祥、庆祥、鸿祥永，另有增福厚、阜升、志兴成等户。绸布行多集中在西关一带，经营土布、绸缎及棉布批发业务。鞋帽行计有二三十户，大多在芙蓉街、西门里一带，规模较大的有大成永、同祥义、一口斋、一正斋、惠成永、大同等十多户。当时有民谣：“头戴一品冠，衣穿大有缎，脚踏大成永，手拿有容扇，喝的春和祥，吃的仁寿堂。”钱行有裕茂、晋逢祥、永义、广茂恒、广兴恒五大家。钱庄早期只经营银钱折兑，后来逐渐兼做存放业务，发行钱帖。除西

---

① 徐华东：《济南开埠与地方经济》，济南：黄河出版社，2004年版，第6页。

② 党明德主编：《济南通史 · 近代卷》，济南：齐鲁书社，2008年版，第307页。

关五大行外，还有粮行、饭馆业、京货业、铁货业、漆业、花行、笔墨店、书店、旅栈业、照相业、古玩珠宝业等数十种行业。[①]

随着胶济铁路的通车和济南自开商埠，济南城市开始转型，逐渐由传统的封建城市向近代资本主义城市方向发展，济南的城市经济从此进入了一个新的发展阶段。

第四节　济南城市人口与城市地位的变化

一、城市人口的变化

人口状况是衡量社会发展态势的晴雨表。关于济南人口的记载最早见于《汉书·地理志》："西汉济南郡，户140 761，人642 884。"嗣后，历代对济南行政区划之内的人口都有详细的统计。进入清朝以后，尤其是康熙执政时期，社会更加安定，加之统治者采取恢复并发展生产的举措，促进了农业生产发展，全国人口得以继续增长。山东人口与全国人口发展态势基本一致，清朝前期增长较快，乾隆年间记载：历城县城及四关地区（即今济南市区）计户12 511，人46 134。[②]到嘉庆二十五年（1820年），济南府有人口401.5万，道光《济南府志》卷15《户口》记载：道光十七年（1837年），济南府历城有户743 431，人4 202 474，户均口数5.7。可见，从嘉庆二十五年至道光十七年，济南府人口年平均增长率为2.7‰。[③]清朝后期，随着统治的腐朽，帝国主义侵华、国内人民奋起抗争，统治者对人民的剥削与掠夺不断加重，人民生活水平不断下降，人口增长速度减缓。山东地区亦是如此。至道光

① 徐华东：《济南开埠与地方经济》，济南：黄河出版社，2004年版，第4页。

② 山东地方史志编纂委员会编：《山东史志资料　第一辑》，济南：山东人民出版社，1982年版，第179页。

③ 葛剑雄主编，曹树基著：《中国人口史》第5卷上，上海：复旦大学出版社，2005年版，第369页。

二十年（1840年），山东人口虽已达3 187.6万，但增长率却有大幅下降。从乾隆十四年至道光二十年，又历时91年，山东人口共增加786万人，年平均增加86 419人，年平均增长率只有0.3%。[①]鸦片战争后，帝国主义侵略不断加深，清朝统治愈加腐败，社会形势更加恶化，咸丰以后中国人口发展基本处于停滞状态，但山东人口仍保持着微弱的增长势头，从道光二十年（1840年）的3 187.6万，增长到光绪二十四年（1898年）的3 778.9万，年平均人口增长率还在0.29%。[②]就山东人口增长幅度来看，地区间出现了不均衡的情况：胶东地区人口增长较快，而济南府一带增长微弱。道光二十年（1840年），济南府有127 717人，[③]光绪三十年（1904年），济南府有140 000人。[④]由此看出，在60余年的时间里，济南府人口只增长了12 283人，年增长率0.52%。总的来看，开埠前济南地区的人口波动较大，与康乾时期相比，下降的趋势明显。究其原因，社会动荡不安、自然灾害频繁是致使其下降的主要因素。

二、城市地位的变化

济南历来为地方政治中心。春秋时即是齐国西部边陲重镇。晋永嘉末年（313年前后）济南郡治自东平陵城（今章丘龙山东）移来，济南之名与相应自然区域紧密地结合起来，且随着它行政建置的升级，其历史地位日益提高。宋政和六年（1116年）济南升为“府”，明洪武九年（1376年）设省治，治所历城，始为全省政治中心。清时仍沿用明制，济南为山东省治和济南府治。[⑤]可见，济南自明代以后始终是全省政治中心。

鸦片战争以后，列强凭借坚船利炮打开了中国的大门，随着系列不平等条约的签订，列强势力不断由沿海、沿江区域伸向内陆地区。两次鸦片战争以后，西方资本主义势力开始侵入山东，济南因其省会的政治地位，成为

---

① 滕泽之：《山东人口史》，济南：山东省新闻出版局，1991年版，第159页。

② 滕泽之：《山东人口史》，济南：山东省新闻出版局，1991年版，第160页。

③ 道光《济南府志》卷15《户口》。

④ 吴乃华：《济南人口》，北京：中国统计出版社，1992年版，第22页。

⑤ 济南市志编纂委员会编：《济南市志资料　第四辑》，1983年版，第12页。

西方宗教势力开辟据点、建立堂寓的热土。彼时，中国遭受着清王朝的腐朽统治和外国资本主义的双重压迫，阶级矛盾和民族矛盾不断升级激化，社会危机不断加深，于是清政府为自救开展了洋务运动。洋务运动对济南影响深远，期间丁宝桢在济南兴办山东机器局，建立了济南第一个近代的工业企业，开启了济南近代化历程。之所以选择将山东机器局建在济南，很大程度上也是由其省会地位决定。甲午战争时期，山东处于抗击日本帝国主义侵略的前沿，济南成为物资供应基地，巨额的搜刮更是加重了人民的负担，进一步激化了阶级矛盾。义和团与清军也曾在山东省城济南发生过斗争。

清末新政时期，以袁世凯为首的历届山东巡抚推行各项革新措施，首先从省会城市济南推开，使得济南在全省新政改革中起了带头示范作用，其改革措施有：1. 编练新军，设立武备学堂和随英学堂培养军事人才，建立现代警察制度。1902年，仿照天津的做法，在济南设立巡警总局，主管省城警务，监督各州县筹办警察制度事宜，并裁撤绿营，改练巡警。2. 兴办新式教育，改设山东大学堂和专门学校，并拟定学堂章程，拉开清末教育改革的序幕。3. 开设银元局，成立财政局，建立新的金融财政制度，抵制外国资本主义在山东的扩张。4. 创办《济南日报》《简报》等近代报刊，并设立阅报所，创办山东省立图书馆，推进社会公共事业建设。承此次新政之功业，济南革旧制立新规，推动了政治、社会、文化等各项事业发展，作为改革基地，其新政处于全国领先地位，从而撬开了1904年济南的自开商埠，并为开埠后济南的进一步发展奠定了良好基础。

第二章　开埠后济南城市交通管理机构的演变 ≫

第一节　城市道路管理机构的更迭

一、工程局时期（1904—1928）

1904—1928年期间，济南城市建设实行“分而治之”的管理方式。老城区和四关按照内地章程，由历城县管理；商埠区由济南商埠总局管理，其下设巡警司、发审司和工程处，这种管理体制完全是为了适应商埠发展的各方面需要，已初步具备现代城市管理的雏形。1904年5月28日，直隶总督袁世凯、山东巡抚胡廷干在会奏《济南自开商埠，先拟开办章程折》中称：“设立商埠总局，遴员分别经理……所有商埠应办之事约分三项：一为工程局专管筑路、建厂及一切修造之事。”[①]《济南商埠租建章程》中规定：“凡商埠以内各地，先由地方官酌中定价收买后转租……华洋商民凡欲租地者，须先至工程处呈明挂号，然

① 济南市城市建设管理局编：《济南城市建设管理志》（1840—1985），（内部印发），1991年，第5页。

后由工程处丈量所租之地”；“凡盖造房屋，必先请工程处并报巡警局核准，方可兴工”；“租户在地上建筑楼房、平屋、栈房，均可任便起造，惟须将屋图先送工程处察看，倘有情弊，由工程处酌改。租户呈报屋图后，工程处应从速核定，俾可开工。开工后由工程处派人随时赴工场察看”；“凡商埠内盖造房屋或旧屋翻新，必须先筑泄去污水沟一条或数条，此沟须通至工程处所造之沟，以便宣泄。所筑之沟，应如何接通大沟之处，均须逐一声明，听工程处指示，租户遵办。工程处可随时酌定规条，如沟要洁净及户内所污秽妨碍应即屏除等”。[①]上述工程局或工程处很明显是商埠总局时期负责道路建设、管理的机构，其职责范围涉及土地丈量、道路修筑、房屋建造、沟渠管理、代收钱粮等，可谓庞杂纷繁。

民国初年，济南成立市政公所，属岱北道，济南道治。1917年改为山东省会市政厅，管理商埠租建等事宜，兼办城关道路工程建筑事宜。此时，商埠之设计，悉照现代都市形式而规划。至于教育、财政事项仍分归省县行政机关办理，此时仍为市县共治形势。[②]1920年市政厅职责范围得到了进一步拓展，除继续负责商埠区市政事务外，开始负责老城区市政事务，并通盘规划老城区和商埠区的道路交通。是年，《山东省会市政厅办事细则》颁布，市政厅内设总务、收支、工程三科，总务科分文书股、庶务会计股、行政股；收支科分产业捐税股、支应股；工程科分工务股、设备股。各股主任以科员、技术员充任，设咨政官二员，以备办理工程、卫生事务时有所咨询；设工巡队长一员，工巡队员若干名，专任巡查任务；设工队专任清洁道路，并令兼管消防救护事宜。具体来说，总务科行政股负责“关于交通、劝业、卫生、消防及救济事业之策划事项，关于市政重要关系各事业之补助监查事项，关于市廛状况之调查事项，关于市政计划之筹拟事项，关于市区改正之筹划事项，关于建筑管理之查勘事项”。工程科工务股负责“道路桥梁实施兴修事项，沟渠水道改设事项，其他建筑工程修治事项，各项工程估算及监督验收事项，各项工程用款审核事项，管理附属工厂事项”；设备股负责“关于道路

① 济南市志编纂委员会编印：《济南市志资料　第四辑》，1983年版，第183—186页。

② 济南市公署秘书处：《济南市政概要》，1940年版，第9页。

桥梁及沟渠水道之测绘事项，关于道路线幅改正之计划及房基线之测定事项等”。[①]

综上，这一时期的道路管理演变有二：一是老城区与商埠区道路管理由分治到统一。这个时期横跨了晚清和民国初年两个截然不同的阶段，其道路管理机构、管理机制在前期泾渭分明。老城区“依旧循旧”，没有专门的城市规划及道路管理机构，城市道路的建设管理仍是一片“盲区”；而作为新生事物的自开商埠区，筹建之时就孕育着近代化的雏形，设有道路管理的专有机构工程处，并建设了一批现代的马路及其附属设施。直到市政厅时期，老城区和商埠区道路管理才结束分治局面，实现统一。二是道路管理机构职责由复杂多元逐步走向精细化、专业化。初期商埠区工程处的职能几乎涵盖了城市建设、房产管理、国土资源、工商税务、城市交通等。伴随着济南城市的发展，道路管理机构职责也逐渐发生变化，其道路管理机构逐渐缩小为工程科，进而细分为股，专司道路系统有关事宜。

二、工务局时期（1929—1937）

（一）工务局

1929年日本政府与国民党政府就“五三惨案”达成协议，从济南撤军，山东省政府从泰安迁回济南，因军事、政治、商业之需要，依前国民政府颁布之市组织法，设立济南市。6月5日，新任省政府主席陈调元正式任命阮肇昌为济南市市长。7月1日市政府成立，暂以省城城厢内外为行政管辖区域暨城乡内外原有公安局保安区域为市行政区域，后于1931年与历城、长清两县划清管界，市政府时代延至1937年终。济南市行政组织采用分署办公制，府下设社会、财政、公安、工务、教育等局。其中工务局负责市政建设，其具体职掌有：市内道路、沟渠、下水道、桥梁的修建和养护维修；公共建筑物的修建，市民建筑的审核批准及违章建筑的取缔；技师、技副营业的注册和

① 张福山主编，济南市史志编纂委员会编：《济南市志（第七册）》，北京：中华书局，1997年版，第609—611页。

业务监督；营造业者的核准注册和业务监督；发电、电话、自来水等公用事业的监督，路灯的安装管理；车辆的检验，汽车司机的考试；行道树的栽植管理等。[①]

1931年1月6日韩复榘借故取消市政府，将市属各局归省政府有关各厅直辖。两个月后，在中央政府的诘问下，济南市政府得以重新恢复，工务局重归市政府管辖。1931年10月26日公布施行《济南市工务局取缔建筑暂行规则》，明确规定凡在市内建造、添造、拆修的一切公私建筑物均属其管理范围；制定《全市街道展宽表》，规定新建或翻修临街房屋须退让的街道宽度为：甲等20米、乙等15米、丙等12米、丁等10米、戊等7米、己等5米、小巷4米或3米。因执行难度很大，十几年未能按规定展宽。与此同时，财政、公安两局共同制定了济南市管理汽车、马车、大小车、地排车、人力车、脚踏车暂行规则，对车身、车轮的构造，安全设备的部件，装载和乘坐的限制，捐税数额，通行规则等都做了具体规定，作为检验、征税和管理的依据。《济南市工务局招商投标暂行办法》规定了管理工程发包事宜；《济南市管理行道树暂行办法》对栽植、修剪、保护作了具体规定；《济南市因公刨路暂行办法》规定了手续、安全措施和缴费数量；另有《济南市工务局技师技副注册暂行办法》和《济南市建筑业注册暂行办法》等。

1933年，山东省政府通过《山东省政府建设厅办事细则》，明确规定建设厅“承国民政府实业、内政、铁道、交通各部及建设委员会之命令，受山东省政府之指挥，监督掌理全省建设及实业事务”，其具体的管理范围共有18项，涉及建筑工程的有“关于公路铁道之建筑及事业之监督管理事项”“关于新市新村及其他一切建筑事项”等等。秉承着这一细则，省政府在同年通过的《济南市工务局组织细则》规定该局“下设第一科、第二科和技术室。第一科掌理事务：关于发给建筑凭照事项；关于投标及验收工程事项；关于建筑业及技师注册事项；关于工程事务所之管理事项。第二科掌理事务：关于本市各项工程之实施事项；关于公共建筑之估价及市有工程之保养事项。技

① 济南市志编纂委员会编：《济南市志资料　第四辑》，1983年版，第106—107页。

术室掌理事务：关于市工程查勘规划指导监督事项；关于建筑业技师之审查图样计划鉴定事项”。[①]

济南市工务局设在商埠天桥西市政府内，该局依据《市组织法》组织人员，设局长1人，先后由巩致中、刁紫芳、贾成祥、张鸿文担任；局内设两科，第一科分文书、事务两股，第二科分调查、材料两股；另有技术室和附属机关（表2-1）。工务局下设的工程事务所有80人，工具设备有汽碾5台、洒水汽车3台、运料汽车2台、洒水马车和运料马车4辆、洒水用蓄水塔（容量20吨）水井、3.5马力电泵、水鹤4套（其时尚无自来水）、修理汽碾老旧钻床等。技术室有古老经纬仪、水准仪各1架，1933年添购蔡司二号水准仪1架、二号经纬仪1架。[②]

表2-1　济南市工务局组织职责（1934年）

<table>
<tr><th colspan="3">职位</th><th>人数</th><th>职责</th></tr>
<tr><td colspan="3">局长</td><td>1</td><td>秉承市长督率所属职员办理全市工务及公用事项</td></tr>
<tr><td colspan="3">秘书</td><td>1</td><td>掌理全局文件及重要事项</td></tr>
<tr><td rowspan="5">第一科</td><td colspan="2">科长</td><td></td><td rowspan="5">掌管典守印信、撰拟文稿、保管卷宗、管理会计庶务及一切总务各事项</td></tr>
<tr><td rowspan="2">文书股</td><td>主任</td><td>1</td></tr>
<tr><td>科员</td><td>3</td></tr>
<tr><td rowspan="2">事务股</td><td>主任</td><td>1</td></tr>
<tr><td>科员</td><td>2</td></tr>
<tr><td rowspan="4">第二科</td><td colspan="2">科长</td><td>1</td><td rowspan="4">掌管市内工程之施行，市民建筑之查勘取证及公用事项之监督，及施工材料之管理事项</td></tr>
<tr><td rowspan="2">调查股</td><td>主任</td><td>1</td></tr>
<tr><td>科员</td><td>2</td></tr>
<tr><td>材料股</td><td>主任</td><td>1</td></tr>
</table>

① 山东省地方史志编纂委员会：《山东省志·建筑志》，济南：山东人民出版社，1998年版，第858—859页。

② 济南市志编纂委员会编：《济南市志资料　第四辑》，1983年版，第107页。

续表

<table>
<tr><th colspan="3">职位</th><th>人数</th><th>职责</th></tr>
<tr><td colspan="2" rowspan="3">技术室</td><td>技正</td><td>1</td><td rowspan="3">掌理市内工程之测勘设计及其他技术事项</td></tr>
<tr><td>技士</td><td>3</td></tr>
<tr><td>技佐</td><td>4</td></tr>
<tr><td rowspan="5">附属各机关</td><td>工程事务所</td><td>主任</td><td>1</td><td>管理本局汽碾、汽车及各工队，并施工工具</td></tr>
<tr><td>中山公园</td><td>管理员</td><td>1</td><td>管理本园一切事宜</td></tr>
<tr><td>五三公园</td><td>管理员</td><td>1</td><td>管理本园一切事宜</td></tr>
<tr><td rowspan="2">游泳池</td><td>管理员</td><td>1</td><td></td></tr>
<tr><td>指导员</td><td>1</td><td></td></tr>
</table>

资料来源：笔者根据罗滕霄著，济南市图书馆整理：《济南大观》（1934年），齐鲁书社，2011年版，第253—254页编制而成。

（二）济南市政府设计委员会与济南市工程委员会

济南市政府成立后，为适应城市发展，首任市长阮肇昌撰写《建设新济南整个计划》，提出对未来济南的规划设想："改善旧城与商埠，发展南北展界为新市区。"但因中原大战的爆发，该计划废弛。韩复榘督鲁期间，任命陈维新为济南市市长，后者于1931年成立济南市政府设计委员会，以市长为委员长，市政府参事、秘书主任、技术专员、各科科长、各局局长及公安局、卫生科科长、财政局土地科科长、工务局技正为委员，并由市长聘请专家若干人为专门委员，各委员均为名誉职，凡关于本市建设事业之设计及核议等事项，均得提会讨论，每月至少开会二次，遇必要时得开临时会议。[①]其职责为"市区各项事业之审查及建议；市区之繁荣及设计发展"。该会于1932年至1935年曾对济南市做过城市建设规划，审查办理济南市土地计划，调查建筑平民住所，从速划分济南市区坊及闾邻办理情形，筹办市区测量情形，开南

① 济南市政府秘书处编：《济南市政府工作报告》，1932年版，第6页。

北商埠为模范市及模范村等，[①]计划把市中心安排在北商埠，北展界名为“模范市”，南展界名为“模范村”，并于1936年完成了户地测绘、道路定线、划分租地等工作，但“七七事变”后该规划工程被迫放弃。

自济南市政府成立以后，因财政资金短缺，凡兴市政工程，必向省政府请求拨款，似已成定制。1932年，山东省主席韩复榘力改此局面，规定每年由省市共同筹措省会市政工程经费50万元（省市各半）。其中，市政府经费主要来自市财政局和市商会。是年，济南市工程委员会成立，其职责是研究、审核工程项目的设计、招标、施工、验收等，并核定全市街道展宽及建筑业注册情况。该会以工务局局长张鸿文为主席，委员由省府顾问、参议，建设厅科长，财政厅秘书，市政府技术专员，工务局局长，第二科科长兼技正等组成，并聘请专家多人，凡与工程有关事项均交该会核议。[②]其成立情形如下：

本局前奉市长谕，以市内各项工程设计迟缓，进行濡滞，饬会同市府及财政局人员拟议方法，俾利市政等因。经会商成以工程设计，向须经省府发厅审查，方能核准动工，辗转需时，手续似属太繁，拟请组织济南市工程委员会，所有本局技术人员，暨市府技术专员、财政局土地科长、公安局行政科长一律参加，并请转省府暨民财建实四厅各派工程人员一员，以收集思广益之效。将来每一工程设计完竣，由市府转呈省府核准后，便可领款招标施工，以省手续。当呈由市府订定规则，转奉省令分别修正通过，除预算仍应由厅复核外，抄发规则一份，令饬遵照备查等因。奉此，遵于本月二十四日上午九时在本局会议室召开成立大会，并呈报市府备案矣。[③]

由上看出，民国十八年（1929年）济南市政府成立后，开始对城市规划工作有所重视，并将其提上了议事日程。这从阮肇昌的《建设新济南整个计划》和《济南市政府市政计划大纲》中得以展现。然而，因军阀割据，内战

① 《济市设计委员会二次例会议案，计划辟南北商埠》，《山东民国日报》1932年6月30日，第5版。

② 济南市志编纂委员会编：《济南市志资料　第四辑》，1983年版，第112—113页。

③ 济南市政府编辑室：《济南市政周刊》，《山东民国日报》1932年5月28日。

不断，城市建设工作阻碍重重，其预想未能实现。

三、伪建设局时期（1937—1945）

（一）建设局

1937年12月27日，日军侵占济南，随即成立了伪济南治安维持会。1938年3月伪维持会会长马良任伪山东省省长，4月成立日伪济南市公署，朱桂山、程镕、李汝璞先后任伪市长，下设财政、社会、建设、教育等局，山东省会公安局则隶属于伪省公署。同时，将原工务局改为建设局，负责办理建筑审批和土地注册、测绘等工作，局长先后由王次伯、佟恩甫担任。成立之初其下设第一科（内设土地股、农林股、商业股和工业股）、第二科（内设土木股、建设股、水道股和材料股）和工程事务所。各科设科长1人，股长2人至4人，科员、办事员各若干人。同年，依据《济南市公署组织暂行规则》第十二条之规定,《济南市公署办事细则》通过实施，其第十四条规定建设局第一科土地股职责为调查整理市有土地、审查地亩契据、土地勘测收用及土地登记等事项；农林股主要职责有农业保护监督、造林设计及天灾预防等事项；商业股主要职责有商业保护监督、商品检查、商业金融调节等事项；工业股主要职责有工业保护监督、工厂设计、工艺发明等事项。第十五条规定建设局第二科土木股职责有市道路及交通、商民建筑、市有工程等事项；建设股主要职责有制订市发展计划及鉴核图、划分市民区域、管理市水道联络交通等事项；水道股主要职责有管理市水道清洁、自来水卫生等事项；材料股职责有保管市有各种土木工程材料、考核各种材料价格等事项。工程事务所职责管理有本市马路碎修、本市沟渠疏浚、本市道路清洁等。①

1939年建设局科室内各股进行调整，并将工程事务所划归第二科。1940年济南市公署进行机构调整，内设部门渐次扩充，日臻健全，建设局下增设第三科，并对各股进行调整，工程事务所成为其附属机关。1941年市署组织机构进行了较为彻底的调整，使各部门权责更加明晰，增设了水道管理处、

① 济南市公署秘书室编:《济南市公署二十七年工作报告》，1939年版，第36—38页。

畜产管理处，在各局处设立首席科，在各科设立首席股；市署各科名称向来以第一、第二等数目字代表，为加强市民对市署的认识，将第一、第二等科名称取消，改以各科经管之事务定其科名，以符实际，而便识别。建设局也遵循这一谕令，将第一科改称土地科、第二科改称建筑科、第三科改称土木科，内设股也进行相应调整。1942年1月1日《济南市公署暂行组织条例》修正施行，组织系统既较前略有扩充，所有与组织有关之暂行组织条例及分科规程亦有变动，其中之一就是在建设局土木科内增设道路股。市公署设秘书处、财政局、建设局、教育局、社会局、警察局（暂不设置），第十八条规定建设局掌理土木事项、道路使用许可及取缔事项、建筑事项、土地利用、整理及公墓管理等。[①]

1942年1月1日，济南市公署修正《暂行分科规程》施行，此规程是依据《济南市公署暂行条例》第二十二条规定而制定，其第九条规定建设局下设土木科、建筑科、土地科。第十条规定土木科分设庶务股、道路股、土木股、计费股掌理相关事项，其中道路股主要负责行道树之培养及剪修、路灯设置及管理、道路使用及占用许可、有碍道路取缔等事项；土木股主要负责道路修筑、公园设计及施工、河川、桥梁设计及施工、其他土木工程等事项；计费股主要负责土木设施之计费、土木测量及制图等事项。第十一条规定建筑科分设审查股、营缮股，审查股主要负责建筑之审查及取缔、建筑技术者资格之审查、其他之检查及许可等事项；营缮股主要负责市有建筑物之新筑设计、市有建筑物之营缮施工等事项。第十二条规定土地科分设整理股、用地股、登记股、测量股，其中用地股主要负责市街用地之收买及利用、官有土地及其他不动产册籍之编造等事项；测量股主要负责土地之测量、地形图之绘制及地基之计算、土地之估价等事项。第二十条规定卫生科分设保健股和防疫股，其中保健股主要负责道路清扫、洒水及扫雪、屎尿及

---

① 济南市公署：《济南市公署暂行组织条例》（1942年1月1日），济南市档案馆藏，档号：j076-001-0278-002。

污物之处理、公众厕所等事项。[①]至此，建设局组织机构已完备（表2-2），其格局一直保持到1945年。日伪建设局机构拥有了土木科（内设庶务股、道路股、土木股、设计股）；建筑科（内设审查股、营缮股）；土地科（后并入财政局，内设注册股、测绘股）。局下设施工所，主任先后有3人担任，有事务员1人、汽碾司机6人、汽车司机3人、路渠工人56人。此外，局内还另有日本技术官川崎忠正、木村秀雄、儿岛武光、内田晴一等，他们受日本陆军特务机关的任命，掌握实权，地位显赫。[②]这一机构实质上是日本帝国主义在军事占领之后，贯彻"以华治华""以战养战"政策的产物，其目的是妄图长治久安，以便进行殖民统治和殖民掠夺。日伪建设局1938年有职员41人，1939年有46人，1940年有93人，1941年有108人。[③]

表2-2　济南市公署建设局组织系统沿革表（1938—1941年）

年份 局处	1938年	1939年	1940年8月20日以前	1941年
建设局	第一科：土地股、农林股、商业股、工业股； 第二科：土木股、建设股、水道股、材料股； 工程事务所	第一科：商业股、工业股、农林股； 第二科：土地股、土木股、建筑股、庶务股、工程事务所	第一科：工商股、农林股； 第二科：工务股、设计股、建筑股； 第三科：登记股、清丈股	土地科：整理股、用地股、登记股、测绘股； 建筑科：审查股、营缮股； 土木科：庶务股、土木股、计划股

资料来源：（伪）济南市公署秘书处编：《济南市概要》，1942年版，第28页。

（二）都市计划室

1938年4月日伪济南市公署成立，并颁布《济南都市计划大纲》，1940年设都市计划室，内设南郊新市区工程处和北郊新市区工程处两个规划、修建道路的专业机构。南郊工程处职权范围是四里山公园、经七路、新生大街、纬五路南段之间，工程处设在南上山街南头律师郝凤城公馆。北郊工程处设

① 济南市公署：《济南市公署暂行分科规程》（1942年1月1日），济南市档案馆藏，档号：j076-001-0278-003。

② 济南市志编纂委员会编：《济南市志资料　第四辑》，1983年版，第144—145页。

③ 伪济南市公署秘书处编：《济南市概要》，1942年版，第30页。

在乐康街，范围是纬十二路北段，万盛街、堤口路之间。计划室曾做济南城市总体规划，新辟南郊新市区、北郊新市区及商埠地区，修建对外公路，并开拓环绕市区的环城路，对城市道路宽度有较远的设想，如经十路原定宽80米（后缩为50米），纬二路南段和天成路宽50米，纬十二路、经八路宽35米。①1941年均并入伪华北建设总署济南工程局。

伴随着伪建设局机构组织的不断健全，相应的规章制度也陆续出台实施。如承袭前济南市政府时期的《济南市公署招商投标暂行规则》《济南市公署管理清洁暂行规则》《济南市公署取缔建筑暂行规则》《济南市公署管理道路暂行规则》及修正济南市管理各种车辆暂行规则等众多规章制度，制定了《济南市公署管理路树暂行规则》《济南市公署修路征费暂行规则》《济南市公署管理商民自费修路暂行规则》《济南市公署修补乡区道路暂行规则》等。以上对于依法加强城市道路交通建设、管理，充分发挥城市道路功能起到了一定作用。

总的来看，这个时期的建设局无论是从机构设置，还是职责划分，较前而言，都更加近代化，虽然其规划都没能实现，但对城市道路系统的设计具有前瞻性，对城市骨架和商埠区的形成产生了一定影响。同时也应看到，日伪出台的众多制度，其根本目的并未从济南城市未来的发展着眼，只为满足其时的自身需求，如《济南都市计划大纲》的初衷就是通过都市的复兴，实现产业的发展，以解决日本人居住的问题。显而易见，许多制度只是对原有规章制度进行细枝末节的修改或者是对某些规章进行整合、分割，尚未做出根本性的变革。同时，许多规则因是仓促出台，造成条块分割或职责相互矛盾甚至冲突，往往在执行很短时间后就被重新修订。

---

① 山东省城乡建设委员会编：《山东城市与城市建设》，济南：山东大学出版社，1987年版，第80页。

第二节　城市交通管理机构的演变

一、交通管理机构的组建与发展

1903年清政府为了维护社会秩序，先后在天津和北京组建警察部门，其规定的警察任务中，均有管理道路交通的条款。1905年清政府设立巡警部，命令各地成立道路交通管理机构。随后，北京、广东、南京、上海、青岛等地陆续在警察部门成立了道路交通管理机构。为维持地方治安，1908年，中国近代警察史上第一部完整意义上的治安管理处罚法律——《违警律》颁布，对违警行为、性质及处罚程度等进行了规定，其中第四章关于交通之违警罪有2条21项。这为各省违警处罚确立了标准，有力地推动了各地警政制度的发展。

济南警察部门创始于清末，其后名称几经变更，职责范围不断扩大。自周馥在济南设警务局，到巡警公所（1908年）、济南警察厅（1913年）、济南市地方治安警察总局（1928年）、济南市公安局（1929年）、省会公安局（1931年）、省会警察局（1936年），再到伪山东省会警察局（1937年），期间其职责逐渐由单一化向多元化发展。

此前，济南警察除维持秩序外，对于交通鲜少注意。1904年，济南设立商埠局并制定了《济南商埠巡警章程十四条》，在济南西关外通商埠内设立巡警局，其经费由商埠局支付。局内设总巡1人、巡差若干名，潍县、周村两分埠设分巡警局，所有总巡、巡差，由济南巡警局派遣，均归济南总局统辖。1907年，山东巡抚吴廷斌设立巡警道，内设总务、警政、卫生等科，同时在济南设置巡警公所，执行省会的警察行政事宜。中华民国成立后，中央颁布地方警察厅组织令，济南省会警察厅的组织机构方得以进一步完善，才成为具有真正近代意义的警务部门，交通情事才开始受到关注。1915年，北洋政府内务部发布《各省整顿警政办法大纲》，并对《违警律》进行修订，颁布施行了《违警罚法》，进一步促进了各省警政法规的完善。据此，济南新辟商埠警区，取代了开埠之时设立的巡警局。到1925年，济南省会警察厅包括4科1处1股9队及13个警察署（图2-1）。[①]

1927年山东颁布《山东警务处组织章程》，详细规定巡官、巡警守望、护卫等道路交通职责。[②]1928年7月，新修订的《违警罚法》实施，对妨碍交通之违警规定等级不同的罚金和拘留天数，内容更加细致精准。遵照颁布的《各级公安局编制大纲》和《违警罚法》精神的指导，济南市公安局对机构再次进行调整。1930年4月，国民政府颁布《警长警士服务章程》，对警长和警士管理道路交通的职责进行了明确界定，“警长警士应将所管辖区域内道路、桥梁、市街、村落及衙署、学校一切公共场所之设置逐一查察明了”（第二十条）[③]。并对于警士的外勤工作所涉及的交通职责进行了更为详细的规定：“守望警士站立岗位应在街道适中之地，以便指挥车马行人，但道路狭窄之地遇车到时，可立于一边以便通过”（第三十条）；“守望警士不得依靠墙壁或无故擅离岗位三十步以外，遇有紧要事故须远离时，应托其他守望警或巡逻警暂为照料”（第三十一条）；“守望警士遇有紧急事故，因岗位重要不能离开时，应速速通知其他守望警或巡逻警办理”。[④]同时，还要求巡逻警士在巡逻区域内应随时加以查察或预防危险，以便提前消除隐患（第三十二条），“守望及巡逻警士于往来道路上发现妨害物品时，应立即除去或告知义务者除去之（第四十六条）”；“守望及巡逻警士发现道路、桥梁、水道、电灯、电线、煤气管及其他公用之建造物破坏、壅塞或有破坏、壅塞之虞时，应速告义务者修理（第五十条）”。[⑤]乘借这一章程，1931年，山东省会公安局制定《省会公安局组织暂行章程》以及《勤务条例》《警长警士服务规程》《违警罚法》等规章条例，[⑥]对各科、室、分局的职责范围作了具体规定，并进行了内部机构调整：在第二科行政科下设立交通股，交通警察设在各分局（图

① 王红：《1929—1937年济南警政建设研究》，山东大学硕士学位论文2013年，第12页。

② 山东省地方志编委会：《山东省志·公安志》，济南：山东人民出版社，1995年版，第73页。

③ 内政部年鉴编纂委员会编：《内政年鉴·警政篇》，上海：上海商务印书馆，1936年版，第1516页。

④ 内政部年鉴编纂委员会编：《内政年鉴·警政篇》，上海：上海商务印书馆，1936年版，第1517页。

⑤ 内政部年鉴编纂委员会编：《内政年鉴·警政篇》，上海：上海商务印书馆，1936年版，第1518页。

⑥ 济南市史志编纂委员会编：《济南市志（第五册）》，北京：中华书局，1997年版，第489页。

2-2）。设警士指挥交通守望岗，并规定了停止、放行等指挥车马行人的手势。1934年，济南市公安局各科室的职责更加明确，其行政科掌管的五股已明确包含“交通”职责。1937年2月，依照内政部颁发的各级警察机关编制纲要，济南市公安局改组为省会警察局，隶属于省政府民政厅，仍采用三级制度，分设内部机构和外部机构，其相关组织系统如下：[①]省会警察局设局长一人，秘书主任一人、秘书二人至三人，督察长一人，科长四人，科员若干人，督察员若干人，事务员若干人。省会警察局因办理事务之必要，得酌用稽查雇员；省会警察局于管辖区划定警区，每区设警察分局，分配分驻所，每分局设分局长一人，分驻所设巡官、长警若干人，分管各区内外勤务及一切应办事项；为了维持管辖区域内公共安全乃至遇非常事故而临时调遣弹压起见，省会警察局设保安队四大队，每队设大队长一人、队副一人、分队长三人，分管队内外勤务及一切应办事项。[②]随着道路交通管理机构的设立，各地又陆续组建了交通警察，并制定《山东省会警察局警长、警士服务施行细则》，[③]其第九条规定“警士应行驰报4个事项：在道路死亡或在家自杀者；路灯昏黑或电线损坏者；交通要道自来水管损坏者；汽车肇祸不听阻止，疾驰进行者”。其第十条规定“警士应行指导纠正3个事项：人民之行为举动有碍市容，或缺乏常识者；儿童燃弄引火物或疾穿道路者；初次来济不明都市习状，或走路不知规则者”。其第十五条规定“警士指挥交通时，应行注意10项调查：车马行人是否遵守交通规则，及有无妨碍交通安全之行为；须时时审慎交通量之多寡，与交通流之缓急，而为适当之指挥，并维持交通纪律；车辆行驶时是否悬有牌照，及其各项设备是否遵照定章；车辆驾驶人之技能是否胜任，并注意其方向灯；车辆之速度与载重有否超越定章；驾驶人是否穿有规定号衣；车辆之停放是否遵照定章；车辆肇事，轻者抄录号码，较重者扣留司机证，最重者扣车带人；注意保护行人之安全，与道路之损坏；其他交通整理之方法，悉遵规则办理”。

① 山东省会警察局编：《山东省会警察概况》，1937年版，第1页。

② 山东省会警察局编：《山东省会警察概况》，1937年版，第4—5页。

③ 山东省会警察局编：《山东省会警察概况》，1937年版，第442—446页。

图2-1　1925年山东省会警察厅机构设置

资料来源：济南市史志编纂委员会编：《济南市志（第五册）》，中华书局，1997年版，第486页。

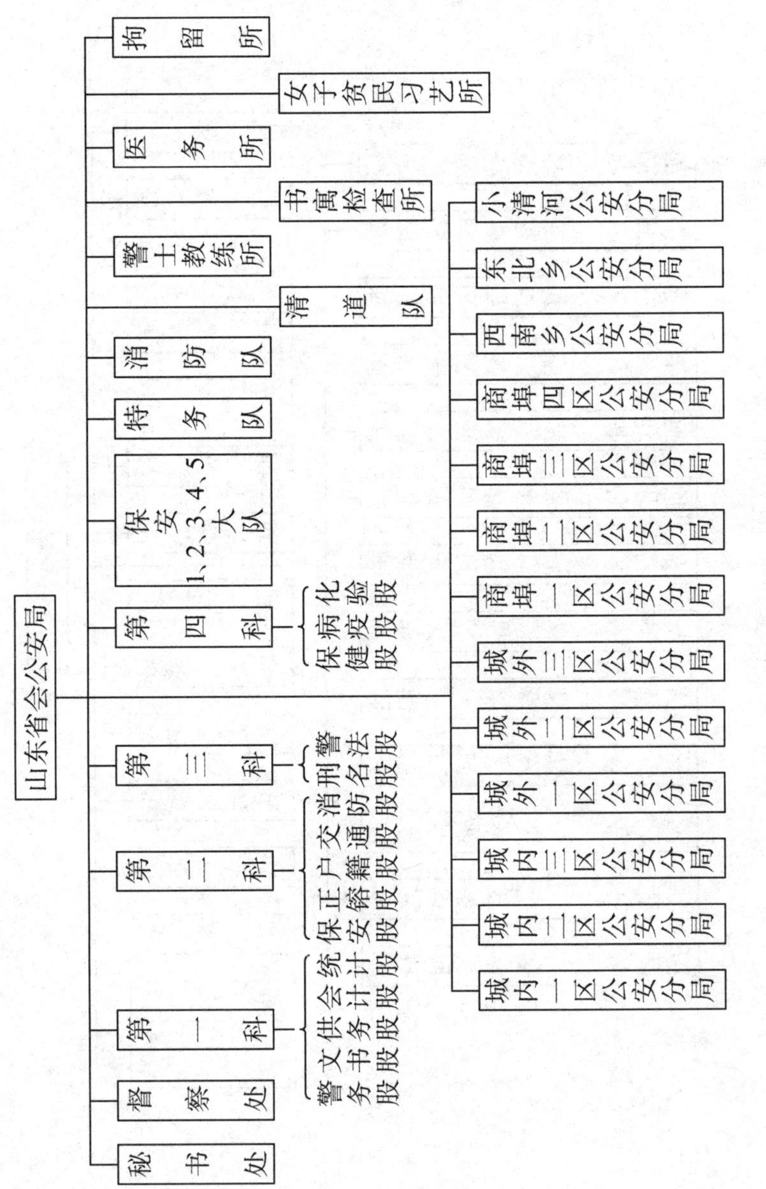

图2-2 1931年山东省会公安局机构设置

资料来源：济南市史志编纂委员会编：《济南市志（第五册）》，中华书局，1997年版，第487页。

二、交通管理法规的逐步健全

开埠后，济南在交通上的地位优势更加凸显，因其扼津浦、胶济两路之交叉点，它成为中国北方陆路交通的一个重镇，商贸汇集，城市发展日新月异，公共交通工具不仅类型增加，而且数量迅速增长，相关的交通事件也随之增加。同时，伴随交通管理机构和管理队伍的不断发展，交通管理的法规建设和管理职能也亟待提上日程。开埠之初，《济南商埠巡警章程十四条》第四条曾对道路交通作出部分规定，赋予巡差在商埠道路上行使交通管理职权："禁止赌博、斗殴及驰马放枪、路上喧哗、无故抛掷砖石、并行车违章等事，悉当恪遵总巡指挥；损伤各路所编号并房屋号数，及路灯玻璃灯柱或夜间擅灭灯火，撕扯房屋地租告白，污毁门板、墙壁、栏杆、路旁树木以及路间石子，该巡差见有犯以上各事者，即行拘拿；如有旧房拆卸、新房改造及马路坎陷，凡有碍行路者，巡差当禀明巡警局核办；各店铺招牌布篷等件，皆宜高挂，不得有碍行人，违者，巡差禀明巡警局核办；马路照章如抬轿、挑水、扛运货物，应在中间行走。马车、轿车、东洋车等来去，皆偏左走。车夫不准用年老力弱龌龊有病之人，以及格外重载、车辆破损、停车碍路、夜行无灯、或试新马、或驾病马，一律禁止，违者由巡差拘送巡警局核办；凡通商埠内所有铺户住家，每日清晨六点钟以前、夜间十一点钟以后，准将收拾之垃圾堆置于各家门前，以便专设收拾垃圾之厂车运弃指定堆弃之处。凡逾此二时，不准有垃圾抛弃路上；埠界内设有大小便厕所，凡街前巷口均不准大小便。"[①]但这仅是针对商埠区内的规定，并不具有普遍的法律效力。1914年，当局颁发《行路须知》，对"询路径、防冲突、夜行、防盗贼、拾物和军器"等作出了规定，这是具相当普及性的道路交通管理规定，但赋有明确法律形式的公共交通规则尚未出台，而天津、上海等都市此时期先后修订颁布了多项交通管理规则。

询路径：行路之时，如不识路可向巡警询问。

---

① 云南省档案馆，红河学院：《滇越铁路史料汇编》（上），昆明：云南人民出版社，2014年版，第192—195页。

防冲突：行过十字路口时，如有车马等经过，巡警必举手拦阻，应即止步。若无巡警必须察看，如来车相距尚远，方可越过，否则应少候勿急冒险。城内街道更仄，尤宜注意马路两边，紧靠房屋有略高之处专为徒步之路，步行者切宜遵此而行，万不可在马路中央行走，致遭冲突之险。马路中亦有因地基稍狭未筑此人行道者，行时总以靠边为宜，如闻后面有铃声、钟声或喇叭声，急宜留意。

夜行：夜间行路，如见前面有灯光自远而来，必系马车、洋车，务宜闪避。

防盗贼：若在冷僻处切不可手提皮包或露出来银钱、金表等物，拦路劫夺事所恒有，倘逢夜深岁暮，尤宜格外提防。

拾物：路中遇有遗失物件或包裹，切勿捡拾，免为流氓讹诈。因巡警立有定章，凡在路上捡拾物件送局候领，违者即治以盗窃之罪，故流氓等往往设此以愚人，切勿为其要挟。①

1928年7月，国民政府内政部颁布《违警罚法》，在吸纳《违警律》精华的基础上，对妨碍道路交通之违警作出更为明确的规定，②成为各都市相继效法的样板。其第六章第四十一条规定有“于私有地界内当通行之处，有沟井及坎穴等不设覆盖及防围者；于公众聚集之处及弯曲小巷驰骤车马，或争道竞行不听阻止者；各种车辆不遵章设置铃号或违章设置者；未经公署准许于路旁、河岸等处开设店棚者；损坏道路桥梁之题志及一切禁止通行或指引道路之标识等类者；渡船桥梁等曾经公署定有一定通行费额，于定数以上私行浮收或故阻通行者等行为之一者，处五日以下拘留，或五元以下之罚金”。第四十二条规定有“于渡船桥梁等应给通行费之处不给，定价强自通行者；于路旁罗列商品、玩具及食物等类，不听禁止者；滥系车马致损坏桥梁、堤防者；于道路旁横列车马或堆积木石、薪炭及其他物品，妨碍行人者；于道路溜饮车筏或疏于牵系，妨碍行人者；并行车马妨碍行人者；并航水路妨碍通

① 叶春墀：《济南指南》，济南：大东日报社，1914年版，第117页。

② 丘汉平：《违警罚法》，上海：商务印书馆，1935年版，第23—29页。

船者；将冰雪、尘芥、瓦砾、秽物等类，投弃道路者；于道路游戏不听禁止者；受公署之督促，不洒扫道路者；车马夜行不燃灯火者；消灭路灯者；于谕示禁止通行之处，擅自通行者等行为之一者，处五元以下之罚金”。不仅如此，还对妨碍道路卫生作出规定，其第八章第四十九条规定有“毁损明暗沟渠或受公署督促不行浚治者；装置粪土秽物经过街道，不加覆盖或任意停留者；于道路或公共处所便溺者等行为之一者，处五元以下之罚金”。

济南市政府成立后，省会人口骤增，车辆增多，交通问题日趋严重。人力车及公私汽车因无管理方法，肆意行驶于街道，每多发生危险，而人力车在街面横冲直撞，尤应取缔。[①]为谋交通安全起见，市政府开始着手办理管理规则，严加限制。1929年，济南市政府制定了《济南市管理人力车暂行规则》《济南市管理汽车暂行规则》《济南市管理马车暂行规则》《济南市管理地排车暂行规则》《济南市管理大车轿车暂行规则》《济南市管理小车暂行规则》《济南市管理脚踏车暂行规则》等管理规章制度，规定管理事项由工务、财政、公安三局分别承担。其中，工务局管理关于检验等事项，财政局管理关于登记收捐及发给牌照等事项，公安局管理关于维持交通及科罚等事项。各类管理规章主要由总则、检验、登记、通行规则、捐率和罚则等六部分组成。此后，为适应城市交通发展的需要，1930年9月，济南市公安局又公布《取缔载重大车行使规则》，规定：“自新东门经运署街大西门、普利门及经二路全线，凡载重大车概不准通行，但南北穿过时不在此限；军政各机关运输大车通行时，惟须自制旗帜插于运行车上，以资识别；凡商民建筑房屋运送木石等类，必须经过第二条所限路线时，应于每日上午八时前行驶，过时即予禁止；凡载重大车在第二条所限路线内装卸货物时，均得绕道至装卸处所；凡载重大车须行驶于所设之车轮石上，如未设车轮石者，应在路之两旁行驶。”[②]翌年，济南市政府对上述公共交通规章制度进行了修订完善。如《济南市管理人力车暂行规则》中新增第八条规定“营业车牌须钉在护轮

① 《工务局业务报告》，《山东民国日报》1929年9月23日，第7版。

② 济南市政府秘书处：《济南市市政月刊》，1930年第1期，第50页。

板上左前方，自用车牌须钉于车座后下方，如有遗失或损坏者，应随时缴价补领”；新增第十条规定“营业人力车夫须穿着号坎，自用人力车夫须穿着号褂，此项号坎、号褂每年发给两次，由各车主于冬夏两季备价向财政局承领，其价额按市价临时规定之”；同时还增加“人力车通行时，车夫须穿号坎、号褂；不穿号坎、号褂者，处以二元以下之罚金”等。[①]1933年7月，济南市政府着眼于交通形势的发展，公布施行《济南市取缔窄轮车辆暂行办法》，对各种车辆的轮宽、载重作出具体规定，并且要求警务人员严格按照规定执行，对于不服从者要作出具体惩罚。

新生活运动期间，市政府更是注重以公共秩序为核心的市容整理工作，其中诸多内容涉及交通法规。1934年，市长闻承烈为纠正市民妨害公共秩序之积习，制定《济南市临时纠察组暂行规则》，指派公安局督查处勤务主任张永福、行政科科员高崇凯，工务局李世炜、凌光钺，财政局杨毅超等组成纠察组，以张永福为主任，负责纠察关于各种车工应行取缔事宜、人行道整理、各娱乐场所秩序，以及其他各事项。11月5日上午，市政府召集纠察组人员进行训话，发袖章符号以资识别，表明凡纠察所到之处，由该管公安分局派长警协助进行，并定于11月7日起开始实行纠察，务期社会秩序整齐严肃，一切有关法令得到严守。[②]总的来看，六条纠察内容中涉及道路交通的有四条：1. 车辆须经工务局查验，车辆之车轮须合已定之规定，并须装设灯及铃号；2. 车轮向财政局登记，须订车牌，须有捐照；3. 车辆须受警察之指导，须依一定之规则行驶，脚踏车不能二人乘坐一辆，人力车不准二人以上之成年人乘坐一辆，载重车不准载超过规定重量之货物。车轮容易破坏路面之车辆，应在车轮石上行驶，各种车辆行驶之速度，应按照规定；4. 人行道上不准设置各种障碍物。[③]为持续推进新生活运动，1937年，济南市又拟定整理市容办法16项，其第十三条规定“车辆须靠左边，并须在车轮石上行走，不得经行道中心，阻碍交通”；第十四条规定“一切车辆，夜间通行，必须燃

① 济南市财政局编：《济南市财政局二十、二十一两年度业务报告》，1933年版，第105—107页。

②《维持公共秩序，济南市纠察组今日开始工作》，《山东民国日报》1934年11月7日，第9版。

③《闻市长实行临时纠察，数月后济市焕然一新》，《山东民国日报》1934年11月20日，第9版。

灯”；第十五条规定“脚踏车必须按灯按铃及制动机”。[①]

济南市临时纠察组暂行规则

第一条：济南市政府为纠正市民妨害公共秩序之积习起见，特设临时纠察组。

第二条：本组设组员五人，照左列规定组织之：

1. 公安局二人。

2. 工务局二人。

3. 财政局一人。

第三条：本组组员由市长指派公安局所派组员一人为主任，综理全组事物。

第四条：本组织权如左：

1. 关于各种车辆之查验及取缔事项。

2. 关于各种车辆之行使事项。

3. 关于人行道之整理事项。

4. 关于娱乐场所维持秩序事项。

5. 其他事项。

第五条：本组行使职务时，得于所经地段就该管公安分局率同警察二人协助办理。

第六条：本组执行职务时间及地点由主任随时请示市长规定之。

第七条：本组如查有市民对于第四条所列各款不依法令规定办理者，应立即予以纠正或由交警察带局讯办，并出具报告。

第八条：本组如因时间关系得请求增加人员分班服务。

第九条：本组人员由市政府制发符号佩带，以资识别。

第十条：本规则自公布之日施行。[②]

与交通法规相并举，交通秩序的维护也逐步展开。早在1930年4月，济南

①《市政府拟整理市容办法》，《济南日报》1937年2月7日，第4版。

②《济南市政府布告第103号》，济南市政府编辑室：《济南市政周刊》，《山东民国日报》1934年11月10日。

市就开始设警士指挥交通守望岗，并规定了停止、放行等指挥车马行人的手势。不仅如此，还在其冲要路口设交通岗位，专司交通指挥。1937年，济南市警察局在全市设立交通岗位73处（表2-3），属各分局管辖，每岗有警士4人，岗警轮流执勤，并一律佩戴白色臂套，以资识别。[①]不仅如此，济南市还制定了指挥汽车专则，其他人力车、马车、脚踏车、地排车、独轮车，亦均有管理规则，这些规则已成交通警执行职务之准绳。同时，山东省会警察局还就指挥交通应注意的要点作出详细规定：岗警均需站立街心，以便指挥而利交通。狭小及繁盛街区禁止停放车辆。车辆往来于交叉路口时，均应禁止快行，其设有警号各车，并须先鸣警号，俾行人预为趋避。车辆相遇于交叉路口时，须令一停止，俟彼方通过后，再令其通行，以免冲突。车辆于夜间行时，除汽车应设标灯及电灯外，其他各车亦应设灯，但独轮车不在此限。车辆均需靠街道之左侧行走。车辆均需由岗警之左侧通过，转弯时不得取捷径，在狭小之街巷岗警须让避右旁。车辆应令衔接而行，勿任争先恐后致生拥挤。人力车、自行车均不许二人乘坐一车。幼童不许拉人力车。汽车之标灯（又名方向针）在昼间亦作指示方向之用，如针头向左即左转弯，向右即右转弯，向上而直前。指挥交通之手势（各种车辆均适用之）：停止手势，将手向上高举，放行手势，用手向右平伸。手向东或西平伸时，则南北之行人车马均不许通过，手向南或北平伸时，则东西之行人车马均不许通过。以上各节如有不遵，岗警可随时告知或送局处罚，但无论如何不得任意殴打，违则重惩。[②]

表2-3　济市警察局在全市设立交通岗位统计表（1937年）

警区分局	岗警数量	岗警人数
城内一区分局	五处	每一岗位由警士四人轮流值勤
城内二区分局	五处	每一岗位由警士四人轮流值勤
城内三区分局	五处	每一岗位由警士四人轮流值勤

① 济南市史志编纂委员会编：《济南市志（第五册）》，北京：中华书局，1997年版，第490页。

② 山东省会警察局编：《山东省会警察概况》，1937年版，第107页。

续表

警区分局	岗警数量	岗警人数
城外一区分局	五处	每一岗位由警士四人轮流值勤
城外二区分局	八处	每一岗位由警士四人轮流值勤
城外三区分局	三处	每一岗位由警士四人轮流值勤
商埠一区分局	十处	每一岗位由警士四人轮流值勤
商埠二区分局	十一处	每一岗位由警士四人轮流值勤
商埠三区分局	十处	每一岗位由警士四人轮流值勤
商埠四区分局	五处	每一岗位由警士四人轮流值勤
乡区第一分局	一处	每一岗位由警士四人轮流值勤
乡区第二分局	五处	每一岗位由警士四人轮流值勤

资料来源：山东省会警察局编：《山东省会警察概况》，1937年版，第106页。

山东省会警察局指挥汽车规则

本规则为整理交通起见，参照本市管理汽车暂行规则、规定，并补充之。

第一条：凡在本市行驶汽车，无论营业、自用，常应遵守规则之规定。

第二条：汽车应设备事项：

1. 汽车两旁应设灯二盏，车后号牌旁设红灯一盏，均于夜间一律燃点。

2. 汽车前身应设喇叭一个，以便知照行人及别项车辆迅速避让。

3. 司机前面应西标灯一个，以代手势指示行车方向且昼夜均用之。

4. 汽车前身应置速度表，以备考查在市内行车速度不得过十五迈。

第三条：汽车行驶时应照警察指挥行驶方向，警察及司机均应照左列手势行之。

甲：

警察指挥汽车手势：

1. 停止手势：用右手向上高举。

2. 放行手势：用右手向前平伸。

3. 右行手势：用右手向右平伸。

4. 左行手势：用右手向左平伸。

5. 后退手势：用右手向车后方指示。

乙：

司机开车手势：

1. 停车手势：伸出右手臂于车沿外向上举。

2. 向前手势：伸出右手臂于车沿外向平举。

3. 向左转手势：伸出右手臂于车沿外左摇其身。

4. 向右转手势：伸出右手臂于车沿外右举。

5. 向后手势：伸出右手臂朝下再向后。

右列手势如汽车机轮设在左旁时应左行之至车前标灯，亦可手势如：向左转标灯偏左，向右转时标灯偏右，向前行时则标灯直立。

第五条：汽车行驶左右转弯必举手势，即向前行驶每一位警察及司机人均须换手势免延误。

第六条：凡汽车行驶于转弯交叉之处，必须慢行并先鸣喇叭加手势方向告知警察，以便指挥行人俾知趋避。

第七条：凡汽车开行，如有禁止通行之标示及警察指挥告不准通行时应遵照办理。

第八条：司机人试车应白昼行行之，并应向工务局领取试车牌，其行车手势仍照前列各条办。

第九条：违背本规则各条规定者，得酌量情节轻重处罚之。

第十条：本规则有未适时得随时呈请修正之。

第十一条：本规则自成准公布之日施行。①

从内部发展来看，历经巡警总局、省会警察厅和省会公安局三个时期的不断发展，济南警政内部管理制度日臻健全，到1937年已形成了《山东省会

① 山东省会警察局编：《山东省会警察概况》，1937年版，第108页。

警察局组织暂行章程》《山东省会警察局长警赏罚章程》《勤务条例》《警长警士服务规程》等规章条例。通过《山东省会警察局组织暂行章程》不难发现，其中有许多与交通的相关职责，行政科掌理部分事务“关于维持交通及取缔有碍安宁秩序事项；关于户口调查及编列门牌统计事项”。卫生科掌理事务有“关于道路之清洁，公私沟渠、水井之管理检查事项；关于清道夫役、水车、土车之配置及尘芥、污物、容器及留置场之设备管理分配事项”。[①]为使警政切实维护城市交通，省会警察局制定了明确的赏罚制度。《山东省会警察局长警赏罚章程》第八条规定“盘获或扭获人力车、马车拐走乘客行李物件及脚夫扛运物件乘间拐走者，根据查核案情轻重，实行奖金奖励”[②]；第九条规定“查获窃取或毁坏官有物品（如电线、邮筒、铁道、螺钉、路灯、电灯上各件及自来水管之类）者，劝办公益如安设路灯及修理道路、桥梁等，而有成绩者，根据案情轻重分别记功或记大功”[③]；第十五条规定“路灯熄灭而不报者；不指挥清道夫将段内街道扫除清洁或垃圾箱内垃圾运尽者；各项摊担妨碍交通不知开道者；见房屋有倾倒之势而不报告者；见当街堆积瓦器、木石及一切有碍交通之物，不加取缔者；见车马拥挤，不设法疏通者；见人力车停放街心不知干涉者；见有乞丐或滚街残废以及跟车讨钱之小孩妇女不立予禁阻者；背街而立阅看布告、报纸、标语及各项物件者；夜间不令车夫燃灯者，分别记过或记大过”[④]。

另外，交通警周旋于车辆、行人之间，其指挥技术素质之高低，对于各种车辆行停街市，保障行人安全及避免事故的发生有重要关系。随着交通事务日趋繁重，为谋交通安全便利起见，济南市承省政府指令，开始拟定陆上交通管理规则及交通警察指挥车马手势图解、交通秩序略图、牌线道标之设置等工作。[⑤]同时，为增进交通警之知识，使其明了交通法规，政府乃设交通

① 山东省会警察局编：《山东省会警察概况》，1937年版，第2页。

② 山东省会警察局编：《山东省会警察概况》，1937年版，第37页。

③ 山东省会警察局编：《山东省会警察概况》，1937年版，第38页。

④ 山东省会警察局编：《山东省会警察概况》，1937年版，第44—45页。

⑤ 济南市政府秘书处编：《济南市政府市政月刊》，1935年第9卷第5期，第87页。

警察训练班，编辑课本，抽调各分局巡官、警长，分期来班里训练。训练期满后，各巡官、警长将所学转授警士，以期在处理交通事件时，有所依据，庶可指挥裕如，而谋交通之安全。[①]

从上可以看出，这一时期道路交通警察的职责，基本上是在道路上保持交通安全，并且防止在道路上发生妨害公安、风俗及卫生等的行为。具体来说主要有：1. 维持交通秩序。缓和混杂的交通，使交通井然有序，通过相关法令设制种种规定，如行路必须靠左，在人行道、车道有区别的道路上，必须依其区别而通行。对于牛马诸车，禁止其斜面横断。如在交通交叉点上，欲向右转弯者，必须绕过交通标识或交通指挥者的身旁，再向右转弯。凡牛马诸车相互间避让、追越等皆有一定的方法和规定。2. 防止危险。交通上的危险防止，是交通警察最重要的任务，相关的种种法令规定，可分为对于通行者而言的和对于第三者而言的两种。对于通行者自身的规定主要有：牛马诸车等在交叉点或其他特殊地点通行时，必须共同徐行；倘通过电车旁边，适逢乘降客辐辏时，应停止与其一时进行；凡车夜间必须点灯，当通过杂沓的地方，须确知与他车不相冲突，方可通行；其他牛马停在道路上时，必须预备防止其奔逸的装置，并禁止牛马诸车闯入安全地带。对于第三者的限制主要有：挖掘道路或在道路上安置物件时，应该有预防危险的装置；沿路地上堆积物品时，也应该有防止其倒坏崩落的装置；在道路上或沿路上遇有工作物时，或运搬物品时，亦须各有其防止土砂、瓦砾等物品坠落于道路上的装置；不得在道路上做乘车或诸车运转的练习，或弄焰火、气枪，或投石、投球等游戏；儿童在道路上做游戏，或无保护者的幼儿独自在道路上步行，也都在禁止之列。关于道路及沿道的土地，如有工作物及其他设施时，因防止危险保全交通起见，得命令其做好相当的装置。3. 禁止妨害交通的行为。关于妨害交通的行为，对于牛马诸车，定有驻止的方法，并禁止其在道路的交叉点、弯角、桥梁等处驻止。对于人力货车等，其积载物的容积要有一定的限制。在道路中喧闹、横卧、醉酒、徘徊及放置物件，并其他一般妨害交

① 山东省会警察局编：《山东省会警察概况》，1937年版，第109页。

通的行为，或在热闹场所增加混乱的行为等，均受禁止。4. 道路的保护。为保护道路及道路上的建筑物起见，禁止牛马诸车及汽车等横断人行道，并限制人力货车积载重量。在道旁的荫木及道路标识等处，禁止拴吊牛马。5. 风俗的取缔。在街路上任意大小便，或在公共场所有袒露裸体及露出臀部、股部等醉态行为，均受禁止。6. 禁止及停止通行。地方官厅应注意防止危险，公安认为有必要时，即可禁止或限制其通行。[①]

不啻如此，1941年，日伪当局还制定《济南市公署管理道路暂行规则》，要求“道路之道行除遵照警察署规定外，还须遵照市公署道路通行6条规定”。次年，因物价飞涨，对于各种路面之修复已感不敷实需之苦，日伪建设局遂对《济南市公署管理道路暂行规则》进行修正，其“通行规定”增加“凡载重车辆通过桥梁时，须呈请公署指示办理。倘因重量超过而损及桥梁者，须负修复之责，或照缴修复费”[②]。

三、交通设施的建设与完善

交通设施是城市交通安全正常运营的保障，良好的交通设施对于保障行车安全、减少交通事故有重要作用。

（一）岗台与指示灯建设

岗台，系警士站立高岗瞭望一切之意也，有便指挥而利交通之能。济南市岗台设置起步较晚，1935年，《济南市政府二十四年度行政计划》首倡“设立岗台”，其称“值岗各警，不但无一定地点，而且于指挥车辆行人均感不便。兹于商埠经纬各路，及城内外宽阔地方添设岗台，庶岗警站立其上高瞻远瞩，便于指挥，不致有拥挤冲突情事”[③]。1936年，济泺马路为济泺间通商之要道，行人甚多，东北乡公安局特添筑岗台5处。[④]至此，济南交通岗台

① 阮光铭：《警政概论》，北京：商务印书馆，1931年版，第164—167页。

② 济南市建设局：《修改管理道路暂行规则的提议（附规则）》（1942年），济南市档案馆藏，档号：j076-001-0313-049。

③ 济南市政府秘书处编：《济南市政府市政月刊》，1935年第9卷第7期，第127页。

④《碎零》，《济南日报》1936年4月15日，第4版。

设有70余处，但因在窄狭街巷建筑岗台有诸多窒碍，不得不因地制宜。1937年，警察局经详细调查，拟在城外二区所辖估衣市街西口、商埠一区所辖纬一路北口，以及经纬路交叉路口设置岗台，并招工修建。[①]此后，为增进交通安全起见，商埠经四路与小纬四路口交通繁冲，转折处直角形改修抹角形沥青广场，洋灰砖步道，并于广场各路口用大铜钉界出横断步道，于马路中心增设交通岗指挥台，以增行人之安全，而便警察之指挥。[②]

指挥灯，系指示车辆行驶方向，较之警士运用手势准确而明显。早在市政厅时期，当局就在城厢交通之中心点，即普利门内、柴家巷、估衣市街、城顶、营市街等四面十字形街口，拆卸四角修成大圆圈，以期交通便利。后又于交通中心点设一灯楼，上端配置红绿电灯八盏，分向四面街口，灯现绿色，表示通行无阻；灯现红色，表示前有障碍。电门关闭，均由岗警司之。其用意纯在避免汽车肇事，保护行人安全。[③]但济南市其他地段尚未筹设。随着交通情事的发展，其他各省市设置指挥灯者甚多，唯济南市此项设施，尚付阙如。1935年，市政府拟于商埠繁要交叉路口，均设指挥灯，庶汽车标灯与指挥灯互相为用，而往来行人易于趋避，免滋事端。[④]然而，由于财政困难，这一计划并未真正落到实处。直至抗战前夕，济南市内交通繁盛之区，标灯设置之处仍少之又少，而此时的南京、上海、广州等诸大城市多已普设此设备，其通行信号显著，指挥车马行人高效，特别是在夜间功效尤大。当局以济南为山东省首善之区，车辆繁多，人口日增，此项设备尤应早日见诸实行，以重交通。[⑤]

（二）牌线道标志设置

济南为省会重地，交通问题日趋严重，关于各种车辆之管理指挥，均有详细规定，牌道标志之设置亦稍具雏形，到1930年已设置汽车行驶符号灯牌

① 山东省会警察局编：《山东省会警察概况》，1937年版，第483页。

② 济南市政公署秘书处：《济南市政公报》，1942年第2卷第8期，第24页。

③《灯楼上安置红绿电灯——提示电车之进止》，《济南日报》1926年12月17日，第7版。

④ 济南市政府秘书处编：《济南市政府市政月刊》，1935年第9卷第7期，第127页。

⑤ 山东省会警察局编：《山东省会警察概况》，1937年版，第482—483页。

167处，其中“慢行”标志87处、“不准通行”标志60处、“进口”标志9处、“出口”标志11处，但线道标志尚付阙如。1937年前，为求交通便利安全，当局在各街巷设有靠左边走木牌，交叉路口设置汽车慢行牌，并于窄狭街巷道口设置禁止汽车通行牌，至停车场所前曾设有木牌。总的来看，此项牌道标志分为三种：一为禁止标志，一为警告标志，一为指示标志。[①]但后来这些牌道标志多有损坏，且其形与内政部颁发的陆上交通管理规则附列图所说的“禁止标志牌为圆形，警告标志牌为三角形，指示标志牌为正方形”不一致。欲维持交通安全，避免危险，牌标式样亟应改善，且未设之处需从速设置，方可收圆满之效果。[②]同时，按照内政部颁发陆上交通管理规则，线道标分为停止线、停车线、慢车线、分道线、横过步道线及安全线。[③]1937年，济南市才开始着手进行此项设置。

① 山东省会警察局编：《山东省会警察概况》，1937年版，第150页。

② 山东省会警察局编：《山东省会警察概况》，1937年版，第483页。

③ 山东省会警察局编：《山东省会警察概况》，1937年版，第483—484页。

第三章　开埠后济南城市交通的发展 ≫

第一节　城市道路及基础设施的建设

城市道路交通的发展程度是衡量一个城市现代化和发达程度的重要标志之一。对此，近代各城市政府都极为重视，不遗余力地推进市政道路建设。济南市政当局同样也是如此。

一、道路建设的正式起步（1904—1928）

（一）街道的扩建

1904年，济南自开商埠，在旧城之外划定商埠区，初创时，范围东起十王殿（纬一路北头西旁，1909年拆除十王殿改修津浦铁路局），西到大槐树，南至长清大道，北以胶济铁路为限，南北长2里，东西宽5里，[①]并订有商埠租建章程十五条。开埠后，首先进行的工程就是修建街道

① 孙竹友：《济南旅游指南》，北京：中国旅游出版社，1985年版，第2页。

和马路，因其是为接纳外商而规划设立的，故街道设计得比较整齐，但街道仍是沿袭过去的棋盘方格形状，以东西向街道为主路，南北向街道为辅路。东西向主路街道与胶济铁路平行，南北向辅路街道与铁路垂直。其道路并非完全正向，而是以胶济铁路的走向为基准，胶济铁路此段与东西正向有17.5度的倾斜，故道路也与正向有17.5度的夹角。东西主路之所以与铁路线平行，主要是为了避免道路与铁道相交而产生交通上的不便。除此之外，道路走向的安排也考虑到了与老城区相交的问题，如靠近老城区的南北向道路纬一路并未与胶济线垂直，而是南北正向，平行于老城区西圩濠，这是为了避免与水道相交产生多余岔口。同时，东西主路也注意到了与老城区及对外交通的衔接。如东西向的经一路西通齐河大路，东接馆驿街，直抵迎仙门。①

为仿效西方筑路方式，提高工作效率，济南市当局从德国购来蒸汽压路机5台，重量5吨至15吨，其中天津造1台，并从天津调来驾驶、修理工人。②是年，修成了从东关至黄台车站的东关马路。由于旧城和四关都在19世纪60年代修筑的外廓圩墙以内，而与商埠相邻的西面，只有永镇、永绥两座门，交通很不方便，形成了“洎商埠开，民物殷阗，道途拥塞”的现象。③为改善旧城厢与商埠间的交通，1908年，济南市当局在永镇和永绥两门之间加开普利门，加宽柴家巷，并改名为普利街，向西与经二路相连，形成了与东关马路的对称格局。1909年，以经一路为修马路的开端，从馆驿街西口修建到纬五路，以后陆续修建了纬一、纬二、纬三、纬四、纬五等路，通到经二路。经过近十年的发展，商埠区内的道路数量急剧增长。

1912年后的几十年中，政局动荡，军阀混乱，当局无心于系统的市政建设，城市道路处于缓慢发展时期；至1916年，又向西展至纬十路，向南展至经七路，并开麟祥门，以通经四路。后期的这些道大体上只修了路基，很少

① 耿念松：《济南近代街道环境的比较学分析》，张复合编《中国近代建筑研究与保护论文集》，北京：清华大学出版社，2006年版，第264页。

② 济南市志编纂委员会编：《济南市志资料　第四辑》，1983年版，第65页。

③ 王守中，郭大松：《近代山东城市变迁史》，济南：山东教育出版社，2001年版，第282页。

修建路面，纬二、纬七、纬八、纬九、纬十路的路基还尚未修好。[①]需要强调的是，济南的经路和纬路的命名，与地理学的南北为经、东西为纬的惯例相反。对于此种命名方式，有学者认为："这是为强调城区主体地位，打破城区与商埠并列的印象。"[②]而有的学者则认为："这里的'经纬'乃取自织布机上的经线、纬线纵横交叉之意。因商埠区呈东西长、南北短的空间形态，在传统的手工织布机上往往是经线长而纬线短，故将较长的东西向道路以'经路'命名，将较短的南北向道路以'纬路'命名。"[③]

1919年，在西圩濠添设"新建""麟祥"二门，形成了"群门集西，直达普利"的局面。1921年，随着商埠区工商业的发展，当局又在院前街、府东大街至普利街、按察司街、运署街、筐市街、花店街等修筑碎石路，使之与东关马路相对称，城西面也修了一条连结普利门和济南火车站的碎石马路，以便利与车站的交通。

济南的道路、沟渠、桥梁用青石修砌由来已久，但青石质软，不耐磨损，尤其是在交通量大的道路，损坏更为严重。据《历城县志》记载："用青石板修铺的济南城内大街小巷和东西南三关的街道，无一条久远平整的道路。"同样，碎石路因是倾轧而成，使用不久后即尘土飞扬，泥泞坎坷。有鉴于此，1927年，韩复榘主政山东后，将济南城内交通冲要街道进行改造，因估衣市街联结济南旧城与商埠区，交通流量大，商业繁荣，遂将东起泺源街、西至筐市街南口的估衣市街（现今称共青团路），按照天津、青岛等地经验，改修长320米、宽17米的沥青路面，两旁各有车轨石二条，轨间石一条，并沿街修建二层楼房。这条街是济南第一条沥青马路，在当时是比较宽阔、整齐、平坦的。[④]该街在"五三惨案"期间损毁严重。1928年4月，将西关大街两旁各拓开一丈三尺，以利交通，之后，西城门与二马路成一条直线，

① 济南市志编纂委员会编：《济南市志资料　第四辑》，1983年版，第64页。

② 济南市出版办公室编：《济南风情》，济南：山东人民出版社，1982年版，第8页。

③ 聂家华：《对外开放与城市社会变迁：以济南为例的研究（1904—1937）》，2007年浙江大学博士学位论文，第196页。

④ 济南市志编纂委员会编：《济南市志资料　第四辑》，1983年版，第65页。

再无车马拥挤之患。在这里，我们不妨就济南修筑柏油路与国内其他城市做一比较，上海1852年出现第一条柏油马路，北京是1913年，天津是1914年，青岛是1904年，烟台是1923年，南京是1929年，武汉是1929年。从上可以看出，就全国而言，济南铺设柏油马路的时间较早，但与省内青岛、烟台相比，则相对较晚。

总的来看，济南环城以内的街道，基本上还是沿袭清朝的“忠、信、孝、悌、温、柔美、和礼、法”等八约划分，以石圩将城关分隔，商埠开办后，乡关混合。唯商埠新城经纬各路，其余皆是商人或机关眷属之住宅，所以马路之中胡同林立，格局极不一致。商埠所属各里，名称也晨定夕改，有时道路名称甚至出现了甲建设而由甲命名，乙改造则去甲名而命乙名，且同一马路中尚有同名之里。至1911年底，城乡各街巷按旧有之区分，有城内忠字约区所属街道27条、城内信字约区所属街道12条、城内孝字约区所属街道14条、城内悌字约区所属街道8条、城内温字约区所属街道9条、城内柔美字约区所属街道9条、城内和礼字约区所属街道12条、城内法字约区所属街道8条、城外东关所属街道10条、城外南关所属街道40条、城外西南关所属街道6条、城外西南关所属街道14条、城外正西关所属街道14条、城外西北关所属街道16条。①

从道路材质来看，这时期修筑的沥青路仅有1条，长320米，面积3 840平方米；青石板路有83条，总长度28 822米，宽度不超过4米的有81条，仅有皇华宫街、魏家庄街宽6—7米，总面积92 650平方米；碎石路有46条，总长度42 410米，宽度不超过4米的仅有2条，院前大街、津浦车站马路宽度达到18米，有29条碎石路宽度超过6米；土路基有4条，宽4—6米；青石板人行道2条，总长840米，宽2.5米，总面积2 100平方米，其中院前街是使用水泥抹制的。这是济南街道上最早出现的人行道。总的来看，此时期共计道路有136条，长89 552米（人行道只计面积，不再计入长度），面积470 255平方米。②

① 周传铭著，济南市图书馆整理：《济南快览》，济南：齐鲁书社，2011年版，第106—108页。

② 济南市志编纂委员会编：《济南市志资料　第四辑》，1983年版，第66页。

由上述统计看出：1. 此时期济南城区道路主要以青石板路、碎石路为主，两者占有率高达94.8%，现代化的沥青道路仅有1条，土路数量也较少，并且主要集中在市郊地带。相比于开埠前来说，道路构造材质并无实质性的变化（除估衣市街外）；2. 各类材质道路之间宽度差别明显，碎石路普遍较宽，超过6米的占63%，有的甚至超过了估衣市街宽度。而青石板路、土路较窄狭，最宽的魏家庄街也才仅有7米。不仅如此，商埠区内的经路和纬路宽度也是差别显著，经一路至经五路宽度都在10米以上，而纬一路至纬八路普遍较窄，其宽度几乎都没有超过7米。旧城区的道路宽度则更为窄狭，有的甚至只有1.2米；3. 作为现代交通标志的人行道开始出现，但仅限于宽度较大的街道；4. "五三惨案"的发生后，济南城内街道损失严重。为示纪念，义威路改名为五三路。

这一时期，济南街道的扩展，前期多源自商埠建设需要，是政府主导下的被动扩展；后期因一战期间，民族工商业发展，济南由此产生了因工商业聚集而形成的商业街区。另有因军阀混战、自然灾害，流民、灾民大量涌向省城，自发聚居建房形成的里弄、棚户区。值得一提的是，随着资本主义商业的发展，济南出现了许多因新建工厂而形成的街道，这是这一时期的新特点。其形成之初大多是因工厂员工兴建宿舍、住宅，后渐有商民迁来居住，遂演变成大片街区。如1921年出现的"成丰街"，即是成丰面粉股份有限公司成立时，在沿其南垣外辟出一条东西向街道，并在街南兴建住宅而形成的。此外，由于军阀军事调动而出现了在城郊扩建交通大路的情况，其道路宽大，路基多为土路基，两侧的房舍建筑很少。如1927年扩建完成的义威路（今济泺路）就是这样的。[①]

（二）水道的扩建

作为道路的辅助配套工程，济南下水道建设始自明朝，中经清朝。开埠后，当局继续整修下水道，1913年，利用拆城门的旧砖，修筑了从经一路到纬五路、向东经馆驿街至西圩濠的砖拱暗沟。1915年—1916年，在城内西门

① 耿念松：《济南近代街道环境的比较学分析》，张复合编《中国近代建筑研究与保护论文集》，北京：清华大学出版社，2006年版，第265页。

大街至府东大街两旁修筑石板暗沟。为了不使尘土漏入和臭气冒出，特把沟盖石做出压口，其缺点是要起下一块石板，必须从头统统掀开，极不利于维护工作。此外，院西大街和估衣市街所用的沟帮石也与立沿石联在一起，高度近1米，非常笨重。至1928年，济南明暗沟共有34条，总长度41 230米。①其中有石板暗沟14条，总长度13 840米，单双行混杂；明沟有20条，总长度27 390米。从此时期的统计中可以看出：1. 石板明暗沟基本上都集中在商埠区和城厢地带，明沟数量明显多于暗沟，众多明沟的存在极易带来卫生和淤塞问题，这也是后来明沟陆续改为暗沟的原因所在；2. 石板暗沟都较为狭窄，一般不超过0.7×0.8米，而明沟则较为宽广，有的甚至达到8×3.5米，并且明沟还担负着城市泄洪之职，主要位于东关、西关和南关一带；3. 暗沟有一半是单行的，只有西门大街至府东大街、院前街、小纬二路、斜马路、辛庄营市街5条街道的暗沟为双行，单行暗沟虽在一定程度上避免了卫生问题，但暗沟的建设忽视地势高低，每逢雨季或污水横流之时，往往冲溢石板，流向路面，给行人、车辆带来不便，也不利于道路维护和保洁工作。

（三）桥梁的修筑

开埠前，济南的桥梁大都由青石筑成。市政厅时代，开辟北商埠，修建了义威桥，是钢筋混凝土敞肩式拱形结构，造型比较美观，拱形及其大小与全国著名的赵州石拱桥相仿。至1928年共有石拱桥54座，其中1926年新建砖石拱桥7座（表3-1），总长5 062米，面积2 858.8平方米；钢筋混凝土桥2座，长50米，面积470平方米；石板桥16座，长139.1米，面积659平方米；木桥23座，长221.6米，面积734.9平方米。这个时期，济南总计有桥梁95座，总长916.9米，面积4 722.7平方米。②从中可以发现：1. 从修筑时间上来说，石拱桥、石板桥和木桥大多修于开埠前，石板桥更有6座建于明代。钢筋混凝土桥则为开埠后新建造的，故数量极少。这些不同材质的桥梁中，开埠后的新建的有12条，改修的有14条，标志着市内交通设施建设开始起步；2. 从坚固程度

① 济南市志编纂委员会编:《济南市志资料　第四辑》，1983年版，第80页。

② 济南市志编纂委员会编:《济南市志资料　第四辑》，1983年版，第84页。

来看，钢筋混凝土桥采用先进技术，最为坚固。砖石拱桥、石板桥次之，木桥最易损毁，故需要经常更换、维修，因此绝大部分石板桥、木桥在之后或重修，或拆除；3. 从地理位置来看，以上桥梁主要筑于河渠、山水沟、围濠等地，大多集中于城关、市郊一带，其中护城河上有11座、工商河上有7座。

表3-1 新建砖石拱桥（1926年）

名称	位置		概况	长（米）	宽（米）	面积（平方米）	附注
	河渠	道路					
成丰桥	工商河	济泺路	石拱一孔10米	14	10	140	1926年建，1956年两旁加混凝土行人板桥
交通厅东北桥	工商河	交通厅北马路	石拱一孔10米	14	7	98	1926年建
印染厂东南桥	工商河	印染厂前马路	石拱一孔10米	14	7	98	1926年建
标山桥	工商河	成大路	石拱一孔10米	14	7	98	1926年建
酒精厂西北桥	工商河	通前黄家屯路	石拱一孔10米	14	7	98	1926年建
汽车制造厂桥	工商河	厂前通济泺路	石拱一孔10米	14	7	98	1926年建
师范桥	工商河	师范路	石拱一孔10米	14	7	98	1926年建，1952年加固

资料来源：济南市志编纂委员会编：《济南市志资料　第四辑》，1983年版，第89—90页。

二、道路建设的全面展开（1929—1937）

（一）道路的整修与建设

济南市的道路原先只有石板路与土路两种。土路是原始的道路，雨天则泥泞，有风则尘扬，价虽廉但不适用。石板路坚固，比较容易清洁，价虽贵但较适用，所以城内还是石板路居多。济南在历经市政公所、市政厅时代后，道路虽略具规模，而基础多未坚固，且城关一带之道路更是狭窄崎岖，交通尤其不便。当时，除商埠经纬各路及城关少数街道是石子路外，柏油路仅有估衣市街一段。石子路价廉而易吸收水分，较易破坏；柏油路光洁不吸收水分，难于破坏，唯价颇昂；洋灰路虽坚固，但车马走起来，发声很大。[①]更为严重的是，济南道路自张宗昌时代，就因款不敷用而年久失修，加之“五三惨案”后无人负责，虽有维持会成立，亦未切实整顿，是以各街马路破败不堪、崎岖难行，十分之九的路面都是“年久失修，坎坷不平”。倘再不及时补修，必将完全毁坏。[②]有鉴于此，济南市政府较为重视市内街道的翻修、修补与展宽工作。当局成立之初，就批给工务局常年经费20万元，并饬令工务局着手筹备。1929年9月12日，工务局局长项致中规定即日开工翻修马路，“以大马路为全商埠之下水道，决定先以该路修起，将水沟一律改为暗沟，加宽加深，以重卫生而便排泄。纬四路、纬五路、纬六路三路之水，亦全由大马路排泄。修完大马路后，再修纬三路。又以筐市街，经花店街出迎仙桥，经馆驿街而至大马路东首一带，马路破坏最甚，亦决定翻修”[③]。9月23日，工务局制订市政计划，分步骤展开调查工作，明确应修补、疏浚、改良、取缔的道路交通设施。首先，派员分头调查本市各马路破坏之轻重、各沟渠通塞之情形、各人行路宽窄之尺度，调查本市公私井之数目、各沟渠铁盖数目、各街道井盖有无缺少，查勘北商埠洋灰拱桥及小清河石桥，查勘迎仙桥道路情形，查勘胶济路大暗沟与大马路暗沟之关系。同时，查勘院西大街积善堂建筑房屋及西门大街鸿祥号建造楼房应饬退让路线、返修剪子巷各胡同道路，调查公私建筑漫无限制情形，以便取缔，而归一律。其次，按照调查情况，计划施工事项。普利门外、高等法院附近马路，为商埠至城关的通行大道，已派工兵从事修补，日内当可完成；市府门内外道路，已逐日派工，载运泥沙，按照路线修筑，不日当即竣事；纬一、纬七、纬八、纬九及

① 济南市政府秘书处编：《济南市市政月刊》，1930年第3卷第2期，第9—10页。

②《市工务局筹备翻修马路》，《山东民国日报》1929年9月5日，第5版。

③《本市马路将大举翻修》，《山东民国日报》1929年9月13日，第5版。

辛庄、南关各马路，多破坏残缺，亟应修补，需逐日派工，前往各处填修；纬一路南口、纬四路至纬六路各沟渠，阻塞污秽，逐日派工清疏；经四、经五两路及纬二、纬六、纬八各路，污泥渣泽，堆积甚多，每日派工清除，以重卫生；拆卸南圩子墙，预备巽子台开工。①

根据上述市政计划大纲，济南市政府基本上完成了对市内道路基本状况的调查（见附录），并按照施工计划大规模整修街道。1929年底，基本上完成了计划施工的各街道、沟渠，重修馆驿街碎石路面。同时，估衣市街、经二路、纬一路北段为了抗御地排车车轮铁瓦的破坏力，专门修建了两道车轮石（花岗石板）和一道轨间石，边庄、张公坟桥上修了铁轨槽。1930年，公安局会同历城县政府划定市界，树立界石，并划分市区，分城内二区、东西关二区、商埠三区和郊区三区。1931年，用泰安花岗石板（每块宽50厘米，厚20厘米，长60厘米至200厘米）铺了正觉寺街至杆石桥街的路面，又用张宗昌时代开工商河炸出的黑砂石块，把馆驿街铺成冰纹路面。1932年，将经二路修成灌浆碎石路面（碎石路面灌上石灰浆），翻修经六路东端及麟祥南街马路，翻修升平街、通惠街为煤渣路面，翻修剪子巷石板路等。1933年，用花岗石板铺筑了经一路自纬一路至纬五路一段，又采取路中心人字形斜铺法，并用博山模范窑厂所出的缸砖铺砌两旁人行道，天桥南街也用花岗石进行斜铺（南段）与横铺（北段）。经二路纬十路至铁路工厂东门则采取横铺，1934年横铺了馆驿街，以后续铺了丹凤街、三和街、南北钟楼寺街等。②可以说，1933年9月至1934年9月，济南市城市道路整修成绩非凡，先后完成了23条道路的改修工作，将沥青路面扩展到魏家庄街、舜井街至朝山街、经二路、贡院墙根街、纬一路至纬三路北段，并修筑东门至南门城头马路及市郊龙洞、长清道路，拆除大东门城门，修理艮吉门外以西城墙。③至此，济南市道路状况得到了明显改善，道路质量大幅提升（表3-2）。

---

①《工务局业务报告》，《山东民国日报》1929年9月23日，第7版。

② 济南市志编纂委员会编：《济南市志资料　第四辑》，1983年版，第114页。

③《济南市政府周年工作报告纲目》，济南市政府编辑室：《济南市政周刊》，《山东民国日报》，1934年9月8日。

表3-2　济南市街道路面改修（1929—1934）

路面	原有面积	改修他种路面面积	重修及由他种路面改修面积	现在面积
土路	652 771.9	改修石碴者32 870 改修黑沙石者4 200	重修者8 633	615 701.9
石板路	211 277.4	改修花岗石者1 260 改修柏油者624 改修沥青路者4 874.2 改修石碴者13 761.4	重修者11 937.7	190 757.8
石碴路	389 648.3	改修花岗石者26 813.7 改修闪长石者496 改修柏油者37 571.4 改修沥青者34 548.1 改修炉碴者3 366.8	重修者93 731.8 土路改修者32 870 石板改修者13 761.4	329 051.7
柏油路	3 742.8		重修者3 742.8 石板改修624 石碴改修者37 571.4	41 938.2
沥青路			石板改修者4 874.2 石碴改修者34 548.1	39 422.3
炉碴路			石碴改修者3 366.8	3 366.8
花间石板路			石板改修1 260 石碴改修者26 813.7	28 073.7
闪长石路			石碴改修者4 928	4 928
黑砂石路			土路改修者4 200	4 200
	附注：面积以平方公尺为单位			

资料来源：济南市政府秘书处：《济南市政府市政月刊》，1935年第9卷第1期，第144—145页。

鉴于道路交通在城市发展中的重要性，济南市工务局对于道路的修建不遗余力，1934年9月至1935年9月，济南市又先后展开了对16条道路的修整工作。[①]据此，工务局按照计划次第施工，1934年底，完成了东门大街、大小梁隅首、东门大街至大小梁隅首、县东巷的改修沥青路面工作，修补学院街及财政厅辕门内外油路。1935年9月，完成布政司大街、民政厅前街、按察司街、运署街西口至新东门洞口、大东门月城、宽厚所街的改修沥青路面工作，南北经一路、南北天桥街、丹凤街、官扎营的改修黑砂路面工作，新东门洞口至青龙街口、经二路西端至津浦机厂门前的改修花岗石板路面工作，修垫南围门至省立体育场、石桥至齐鲁大学、北关车站至边庄乡村师范道路路面，并拓宽部分路面，埋设混凝土泄水管，砌垒漏井，修整人行道。但尚有部分道路，或因工程量浩大，抑或开工时间较晚，未能及时竣工。五三路、金牛山路、济泺路北段路面，因其需以轻便钢轨斗车，输运引河展宽界内之土，用人工平垫，工程量浩大，1935年5月18日才动工；1935年6月26日开工翻修五路狮子口、长春观街石板路，整理及添筑暗沟，砌垒漏井；1935年6月27日开工翻修青龙街、双清街、岳庙后街路面。

此后，济南市继续大举整理市内马路，其坎坷不平者，均一律加以翻修，其交通要衢者，则一律改为柏油路，并先就经纬各路次第展开。[②]南北钟楼寺街改修成花岗石板路面，长210米，宽4米，面积840平方米；南北历山街翻修为青石板路面，长520米，宽4.5米，面积2 340平方米；岱宗街翻修成青石板路面，长320米，宽3.5米，面积1 120平方米；万寿宫街翻修为青石板路面，长200米，宽3米，面积600平方米；皇华馆街改修成黑砂石板路面，长100米，宽6米，面积600平方米；北门里街、阁子前街、阁子后街翻修为青石板路面，长500米，宽4米，面积2 000平方米；饮虎池前街、上新街北段改修为碎石路面，长200米，宽4米，面积800平方米；盛唐巷翻修成青石板路面，长230米，宽3.5米，面积805平方米；五路狮子口、长春观街翻修为青石板路面，长180米，宽3.5米，面积630平方米；江家池街翻修成青石板路面，长160米，宽2.62米，面积420平方米；石巷子翻修成青石板路面，长70米，宽2.4

① 济南市政府秘书处编：《济南市政府周年工作报告》，1935年版，第8—9页。

②《本市各马路将行定期开工》，《济南日报》1937年2月24日，第4版。

米，面积168平方米；芙蓉街翻修为青石板路面，长370米，宽4米，面积1 480平方米。[①]总的来看，这一阶段（1928—1937）翻修或改修的道路工程不仅数量大幅增加，而且路网系统逐步贯通，通行保障能力得到明显提高，有利于城市商业活动的开展。“本市西关馆驿街自去岁开始拆修，翻铺花岗石路面，并垫路基加高一尺余，该街东至迎仙桥，西至十王殿，与纬一路及大马路通连，路面均成一律，行人均感便利。”[②]

除此之外，1935年济南市还规划北商埠为模范区，区内道路棋盘、放射兼具，并辅以弧线布局。其大致情形是，以五三路（今济泺路）为中心干路，其东设纵路两条，其西设纵路五条，小清河以南，设横路十二条，以北设横路四条。成丰桥、济泺桥中间设一椭圆形的地区作为市政府，长350米，短250米，成为各方所来马路围绕着的转盘，转盘的四隅放射出四条斜路，分别与五三路成为25度左右之角。主要路线交口，金牛山为公园区，无影山为采石区，林家桥、凤凰山间为住宅区，工商河圈内、市府四周为商业区，黄家屯、无影山之间为住宅区，工商河南段、成丰桥两旁为码头区，韩家窑、官扎营一带为小工商业区，学校区则穿插于各区之间。此种设计与其后的大槐树、官扎营两个地区的规划相仿。当然，这一规划仅是纸上谈兵而已。[③]

除了整修、新建道路外，展宽街道也是此时期的重要工作之一。济南市街道大小计400余条，城内各街道异常狭窄，且坎坷不平，交通极为不便。建设伊始，市政府就强调要加以展拓，以利通行。1929年11月28日，工务局制定的《济南市取缔建筑暂行规则》通过实施，其中第二十九条规定“凡起造及改造筑屋，或翻修门面，均应依照本局之展宽路线图，所规定之尺寸，实行退让。在此路线图尚未公布之前，其退让尺寸，须呈请本局核定，其等次及尺寸：甲等路三十公尺；乙等路二十公尺；丙等路十六公尺；丁等路十三公尺；戊等路十公尺；已等路七公尺；庚等路五公尺”。第三十二条规定“建

① 济南市志编纂委员会编：《济南市志资料　第四辑》，1983年版，第143页。

②《零讯》，《济南日报》1937年6月29日，第4版。

③ 济南市志编纂委员会编：《济南市志资料　第四辑》，1983年版，第111页。

筑物之里巷宽度须依左列之规定：所有里巷之宽度至少须在二公尺半（或八尺）以上；总巷不得狭于支巷之宽度，总巷通连支巷在四条以上者，至少须宽三公尺（或十尺）；两家以上出入之里巷，应照该里规定之宽度分别退让，并将凹凸处分别收齐，如遇特殊情形，本局得酌予变通办理；通行之里巷不得阻塞；里巷内除沿公路之门楼外，不准跨巷搭造建筑物”。[①]据此，济南市工务局规定了城厢各街宽度（表3-3）。但城内大小街道数量颇多，路线长短不同，尺度宽窄有异，工务局详列街道路线尺度，以凭缓急次第兴修。

表3-3　城厢各街街宽拟定度尺表（1929年）

干路宽二丈五尺	支路宽二丈	小巷甲宽一丈六尺	小巷乙宽一丈二尺
普利大街	东杆面巷	三义街	顺城街
估衣市街	西杆面巷	孟家巷	东更道
筐市街	新街	南马道	曹家巷
花店街	五路狮子口	安乐街	前帝馆
焦家隅首	大板桥街	舜皇庙街	南沈家胡同
丁字街	凤凰街	太平寺街	皇亲巷
城顶街	冉家巷	高都司巷	西关胜门巷
城顶下堐	郝家巷	将军庙街	东关如意街
永长大街	西双龙街	双忠祠街	鸭子湾
杆石桥街	东双龙街	顺贡街	南营棋盘街
西关青龙街	制锦市街	西公界	制锦市后街
西关围平街	后营房街	华家井	永固门内圩墙边南
剪子巷	顺河街	尹家巷	
会广街	周公祠街	仓街	
马跑泉街	北小门街	东西振英街	
麟趾街	江家池街	东城根	

① 济南市政府秘书处编：《济南市市政月刊》，1930年第2卷第2期，第21—44页。

续表

干路宽二丈五尺	支路宽二丈	小巷甲宽一丈六尺	小巷乙宽一丈二尺
馆驿街	岳庙前街	苗家巷	
铁塔街	岳庙街	土街	
灵官庙街至纬一路南口	丁家堐大街	竹杆街	
正觉寺街	司里街	帝馆街	
朝山街	南关山水沟	仁里街	
南门外大街	棋盘街	得胜街	
南门内舜井街	火神庙街	永胜街	
南门内瓮城至吊桥	毛家坟街	精忠街	
西门内大街	东关山水沟	祭坛巷	
院东四隅首街	升官街	太平街	
府前街	天地坛	发祥街	
皇亭门前街	宽厚所街	奎垣街	
按察司街	历山顶街	真武庙街	
臬运街	贡院后街	东仓	
大布政司街	芙蓉街	南仓	
小布政司街	后宰门街	文垣街	
贡院墙根街	东县巷	茶巷	
鹊华桥西	东西菜园子	魏家庄大街	
第一中学前	南北菜园子	芙蓉街	
省议会前至贡院街口止	县门前街	金菊巷	
县西巷	县学街	督城皇庙街	
南北钟楼寺街	兴隆佃街	鞭指巷	
翟家牌坊	历山街	三和街	
司家码头	三里庄	南关券门巷	

续表

干路宽二丈五尺	支路宽二丈	小巷甲宽一丈六尺	小巷乙宽一丈二尺
乾健门街	福康街	皇华馆	
抱厦庙街	佛山街	神堂巷	
黑虎庙街	西关兴隆街	小青龙街	
图书院前	南魏家庄	小沧街	
学院街	北新街	南关宽洪街	
汇波寺阁子街	寿佛楼后街	南关兴隆街	
院东大街	南城根	富官街	
东门大街	府学西花墙子街	万寿宫街	
东关大街	天王寺巷	旧军门巷	
大梁隅首	长春观街	西关仓巷	
小梁隅首	下涯街	卫巷	
东西钟楼寺街	东舍坊街	三圣街	
异利门街	西关锦屏街	大杆巷、指挥巷	
长盛街	西关锦缠街	上元街	
东关青龙街		二郎庙街	
峨雅坊街		仙指街	
对仙街		仁和街十三殿北	
榜棚街		东关山水沟三官殿前	
东流水街		红墙庙街	
乾健门外		镇王庙街以东西	
南关太平街		麟祥门外以南	

资料来源：济南市政府秘书处：《济南市市政月刊》，1929年第3期，第178—182页。

1931年以后，济南市人口逐渐增加，城关道路过窄致车马拥挤，交通时常受阻。若行驶汽车，更有撞伤行人之虞，对交通治安等均有妨碍。于是又规定“凡新建和翻修临街房屋，拆动墙壁的，须按《全市街道展宽表》的规定，退让出街道的宽度，街宽按等级：甲等20米，乙等15米，丙等12米，丁等10米，戊等7米，已等5米，小巷4米和3米”[①]。据此，市政府曾规定“经六经七路间，纬九路西，原有小纬九路一段，宽度为九公尺”，后小纬九路向南延长至经八路，拟规定宽度为十二公尺，以期与各纬路一致。但因取缔建筑及放租地亩困难，况该路往北仅至经六路为止，并非繁盛之区，九公尺宽度，已足敷用，故将经六路至经八路间之小纬九路宽度一律改定为九公尺。[②]此后，随着商埠市面的日臻繁盛，市政府继续整理道路，规定“新辟街道或马路，尤须按照规定尺度预先划出，以免市民修房侵占，而阻交通”[③]。

其实，关于路面的宽度，按实际需要，应行展宽者甚多。南北中大槐树一带，尚未划定路线，市民因无所依据，遂任意建筑，致街巷错乱，宛如迷城，不但使交通困难，而且有碍公安之缉查，火灾之消防。于是，济南市工务局重新划定路线，拟定街名，报工程委员会第五十九次常会审议，继续规定道路宽度（表3-4）。乾健门里街及第二虹桥以北东岸一家村街之宽度，亦提交工委会第六十次常会议决规定。至此，济南市之道路，已大部分规定了宽度。所有规定各道路宽度之标准，均依其“所接通地域之广狭、所通区域内商户之众寡、与该路连接之路宽度、是否与各项拟定设施有关、街道之长短及住户是否富庶、河岸之路查其水路之交通如何”[④]等形势而定。然而，济南市道路宽度，虽有了明确规定，但政府欲严饬商民即时拆除建筑以退让道路，仍颇觉困难。为推进改革计，1937年，工务局对济南市道路宽度按照形式分别规定，“凡新建筑房屋时，必须按照规定道路宽度，施以建筑；如系旧

① 济南市志编纂委员会编：《济南市志资料　第四辑》，1983年版，第112页。

② 济南市政府秘书处编：《济南市政府市政月刊》，1937年第11卷第1期，第176页。

③ 济南市政府秘书处编：《济南市政府市政月刊》，1937年11卷第3期，第123页。

④ 济南市政府秘书处编：《济南市道路调查统计报告》，1937年版，第3—4页。

有之房屋，于改建或翻修时，亦须按照规定之道路宽度退让”[①]。

表3-4　南北中大槐树一带路线街名宽度图表（1937年）

街名	宽度（公尺）	街名	宽度（公尺）
槐北路	10	清廉路	10
和顺路	10	刚毅路	13
光华路	10	正直路	13
公兴路	10	忠孝街	7
辛庄路	15	西成路	13
仁爱街	10	和平街	10
信属街	10	大公路	13
平安路	15		

资料来源：济南市政府秘书处:《济南市道路调查统计报告》，1937年版，第5页。

道路原有之宽度，及应行展宽之宽度，与市民建筑和城市交通休戚相关。据统计，济南市道路及街巷共565条，全长共218 600余公尺，其中公路最长，达十万余公尺，约占各路全长之1/2，大多分布于乡区；其次则为石板路，约长五万余公尺，约占各路全长1/4，大都分布于城关一带；沥青及柏油马路为数尚少，总计不及各路全长1/10，大都分布在商埠区。[②]为推进市政建设工作，工务局对这些道路等级、质料、路面情形等进行了全方位调查，规定了道路拟展宽度。

总的来看，这个时期（1929—1937）济南市道路建设工作取得了巨大成绩，各凸凹不平之马路，已次第翻修，变得平坦，各街衢年久失修者，亦由自治区分别先后兴修。至此，济南市修筑沥青路37条，总长度22 390米，面积165 045平方米；石板路21条，总长度10 400米，面积59 175平方米；碎石路18条，总长度18 885米，面积111 080平方米；土路基3条，总长度6 700米，面积

①《济市道路调查完毕》，《济南日报》1937年7月13日，第4版。

②济南市政府秘书处编：《济南市道路调查统计报告》，1937年版，第4页。

37 900平方米；人行道2 300米，面积5 750平方米。此时期，共修道路79条，总长58 375米（人行道长度不计），面积378 950平方米。[①]连同1904年至1928年间修筑的道路，当时济南市有沥青路38条，总长度22 710米，面积168 885平方米；石板路长39 222米，面积151 825平方米；碎石路长39 660米，面积247 765平方米（对于“五三惨案”以前的碎石路，这阶段改修沥青路或石板路的，不再重复列入。以下均同）；土路长24 700米，面积118 900平方米；人行道3条，长3 140米，面积7 850平方米。所有道路长126 292米，面积695 225平方米。[②]

从以上统计可以看出：1.与前一时期相比，路面材料有了较大发展，沥青、混凝土等高技术材料应用比较普遍。沥青路开始上升为主导占46.8%，石板路、碎石路、土路逐渐减少，这说明沥青路的优点开始显现，并为国人所认同。然而，人行道建设却不容乐观，在市政府统治的九年时间里仅修筑1条；2.沥青路多建在冲要街衢，其中部分是由碎石路、石板路等改修而来的，其拓宽工作进展成效不大，仅有西门月城、东门月城、南门瓮城、魏家庄街4条道路进行了拓宽，尚有31条道路宽度未曾改变，更有经二路宽度由原来的11米缩减至7米。新建碎石路宽度比前一时期有所增加；3.石板路和碎石路除新建外，两者之间还互相转化，新材质黑砂石、方形缸砖开始应用于路政建设。土路的修建则主要在市郊，千佛山路主要是服务于1931年在济南举办的华北运动会；4.因抗战爆发，部分道路建设被迫停止，纬十路修至经二、经三路间，原计划修至经四路，因日寇入侵，仅修至经三路。

城市道路建设的快速发展与现代技术设备的应用也大有关系。早在市政厅时期，路政工程建设就开始使用汽碾，其时“路政局总办仝叔五，以各项工程多有需用汽碾之处。惟前用汽碾时，多借自市政厅，现该厅汽碾只有两辆，尚有一辆机轴损坏，实难再借，特派科长朱桂融赴青岛，与商埠局总办赵瑞泉接洽，拟借该局汽碾运济使用，闻赵氏业已允许，不日即由胶济车运

① 济南市志编纂委员会编：《济南市志资料　第四辑》，1983年版，第116页。

② 济南市志编纂委员会编：《济南市志资料　第四辑》，1983年版，第124页。

来”①。其后又陆续添购，到1934年12月，济南市已有汽碾6台，其中有自造1台，购置德商洋行5台，并且均曾修理二次以上，尚能勉强使用，其所碾之路共有30条，长度20 299.3米，宽度234.05米，面积147 723.275平方米（表3-5）。同时，工务局为便利工程起见，拟购轻便铁轨，以利市政之建设。当时，工务局遵令已与慎昌洋行签订合同，购买轻便铁轨若干段，约计万余元。②

表3-5 济南市工务局汽碾工作成绩统计表（1934年）

自治区	道路名称	路面性质	汽碾数目	工作日数	碾路长度（米）	碾路宽度（米）	碾路面积（平方米）
自治第一区	东门大街大小渠隅首及学院街	油路	2部	24天	689.5	3.65	2 516.675
	运署街至青龙街	油路及花岗石板路	1部	11天	322.3	3.4	1 740.42
	按察司街	油路	2部	35天	798	7	2 256.1
	大东门月城	油路	1部	7天	105	6.25	4 987.5
	宽厚所街	油路	1部	12天	405	4.49	3 942.12
	县东巷	油路	2部	20天	780	13	1 365
自治第二区	大布政司街及民政厅前街	油路	2部	17天	582	3.4	1 380.4
	小布政司街	油路	1部	17天	79 204	3.7 3.8	292.3 775.2
	贡院街及教育厅	油路	1部	22天	431	34	1 465.4
	院前南北至大街	油路	2部	24天	99.5	16	1 592
	舜井大街至南关门外	油路	2部	70昼夜	1 200	4	4 800
自治第三区							
自治第四区	于家桥铜元局制锦市朝阳街				699	6	4 194

①《路政局派员赴青借汽碾》，《济南日报》1926年12月19日，第7版。

②《工务局购轻便铁轨》，《山东民国日报》1934年8月13日，第5版。

续表

自治区	道路名称	路面性质	汽碾数目	工作日数	碾路长度（米）	碾路宽度（米）	碾路面积（平方米）
自治第五区	杆石桥至齐鲁大学				1 000	5	5 000
	经一路纬一路至纬五路				1 160	9.6	11 136
	纬一路经一路至经二路				200	10.9	2 180
	纬一路经一路至经二路				339.4	9.00	3 084.6
自治第六区	经二路普利门至纬十路	油路	3部	256昼夜	3 000	5.95	17 830
	纬三路经一路至经二路	油路	2部	25天	319.6	9.00	2 876.4
自治第七区	经三路纬一路至纬十路	油路	3部	195天	2 184	6.60	1 441.44
	经二路西端至津浦机场	花岗石路轧沥土胎	2部	6天	800	7.00	5 600
自治第八区	南北经一路	黑砂石路轧沥土胎	1部	14天	152	13.70	2 082.4
	南北天桥街	黑砂石路轧沥土胎	1部	11天	349	5	1 745
	东西天桥街	黑砂石路轧沥土胎	1部	4天	70	8	560
	丹凤街	黑砂石路轧沥土胎	1部	16天	470	5	2 350
	丹凤街后端至引河桥	黑砂石路轧沥土胎	1部	7天	150	5	750
	津浦车站前马路	该路借用汽碾轧沥石砾路	1部	44天			
	经七路全路	石碐路	2部	91天	1 970	10.8	21 276
自治第九区							

续表

自治区	道路名称	路面性质	汽碾数目	工作日数	碾路长度（米）	碾路宽度（米）	碾路面积（平方米）
自治第十区	南园门外至体育场路	墟礤路	1部	17天	680	5	3 400
	东园门外至花园庄北口	石礤路	1部	9天	220	5.7	1 254
	仁里纱厂路	土路	1部	5天	840	5	4 200
合计	30条		44部	1 103天	20 299.3	234.05	147 723.275

资料来源：济南市政府秘书处编：《济南市市政统计》，1936年版，第173页。

道路修整工作主要采取了官民合作的形式，经费主要来源于工务局临时费、省预备费及商民摊款。官方修筑道路，除极少数自营外，一般都是以招商投标方式进行。招商是登报或贴布告说明要举办的工程，由各建筑业者缴一定的费用和押标金，领取工程说明图纸和标单。工程介绍说明后，由领标人各自根据实际情况和需要，将工料数量、需款数目、竣工日期等填入标单，定期投标并等待开标。开标时省市府要派员到场监视，启开标箱，拆开封缄，将所投标价从最低到最高列表比较，然后按顺序审查每标各项数字是否合理，计算有无错误。如无特殊情况，一般以第一标（最低标价）作为中标。随即与得标人订立合同，限期完工。之前交的图说费概不退还。订合同时，中标人须交保证金并找铺保，保证工程如期完成，逾期不完，每天罚款若干。原交押标金可抵作保证金的一部分。未中标的押标金，除因犯规被没收外，均退还。施工中按照合同规定，官方分期付款，竣工后经验收合格三日内算清付讫，保证金如数退还。施工时如需用汽碾或汽车，则按台班定额从包价内扣除。竣工后由有关单位验收，并由包工人出具保固单，付清余款。①按照此种程序，工务局招商承办经七路工程，“兹有修筑本市经七路路面工程，招商承做，本市注册各建筑业，有愿承办此项工程者，可于即日起，携标单图样费二元，来局领取标单及做法说明，自行计算填入标单内，随缴押标金二百元，并于八日下午三时以前投入省政府大礼堂本局所设之标

① 济南市志编纂委员会编：《济南市志资料　第四辑》，1983年版，第113—114页。

柜内，听候当众开标，并当场审查，择定中标人”[①]。1933年济南市道路工程经费为257 674.86元，1934年为424 004.87元，增加166 330.01元。[②]当然，最低价中标的方式的弊端也非常明显，某些承包方往往不计成本，片面追求低价中标，致使建设过程偷工减料，工程搁置现象时有发生。如馆驿街改修石板路，已修筑及半，包者因赔累不堪，又因限期已届，怕官方罚半，竟私自潜逃，致街面工程停顿。[③]有鉴于此，市长闻承烈对于市内各项工程，决定亲自验收。1934年10月22日，其率同市政府技术专员常国华、宋汝舟，工务局局长张鸿文、科长陶元寿等，前往小布政司街验收工程。该街西端之路，曾经包工人开工重修，尚大致不差，准予收工；继而验收芙蓉街翻修石板路及水沟工程，他们将石板掘开详细查验所有石板厚度、接缝宽度及路面是否平整，经丈量查验，因该街路面不平，故沟帮垒砌不固，市长当面饬包工人重新修理，表示俟修理完竣后，再行复查；最后一行人又至经七路查验石碴路工程，在进德会东端一段，石碴厚度不足二公分，闻承烈即令该包工人将路面沙子扫去，加添石子重作，又因石碴路内部亦太松，他指出此处须用汽碾重压之，包工人均唯唯遵命。据闻氏言，嗣后市政工程，均由彼亲自验收，以昭郑重，如查有包工人偷工减料，及监工人不尽职情事，定予严惩。[④]

与此相对，商民摊款构成了道路修筑经费的又一来源，如1934年，济南市政府规定“新修马路须由商家铺设人行道，一律用灰色洋灰砖铺砌”[⑤]。除强制摊修外，部分同业公会还主动提出改修道路。济南市粮业同业公会主席苗杏村呈称：“官扎营前街东自津浦铁路天桥洞西至华庆面粉厂门首土路一条，南运津浦货厂为本市商民运货要道，素无修理，极行坎坷，每逢阴雨泥泞常有陷车之虞，人力车夫每行至此，泥水没膝进退维谷，尤令人目睹恻然。有鉴于此，属会会员各号于本月十七日开全体会议，众愿集资由属会领

① 《路面工程招商承办》,《山东民国日报》1934年9月7日，第 9版。

② 济南市政府秘书处编:《济南市市政月刊》，1936年第10卷第7、8合期刊，第164页。

③ 《零讯》,《济南日报》1937年4月17日，第4版。

④ 《市长闻承烈验收马路工程，不坚固勒令翻修》,《山东民国日报》1934年10月23日，第5版。

⑤ 济南市政府秘书处编:《济南市政府市政月刊》，1934年第8卷第8期，第80页。

袖倡修花岗石路，以利行人。”[①]同时，为使商民明了商款用途，市政府还及时公布商款修路账目，“查此次翻修院前街、西门大街、普利大街各马路所需款项概由商家担负，自与动用公款不同，以后翻修马路尚须商民摊款者，当复不少。着令工务局速将此次翻修各路商家纳款数目及用途，声叙明白，分期送登各报，用昭大信而励将来，切速勿延”[②]。

（二）水道的整修与扩建

济南市水沟，或明或暗，既不根据水量，也不依据地势，在大雨时期，泄水效力极微，水沟等于虚设。[③]1929年，济南市政府鉴于城厢各马路所有水沟俱系明沟，容易存积脏物，有碍卫生，且水道不良，饬工务局修筑各马路之水道、水沟。[④]因大马路下为全市下水道汇集之处，故决定先翻修该路，将阴沟大加整理，以免一遇大雨这里即成为一片汪洋。[⑤]为此，济南市政府欲求根本之策以改良下水道，故按水沟工程之设施分级实施，“商埠地形，坡广太大，经七路最高点，较经一路最低点，相差十五公尺余，而泄水之地，又偏在一隅，（经一东头通天桥东北）其水势必集中，而集中之地，非设适度暗沟，不能容其水量，以资利导，而便宣泄，故须设置三大暗沟，以资补救。并宜将其水向划分，以减水势。将经四路以南，至经六路之水，由经四路东段泄入护城河。经七路之水，泄入云官庙南水沟，至经三路以北之水，统由经一路流出，东段泄至天桥，西段泄至纬九路北头，至各路沟渠之大小，须根据雨量表水平点，予以精确之计算，方能实施工程”[⑥]。

1931年，济南市下水道淤塞者甚多，未敷设者亦不少，疏浚敷设刻不容缓。可见，下水道既未成系统，又无泄水归宿之处，因各纬路南高北低，雨水流到经一路，北面为铁道所阻，水无出路，经一路就遭淹受灾。据《济南市志》记载，其时利用拆城门的旧砖，修筑了从经一路、纬五路向东经馆驿

① 济南市政府秘书处编：《济南市政府市政月刊》，1936年第10卷第10期，第118页。

② 济南市政府秘书处编：《济南市市政月刊》，1930年第2期，第85页。

③ 济南市政府秘书处编：《济南市市政月刊》，1929年第1期，第20页。

④《市府将修马路水沟》，《山东民国日报》1929年9月12日，第6版。

⑤《济南市之新建设》，《山东民国日报》1929年9月23日，第5版。

⑥ 济南市政府秘书处编：《济南市市政月刊》，1929年第1期，第20页。

街至西围濠的砖拱沟，以排泄纬六路以东、经七路以北之水入西围濠；又修筑了杆石桥拱沟，排泄经七路及其以南之水入西围濠。①以此为基础，1932年济南市逐渐完成了经七路东端安设管沟、商埠西部水道整理和巽安门外水道整理等工作。②同时，对原下水道改造升级，设计应用混凝土泄水管，以畅水流，而期坚固。起始，用水泥制造60/40厘米的蛋圆形无筋混凝土管二万余节（每节长1米），初期用木模，每节价3.80元至4.20元，后又制造一部分直径60厘米的圆形无筋混凝土管，先从纬一、纬二等路安设，陆续在经三、经四、经七、纬三、纬四、纬五、纬十等路安设；又在经一路东段的两旁埋设部分漏井缸，代替砖砌的漏井。③圆形无筋混凝土管道的应用引起了下水道建设的根本性变革，改造后的暗沟排水排污状况得到了极大改善。1934年，工务局继续整修市内排水沟道，完成了建筑五里沟庄礙沟、经一路东段及馆驿街水道总沟的工作，修理东向二贤街大沟，疏浚经过民政厅沟渠、江雾池上游慈善医院水道，护理南园朝山街、万仞坑、老君堂一带水道，建筑普利门外、麟祥门外及商埠水井水塔等，共花费5 761.86元。④经过不懈的整修，1936年7月，所有商埠经纬各路沟渠，皆已次第疏浚，而经四路、纬四路、纬五路的管沟，小纬六路石板的暗沟及城内之北察院街、南北菜园子街、岱宗街、万寿宫街、司家码头街、阁子前街、北门里街、马园子街的暗沟，均已先后修筑，并积极修筑各马路街道暗沟，以备各里巷接通之需。⑤

与此同时，市政府开始着手里巷沟道的整理工作。济南市各里巷，多无泄水沟渠设备，或虽有而淤塞不通，住户每日的污水任意倾倒，秽气熏蒸，浊流四溢，殊对市民卫生和公共交通大有妨碍。为此，济南市政府布告："凡各里巷之向无沟道，及有沟道而不适淤用者，统限于一个月内，由房主集资修筑石板暗沟或管沟，以资宣泄，并时常修浚，避免淤塞。"然诚意遵办者寥

---

① 济南市志编纂委员会编：《济南市志资料　第四辑》，1983年版，第125页。

②《市政府本年行政计划》，《山东民国日报》1933年1月15日，第 5版。

③ 济南市志编纂委员会编：《济南市志资料　第四辑》，1983年版，第125页。

④《济南市府工作报告（1930年9月9日–1934年9月30日）》，《山东民国日报》1934年9月30日，第5版。

⑤ 济南市政府秘书处编：《济南市政府市政月刊》，1936年第10卷第9期，第145页。

寥，仅商埠三区平善里添修暗沟一道，商埠二区鼎新里商民疏挖暗沟一道，其余各里巷均无动工者。[①]其后，市政府又再三下谕令，但收效甚微。

总的来看，这一阶段（1929—1937）采用雨污合流制，共修筑拱沟5条，总长3 130米；石板暗沟34条，总长32 650米；混凝土管沟13条，总长21 725米；缸管沟8条，总长5 660米。共60条，总长63 165米。[②]加上前期的管沟（1904—1928）的共有拱沟3 130米，石板暗沟46 490米，混凝土管沟21 725米，缸管沟5 660米，明沟27 390米，共长104 395米。[③]从上可以发现：1. 此时期，下水道建设发生了巨大变化，不仅出现了拱沟，而且混凝土管沟和缸管沟开始在下水道中广泛应用，引起下水道建设的重大变革。石板暗沟增长迅速，较前一时期增加了20条，明沟因其弊端鲜明而被摒弃；2. 下水道样式由半圆形向蛋圆形、正圆形转变，其尺度也由混杂状态向均衡方向发展，并且为节约成本，部分拱沟采用旧城砖修砌；3. 下水道的修筑较前期更加注重双行，混凝土管沟和缸管沟双行率占66.7%，石板暗沟双行率占50%，较前一时期增加了14.3%。4. 商埠区下水道建设颇富成效，混凝土管沟和缸管沟大多集中在经纬各路，旧城区下水道基本上还是承袭前期建设，变化不大。

（三）桥梁的整修与建设

桥梁是道路的组成部分，是为解决跨水或越谷的交通情况，以便于运输工具或行人畅通无阻。[④]基于此，济南市政府较为注重桥梁的修理和建设工作。1929年就着手修理第一虹桥（宽5.8米，长8米）、第二虹桥（宽6.6米，长8米）、乾健门内木桥（宽6.6米，长5.2米）、鹊华桥西小木桥（宽3米，长2.8米）等4座木桥，改修大西门外两旁木桥，南门外木桥、山水沟中间石桥等3座，并拟筑铁筋混凝土桥，以图坚固而期永逸。[⑤]1930年，上述桥梁修竣工作陆续完成。1932年，重修第二虹桥、修改麟祥门外木桥及东门外吊桥。[⑥]

① 济南市政府秘书处编：《济南市政府市政月刊》，1936年第10卷第9期，第145页。

② 济南市志编纂委员会编：《济南市志资料　第四辑》，1983年版，第125页。

③ 济南市志编纂委员会编：《济南市志资料　第四辑》，1983年版，第130页。

④ 李炳昌：《旅游资源概论》，北京：中国财政经济出版社，2008年版，第95页。

⑤ 济南市政府秘书处编：《济南市市政月刊》，1929年第1期，第21页。

⑥ 济南市政府秘书处编：《济南市政府工作报告》，1932年版，第11页。

其时，“大东门外城壕吊桥，为出入城厢要道，因年久朽腐，桥体塌落一块，不惟重载，车辆已不敢通过，往来行人亦殊感危险。若不赶为修理，其他木板恐必继续塌陷，交通行将断绝。已转饬工务局从速勘修，以利交通而免危险”。[①]至1934年9月，修建麟祥门外木桥，修补五三桥，修复艮吉门外木桥、乾健门裹木桥，改修大于家桥为花岗石面，重修南圩门外木桥，建筑北大槐树弯桥及津浦铁路三孔护洞，共花费6 216.3元。[②]

这一阶段有省建设厅小清河工程局所修的边庄铁桥、张公坟铁桥、普利桥和济安桥（两桥是钢筋混凝土桥）、五柳闸、侯家场木桥。济南市政府所修的有南门桥、大东门桥和太平河小清河的钢筋混凝土桥等24座。全市共有钢筋混凝土桥30座、石板桥2座、铁桥2座、木桥3座，共修建桥37座，长372米，面积1 449.9平方米。[③]前期共有钢筋混凝土桥32座，长306.6米，面积1 590.8平方米；石板桥18座，长158.1米，面积709平方米；铁桥2座，长37.8米，面积136.1平方米；木桥20座，长211.5米，面积669.9平方米；石拱桥54座，长506.2米，面积2 858.8平方米。以上共有桥126座，总长1 220.2米，面积5 964.6平方米。[④]此外，工程局重修艮吉门外木桥（新北门桥），长8米，宽4米，面积32平方米。[⑤]总的来看，钢筋混凝土桥广泛修建，较前期迅猛增加，有18条是修建于1936年和1937年，有4条是由木桥、石板桥改修而来，86.7%是横跨于河流之上。此时，石板桥、木桥大幅度下降。西泺河上的铁桥是新生事物，数量较少。

三、道路建设的缓慢发展（1938—1945）

（一）道路的翻修与新建

济南市道路大致分为城关、商埠、乡村三区，济南沦陷后路政停顿将

① 《修理大东门外吊桥》，济南市政府编辑室：《济南市政周刊》，《山东民国日报》1932年9月3日。

② 《济南市府工作报告（1930年9月9日－1934年9月30日）》，《山东民国日报》1934年9月30日，第5版。

③ 济南市志编纂委员会编：《济南市志资料　第四辑》，1983年版，第130—131页。

④ 济南市志编纂委员会编：《济南市志资料　第四辑》，1983年版，第136页。

⑤ 济南市志编纂委员会编：《济南市志资料　第四辑》，1983年版，第144页。

近一年。日伪济南市公署成立后，鉴于路政攸关经济掠夺的重要性，即令饬建设局积极修治。城关地带的后宰门街新修石板路面及暗沟、英贤街一带铺砌黑砂石板路面及石板暗沟；商埠地带的纬一路、纬二路、小纬二路、纬三路等路南段及斜马路，并经六路东段翻修石碴路面，经二路西段修补沥青路面，各沥青路面亦于夏季分别撒沙，以资保护；至于乡村道路，西关屠宰场至刘家庄之道路加铺了石板，辛庄营垣内新修石碴路面，辛庄小街至任家山口的道路得以修整。[①]然时值民生凋敝，收入短拙，未能有大规模之修筑，至1940年10月，所修筑石碴路、石板路、沥青路等道路的总面积共计471 046平方公尺。[②]

由上可见，经数年之推进，济南市路政实有次第发展。期间，商民请求补助修路及自愿出资修路者，亦有多起。如面粉、造纸、颜料贩卖业等民族工商业者出于运输原料和成品的需要，自筹资金翻修了制锦市、铜元局、杆面巷一带八条街道的黑砂石板路；布庄、银号等工商业者修筑了靖安巷、福康街一带的五条街巷；纱厂、面粉业等工商业者修筑了成丰街、官扎营、丹凤街、成通前、天桥一带和宝华街等处。[③]1941年4月，伪济南市公署出台《管理市民请求合资修路暂行规则》及《济南市公署管理商民自费修路暂行规则》草案，提经第41次市政会议修正通过，其中有关商民摊款的规定更为规范和严格。同年6月，伪济南市公署制定《管理市民请求合资修路暂行规则》八条，其第二条规定“凡市民请求合资修路者，应推举代表呈请本署派员测勘设计，估计工料费额，并照下表（表3-6）之规定缴纳摊款，但本署得视财政及其情形，对于请修之路，提前延后或批驳之”，其第三条规定“凡宽度在五尺以下之里巷，均由两旁地主照本署《管理商民自费修筑街道暂行规则》之规定自行集资修筑”，其第四条规定“凡应摊之款数，由本署于开工一月前通知请求者之代表，于接到通知半个月内一次缴清，但应摊之款超过三千元者，得分二次缴清，超过六千元者，得分三次缴清，超过万元者，得

① 济南市公署秘书室编:《济南市公署二十七年工作报告》，1939年版，第209页。

② 伪济南市公署秘书处:《济南市政概要》，1940年版，第39页。

③ 济南市志编纂委员会编:《济南市志资料　第四辑》，1983年版，第147页。

分四次缴清，每次缴款均不得逾半个月期限”。[①]1941年12月，伪济南市公署又以“关于修筑街道征收商民应摊款数向无规定，摊资依据又商民自愿出费修路者颇多，对于管理办法亦尚缺”[②]为由，参考各都市成规，制定《济南市公署修路征费暂行规则》和《济南市公署管理商民自费修路暂行规则》，这两个规则其实是对《管理市民请求合资修路暂行规则》的进一步细化和规范，给沦陷区的人民套上了新的枷锁，人民受剥削程度再次加重。1942年5月，伪济南市公署以“商埠西部大槐树一带，街巷错杂窄狭，又统沿用南北中大槐树之名称，既不便车马之交通，又束缚工商之发展，对于政治推行，警逻巡察以及行人问路，均有妨碍”[③]为由，划定街道展宽尺度，并拟定各街名称，以备将来之发展，而除目前之障碍。

表3-6　济南市公署管理市民合资修路摊款成数表

路宽（公尺）	摊款成数	路宽（公尺）	摊款成数
五公尺以上不足七公尺者	工费总额五分之三	十六公尺以上不足二十公尺者	工费总额四分之一
七公尺以上不足十三公尺者	工费总额二分之一	二十公尺以上者	工费总额五分之一
十三公尺以上不足十六公尺者	工费总额三分之一		
一、宽度以街道两旁墙壁为准 二、工商业区照本表所列数摊缴（例如宽五公尺以上不足七公尺之路，工费总额为1 000元摊款，五分之三为600元）；混合区照本表所列成数二分之一摊缴（照前例应摊缴300元），居住区照本表所列成数四分之一摊缴（照前例应摊缴150元）			

资料来源：济南市公署秘书处：《济南市政公报》1941年第1卷第10期，第36—37页。

与此同时，伪济南市公署以乡区道路关乎“警备治安与交通便利”为由，

① 伪济南市公署秘书处：《济南市政公报》1941年第1卷第10期，第36—37页。

② 伪济南市建设局：《请公决修路征费暂行规则及管理商民自费修路暂行规则的提案（附规则）》（1941年），济南市档案馆藏，档号：j076-001-0315-013。

③ 伪济南市公署秘书处：《济南市政公报》，1942年第2卷第8期，第24页。

制定了《济南市公署修补乡区道路暂行规则》，规定“各乡区道路应由各该区长督饬各坊长随时派人分赴各道路查看（每逢大雨之后尤应注意）遇有损坏处，即时派附近村民携带工具修补平坦以便交通，但过有土工以外之修补时，报由本署办理之；凡遇有应急修补之道路，须依本署所定限期完成；本署每月派人分赴各道路查验一次，视其成绩优劣分别奖惩；凡属表列道路之修补，每公里每月由本署发给茶水费十元，由各该区长领取转发”，并就乡区道路进行调查：1. 东乡区共长13.55公里，济泺路铁路交叉以南2.25公里、济安门至霞侣市东口路2.6公里、黄台山路4公里、黄台站至黄台桥路1.5公里、济历路3.2公里；2. 南乡区共长14.3公里，千佛山路2公里、仲宫路2.7公里、济泰路4.8公里、济长路4.8公里；3. 北乡区共长3.25公里，济泺路铁路交叉以北3.25公里。①

依据上述规定，伪济南市公署开始对市内主要、次要路线，以及郊外警备路线次第施工，路政渐入轨道。1941年4月，济南市公署开始对济泺路进行修垫，制发《办理市民劳动，奉仕修垫济泺路实施方案》，并附详细的“修垫济泺路施工说明书”，其要求施工范围为“由利民前街南口起经利民后街、三孔桥孤儿院、凤凰山、林家桥北马家庄至泺口南之义威路交叉处止，全长六千公尺，分为十一段，每自治区担任一段，按施工之难易定段之长短，由建设局派员埋立木牌上注某区字样”，施工程序为“路基：先将旧路面致地瓜石突出或浮置者刨起，用大锤击碎匀铺其上以作路基；整理车轮石：所有旧车轮石多呈歪斜之状，须按照横断面所指示之位置整理之；填铺路面：于铺平路基之上取附近之土，须不维以草类树根及污物等者填铺，自路中心线始渐向南侧分填，使保持一比二十之路冠，填土每层约十五公分，即用石滚碾压往返五六次，再填第二层，其填土之总厚约为三十公分；区与区交界处：某区与某区接连处所修填之路面，须由两运接区负责修垫平整，勿使参差不齐”。②1942年6月，建设局将商埠纬四路、经一路与经二路之间一段改修成洋灰砖步道，所需工款每平方公尺需款9.6元。按照修筑步道暂行简章第十三条

① 伪济南市公署：《济南市公署修补乡区道路暂行规则草案》（1942年1月15日），济南市档案馆藏，档号：j076-001-0278-004。

② 伪济南市公署秘书处：《济南市政公报》，1941年第1卷第7期，第8–9页。

之规定，该款由临街各房主各租户并本署三方承担，每方各担任三分之一，计每平方公尺为3.2元。因其原铺洋灰砖与本署规定相同，而新旧程度在80%以上者，故由本署采用原砖修筑，房主与租户可减缴一半担负金。如原有步道系房主所修，房主可免缴担负金。租户所修，租户可免缴担负金，双方共修，双方各缴六分之一担负金，计每平方公尺1.6元，饬令各房主、租户速缴担负金。[①]不仅如此，济南市公署还请省政府拨款补助，进行灾后道路修复工作，其呈报称“水灾之后，城防崩圮，沟壕淤塞，道路则污泥遍地，坎坷异常，警哨则屋宇塌漏，残缺多处，苟且因循，不但惧灾祸之重演，抑且恐治安之疏虞。为修复冲毁工程，及疏浚整理各街道沟渠淤泥，以免灾祸重演，经估计共需款25万余元。惟目下年度瞬告终了，款项尚无着落，职市当水灾之后，既筹办赈济灾民，又增修防卫工事，市库民财，罗掘俱空，情出无奈，恳请拨款补助”[②]。基于此，市公署择最重要且极需整修之道路，先行兴作，修补十六、二十八号线、济长路、济泰路、辛庄营垣附近道路、商埠地街道等路石碴路面47 358平方米，运除各重要街道、各水沟两岸淤泥407立方米等，共支款78 411.45元。[③]总的来看，1941年和1942年伪济南市公署所修筑的道路无论是长度还是面积，均呈现出大幅度增长的态势，两年里修筑道路总长度为25 668米，总面积为95 453平方米。[④]

由上所述，伪济南市公署主要翻修了城关原有已破坏的道路，修筑了商埠西部尚未修成的经纬各路，同时在经二路和纬四路十字相交处铺砌了水泥砖人行道，并把万字巷、永贤街、永贤里修筑成了沥青路面；把经一路、纬五路至纬八路间修成黑砂石板路面。同时，为便于经济掠夺及军事运输，伪济南市公署修建了许多通往城外的大路，铺装了纬十二路（经二路以北）通飞机场的混凝土板路；为了与青岛交通方便，辅助铁路运输和保持胶济铁路的“安全”，修建了济南至王村间的道路，另外也修建和修缮了一些日军所需

① 伪济南市公署秘书处：《济南市政公报》，1942年第2卷第9期，第17页。

② 伪济南市公署秘书处：《济南市政公报》，1942年第3卷第3期，第13页。

③ 伪济南市公署秘书处：《济南市政公报》，1942年第3卷第3期，第14页。

④ 伪济南市公署秘书处编：《济南市概要》，1942年版，第45—46页。

要的警备路。[①]

在翻修旧路的同时，伪政府还开辟新的道路。日本帝国主义为了实现其侵略、扩建城市的需要，成立了伪济南工程局，隶属于北京的伪建设总署，凡新辟道路和扩建旧有道路宽25米以上的，都归该局办理。新辟道路的范围环绕于济南市的四周，而集中于南郊新市区，如青岛路（现名历山路）、堤口路（原名28号线）、纬十二路、经十路（原名兴亚大路）、经九路（原名兴亚北一路）、经八路（原名兴亚北二路）、纬二路经七以南（原名新民大路）和南郊新市区的其他各路以及天成路、北园路（原名14号线）等。其中经十路原定宽80米，以后缩为50米，纬二路南段和天成路宽50米，纬十二路、经八路宽35米，历山路、堤口路、北园路当时仅宽10米左右。这些道路在设计施工方面都存在着坡度陡、驼峰多的问题，严重妨碍交通和排洪。[②]新辟道路并非易事，其时"官扎营街拆房建路"一案就曾名噪一时，由此引发了官扎营街一带居民赵恭琴等十七人联名呈上条陈，详情如下：[③]

窃民等祖居官扎营丹凤街、天桥街、成丰街一带，各建有房屋在内居住营业，以为衣食住三大生活要素之源，兹以市政繁荣关系，蒙官府征收该处宅基建设马路，已指定界限立有木橛，凡在界限以内之房屋，势必限期拆除，按此为市政建设之公务，民等虽房宅被拆亦应贡献，曷敢多渎，惟念官府素以泽被人民为怀，乃敢渎陈情困，请施体恤，详陈艰情事项如左：

（一）对于马路两旁隙地之房屋，请求暂缓拆除，闻该马路为直通北商埠之干路，较其他之马路为宽，计宽度为52米，实则马路两旁必有护路之隙地，现北商埠尚未开始建筑之时，则该路之通行无毂掣肩摩人车拥挤之虞，故隙地房屋之拆除似不妨暂缓时日，俟将来北商埠建设陆续繁荣之时，民等即陆续拆除马路两旁隙地之房屋，以符马路之宽度，俾民等于服从功令之下，稍缓时日，即觉感德，倘蒙于该马路之宽度暂稍变通减缩，俟将来北商埠繁荣之时再行开宽更为感戴矣。

① 济南市志编纂委员会编：《济南市志资料　第四辑》，1983年版，第147页。
② 济南市志编纂委员会编：《济南市志资料　第四辑》，1983年版，第147页。
③ 伪济南市公署秘书处：《济南市政公报》，1942年第2卷第7期，第14—15页。

（二）请求指定相当地基以便移置木石砖瓦，而资建筑。查被拆除房屋所得之木石砖瓦等物件，势必移置他处，以免为马路之障碍，当兹北商埠甫经开展，谅不乏放租之地，请求援照本市陈家庄指定地基作为拆除房屋者地基之补偿，成例指定相当地基，俾民等遵章承领，先将拆除房屋所得之木石砖瓦运至该处，以便用此物料就地另建房屋，则民等庶可仍得居住之所，感德无量。

（三）对于拆除房屋之价额请求监现时物价工资之高昂，酌予增加，以维困苦。查现时物价涨腾，故工资亦昂，如去年人工每日一元，余本春已增至二元，余而搬运物料之车价亦随之而升，本市情况如此，人尽皆知请求对于拆除房屋之工资运费，依百物昂贵之情形酌予增加，以济困苦，感德无量。

据右事实，民等均拆屋让地之家虽多少不等，实同感困苦情形，惟有请求钧会以人民代表资格，据情转呈市公署代为呼签，以拯艰苦，实为德便。等情。据此。暗查该公民等所呈情形确系属实，究应如何体恤人民艰苦之处，理合据情转呈伏乞钧宪鉴核指示饬遵。等情。据此，查该会长所称确系实情，究应如何办理相应函请贵局查核见复，以便饬遵为何。

综上所述，伪济南市公署时期，济南城市道路数量有所增加，路面宽度较以往也有所增大，但路面材料较差，多为土路、碎石路面。其中，沥青路仅2条，总长977米，面积3 754平方米；黑砂石、青石板、水泥板路29条，总长16 077米，面积45 253平方米；碎石路23条，总长15 669米，面积158 450平方米；土路7条，总长27 100米，面积380 500平方米；水泥砖人行道3条，总长1 630米，面积4 075平方米。总计61条，总长59 823米（不计人行道），面积592 032平方米。加上以前道路，当时济南共有沥青路23 687米，172 639平方米；花岗石、黑砂石、青石板、水泥板路55 299米，面积197 078平方米；碎石路55 329米，面积406 215平方米；土路长51 800米，面积499 400平方米；石板、缸砖、水泥砖人行道4 770米，面积11 925平方米。各种道路共长186 115米，面积共1 287 257平方米。[①]总的来看：1. 伪济南市公署时期，当

① 济南市志编纂委员会编：《济南市志资料　第四辑》，1983年版，第147页。

局筑路质量较济南市政府时期大幅下降。沥青路数量的急剧下降就是例子，这同日本帝国主义掠夺资源满足战争需要关系密切。与此相反，石板路、碎石路数量却有所反弹，土路的数量也有所增加；2. 商民集资修路成为一股新力量，所修石板路中，商民集资修筑的占58.6%。面粉业、造纸业、颜料业集资兴修了朝阳街、制锦市前街、铜元局前街、铜元局后街、镇武街、锦缠街、锦屏街、西杆面巷等8条街巷；布庄、钱庄业集资兴修了福康街、靖安巷、竹杆巷、上元街、太湖石巷等5条街巷；银行、粮食、面粉业集资兴修了乐康街、宝华街、官扎营前街、成丰街等4条街道。

（二）水道的整修与建设

沟渠排泄污水，对于公共卫生及市内交通影响甚巨。综观先进市埠，莫不设计有完善而坚固的下水系统，再按预定计划施工，方能原委井然，宣泄便利。①然而，济南市下水道的修建一向无通盘计划，均系修路之时，枝节修筑，宣泄不畅。伪济南市公署自成立以来，还是运用抗战以前的雨污合流之法，时有发卷总沟、混凝土管沟、缸管沟、石板暗沟等4种暗渠，总长80余公里，明沟及明渠主要位于马路旁、城墙四周、护城河周边及铁路桥附近，长度约26公里，宽度较小。②此后，更是因财政困难，仅是择要兴修，或设新沟，或疏浚旧沟。到1940年，新设、疏浚各类沟渠29 727米，支付工费17 672元（表3-7）。③

表3-7 济南市公署下水道修建情况（1938—1940年）

沟渠种类		1938年		1939年		1940年		合计	
		长度（公尺）	工费（元）	长度（公尺）	工费（元）	长度（公尺）	工费（元）	长度（公尺）	工费（元）
新设	卷沟					30	873	30	873
	管沟			2 183	△			2 183	

① 伪济南市公署秘书处：《济南市政概要》，1940年版，第40页。

② 伪济南市公署秘书处：《济南市公署二十八年统计专刊》，1940年版，第65页。

③ 伪济南市公署秘书处：《济南市政概要》，1940年版，第40页。

续表

沟渠种类		1938年		1939年		1940年		合计	
		长度（公尺）	工费（元）	长度（公尺）	工费（元）	长度（公尺）	工费（元）	长度（公尺）	工费（元）
新设	石板暗沟	1 043	△	2 260	△	320	10 386	3 623	10 386
	明沟			3 175	△			3 175	
疏浚旧沟		13 730	3 030	3 630	3 383	3 356	△	20 716	6 413
合计		14 773	3 030	11 248	3 383	3 706	11 259	29 727	17 672
附注：有△者其工费已混合列入道路工程表内									

资料来源：（伪）济南市公署秘书处：《济南市政概要》，1940年版，第40页。

这时期的下水道主要是官商合修，伪济南市公署修建了南郊新市区、纬十二路、天成路及商埠西部经纬各路和城关一部分的石板暗沟28条，长31 008米。民族工商业者所修的靖安巷、福康街、北刘家庄有拱沟2条，长920米；还有永长街万字巷等处缸管沟6条，长3 867米；纬十二路北头边小清河、万盛街穿堤口路至工商河等明沟7 697米；共计43 492米。由于日本帝国主义对沦陷区的掠夺，钢铁、水泥奇缺，造成此时期下水道质量下降。当时连同以前的，济南市共有拱沟4 050米，石板暗沟77 498米，混凝土管沟21 725米，缸管沟9 527米，明沟35 087米，共计长147 887米。[①]总的来看，日伪殖民统治下的济南，下水道建设的成效不大。市政府时期引入的新技术、新材料在此时期被挪移，即便是应用于缸管沟的下水道，也仅仅修筑单行线即敷衍了事；下水道选材基本上是采自济南周边山中的花岗石板，这也是石板暗沟盛行的原因。

（三）桥梁的整修与修筑

伪济南市公署成立初期，鉴于“城关各木桥年久失修，桥面朽腐，栏梁断折，殊与交通安全大有妨碍”之情势，重修乾健门内木桥、大西门外便桥、东圩门外木桥、坤顺门外木桥、第一虹桥及乾健门外第二虹桥等木桥

① 济南市志编纂委员会编：《济南市志资料　第四辑》，1983年版，第158页。

6座，[①]以期坚固耐久。随着城市交通的需要，至1942年，市区内重修及修缮桥梁共计木桥14座、石桥3座及部分钢筋混凝土桥，支款35 377.58元（表3-8），[②]市内主要桥梁已初具规模。圩门外钢筋混凝土平桥的修筑，主要是为服务战事需要。

表3-8　济南市建设局修筑桥梁工程统计表（1938—1942年）

年份	工程名称	实支款数（元）
1938年	重修木桥6座	1 822
1939年	重修木桥3座 修缮石桥1座	2 302
1940年	新修黑砂石桥2座	2 304
1941年	木桥4座；改修钢筋混凝土桥	20 549.58
1942年	木桥1座；改修钢筋混凝土桥	8 400
总计		35 377.58

资料来源：（伪）济南市公署秘书处编：《济南市概要》，1942年版，第46页。

此后，随着北园路、堤口路的修建，兴济河的开挖，民生大沟的修砌，济南市陆续修建砖石拱桥17座，共长222.9米，面积2 216.5平方米；修建西十里河漫水石板桥长20米，面积120平方米；修建北园路、堤口路、济齐路涵洞21座，面积647平方米。以上桥涵共58座，面积2 983.5平方米。加上以前建设的桥涵，共有钢筋混凝土桥39座，共长357.2米，面积1 834.8平方米；铁桥2座，共长37.8米，面积136.1平方米；砖石拱桥71座，共长729.1米，面积5 071.3平方米；石板桥19座，共长178.1米，面积829平方米；木桥20座，共长211.5米，面积669.9平方米；涵洞21座，共长53米，面积647平方米。总计桥涵172座，共长1 566.7米，面积9 188.1平方米。[③]

从上述三个阶段发展过程来看，济南的城市道路及基础设施建设取得了较大发展，道路与桥梁工程的重要建筑材料，逐步由青石、石碴、黑砂石

① 伪济南市公署秘书室编：《济南市公署二十七年工作报告》，1939年版，第213页。

② 伪济南市公署秘书处编：《济南市概要》，1942年版，第46页。

③ 济南市志编纂委员会编：《济南市志资料　第四辑》，1983年版，第159页。

向混凝土、沥青等转变。据统计，在道路与桥梁结构物的修建费用中，材料费约占30%—50%，某些重要工程甚至可达70%—80%，所以为了降低工程造价，材料的选用具有很大意义。[①]近代济南道路修建的材料大多采掘于周边，其中以砂石材料需求最大。这种方式虽节约了成本，减轻了政府的经济压力，但砂石的开采也对自然环境造成了一定的破坏。因黑砂石质地坚硬，是修筑马路的必备材料之一，故而官民争相采掘。据第一区林务局民生林场的看山夫马岱霖报称，1934年8月2日植树工人在东白马山工作之际，忽听巨响，之后碎石散落如雨，连续数次。经往查问，知系居民刘振声、杨明亮、王金城三家打石，用火药炸石坑，撞伤树苗，危及工人。[②]为杜绝私人随处开采之行为，1939年5月26日，济南市公署呈奉山东省公署建矿字第511号指令拟具采石取砂暂行规则，提交第36次省政会议修正通过在案，划定许可采取砂石地区，先将产石之丁家山、刘长山，产砂之黄岗堤口开放，嗣后凡无执照者，一律禁止采取。[③]并且，济南市公署布告大众："本署对于应修各街现已斟酌缓急及应需材料，编列预算次第兴修，除用沥青、青石及石碴修建者不计外，他如天桥街、小纬一路、小北门至霞侣市街、县西巷、剪子巷、天地坛街、馆驿街均因年久失修，坎坷不平，又均系车辆行人来往频繁之地，自应用黑砂石重新修筑，以期坚固而便行人，以上各街共需黑砂石料二千立方公尺，须由黄岗山、标山、金牛山、凤凰山等处采取，此系修筑公路需用，完全为全体市民谋通行之便利，与商民自用者不同，所有各该处附近村民届时均应保护开采，以利工作。至于山场收费旧例每公尺给资三分，惟因年来物价昂贵，规定每公尺给资六分，不容再有额外需索及私行阻挠情事。"[④]不仅如此，公署还修路圈定专用采石场，以凤凰山所出石料，极合修路之需。特勘定该山西北麓，不碍风景之处，作为修路专用采石场，四周树立木牌，撒以灰线，所有采石工人一律佩戴本署所发臂章，以资识别，而免混淆。[⑤]

① 王立冬：《公路工程概论》，哈尔滨：东北林业大学出版社，1996年版，第97页。

② 济南市政府秘书处：《济南市政府市政月刊》，1934年第8卷第11期，第85—86页。

③ 伪济南市公署秘书处：《济南市政公报》，1944年第4卷第4—5期，第27页。

④ 伪济南市公署秘书处：《济南市政公报》，1941年第1卷第6期，第40页。

⑤ 伪济南市公署秘书处：《济南市政公报》，1942年第2卷第9期，第13页。

令人更为惋惜的是，名胜古迹之山也同样未能幸免。1942年4月4日，济南市凤凰山庄庄长杨永信等呈称："凤凰山位于本市城北与千佛山遥遥相对，夙称济南重要名胜，山上并建有佛殿，庙貌焕然，风景尤为可观，每届齐醮之期，则信徒络绎于途，洵属佛家胜地，曾于去年四月间经钧署布告划为采石山场，截止十二月止，工作已届满期，自经此次采挖之后，不仅山石凌乱不堪，即该山原有之树株亦被采石工人等毁坏四十余棵，近闻又有在该山采石之说，窃以该处山石本属无多，若任期一再采取，势将成为童山秃岭，似有违政府保护名胜古迹及倡导造林之旨，民等世居山下，实难缄默，兹以关心古迹名胜，惟有仰恳钧署恩施格外，俟后准予免在该山采石，以维名胜，而保古迹，不胜迫切待命之至，等情据此，当经派员查明，东面采石处距上山盘路甚近，应即停止采石，其西面北面两处，目下尚无妨碍，暂从缓议，除批示外，合行布告，此后不准再在东面采石，以保名胜，而保古迹。"①同样，四里山、马鞍山素为济南市名胜之区，有市民在各该山采石作为建筑材料，长此以往该山风景将会大受影响，亟应严厉禁止，并函请山东省会警察署饬属查禁。②嗣后，济南市山石运输业职业工会会长徐希圣呈称："本职会会员散处本市各山采石，历有年载，赖为专业，近因四里山、马鞍山一带各山，为本市风景区域，且为友邦神社所在地，奉令予以保护，严禁采石，是以一般采石工人顿失其业，其全家老小生命无所寄托，盖因靠山吃山，近水吃水，原为人民之世俗生活，今山石禁采，该等不得另谋其他生活，值此严寒冬令，其苦情实堪悯恤，数日以来，已形成局部社会之一大问题矣，幸蒙山东省陆军特务机关俯察下情，曾于本月四日午后三时召见，蒙谕职会另觅他山，急速办理山石采取许可手续，奉令之下，当自遵办申请，查本市南郊新市区南，有山名七里山，地距市区较近，且山石尚可采用，职会会员拟在该山采石，特具文呈请钧署予以认定，发给许可，俾一般采石劳工复工，藉维生活。"③由此可见，随着城市道路的不断延展，所需建筑材料只会越来越

① 伪济南市公署秘书处：《济南市政公报》，1942年第2卷第7期，第30页。

② 伪济南市公署秘书处：《济南市政公报》，1942年第3卷第2期，第42页。

③ 伪济南市公署秘书处：《济南市政公报》，1943年第3卷第5期，第16—17页。

多，在当时有限的技术条件下，以破坏环境为代价的采砂取石之法，持续吞噬着绿水青山。

第二节　铁路交通的初建与发展

胶济铁路和津浦铁路是近代济南乃至山东地区的重要干线，它们重塑了山东的交通格局，推动了山东经济中心由运河沿岸向铁路沿线聚集，为近代济南的城市化进展注入了动力。

一、铁路开设机构的沿革

19世纪末20世纪初，列强对外侵略持续加剧，瓜分中国的狂潮再次涌起。德国侵占青岛后，欲将其侵略势力推向山东内地，获取更多权益。1898年，德国通过《中德胶澳租借条约》取得了胶济铁路的修筑权。1899年6月，胶济铁路开始征地、试钻和勘测，1904年胶济铁路全线通车，全长394.06公里，[①]该线起于青岛站，沿途经过胶州、高密、潍县、杨家庄、青州、张店、周村等站，终于济南站，其中在济南府境内的站台有黄台站、北关站、济南站。胶济铁路总站起初位于商埠大马路北（即经一路、纬五路口北侧一带），东为小北门车站（即北圩门外），又东为东关车站（亦曰黄台站），又东为八涧堡，又东为王舍人庄，又东为郭店，又东为龙山镇，逾此入章丘境；[②]其后移至津浦铁路济南站的正面。伴随着胶济铁路的通车，胶济铁路济南站也于1904年建成，它是济南最早的火车站，是由德国、日本两个帝国主义国家在中国接续完成的一座欧式车站，最初由德国设计建造，1914年一战爆发后，日本以履行“英日同盟”义务为借口，对德宣战，并强占胶济铁路，完成了济南站的扩建工程；11月，日本将胶济铁路改称山东铁道，由日军铁道联队

① 铁道部铁道年鉴编纂委员会编：《铁道年鉴（第1卷）》，1933年版，第797页。

② 张华松等校点：《历城县志正续合编》第三册，济南：济南出版社，2007年版，第258页。

管理；1915年3月，日本青岛守备军民政部成立山东铁道管理部，9月改称山东铁道部，部内设总务、运输、工务、计理、采矿等课。[①]

1923年1月1日，胶济铁路由北京国民政府正式接收，成为国有铁路之一，实行委员制，葛光庭为委员长，统辖胶济铁路一切事宜；王正廷为董事长，每年开董事会一次，处理一切事宜并报告营业状况。同时，在青岛设立胶济铁路管理局，局内设总务、工务、车务、材料、警务等7个处，其中车务处下直设各车务分段，济南站为第四分段，段长李清泰、站长张运隆、货物主任徐文德、机务段长孙瑞璋、工务总段长王询才、工务分段长陈长磁、警务第九段长董莲峰、军务第二段长张清溪。该路在商埠一大马路纬三路北头，电话一三三，第四段长室为一九四。[②]1928年11月1日，胶济铁路管理局归南京国民政府铁道部管辖。1929年5月，胶济铁路管理局改组为胶济铁路管理委员会，原局内机构中的警务处、材料处改为课，不久又复称处；将警务处改为铁道部派驻胶济铁路的直属机构，并增设稽核室，实行财务审计和监督。另外，胶济铁路济南站还设有旅客问询处，对旅客联运或货运情形及行车时刻，或票价数目以及相关旅行事项，有不明了之处，均可向该处问询，无论电话、面询均必详细解答，并兼办出送车票及照料旅客及行李事项。1904至1928年期间，胶济铁路局在济南设有济南站、济南机务段、济南工务总段（下设济南、张店、青州三个工务分段）和车务四段（段址设在济南，管辖济南至马尚间各站）。

在胶济铁路通车四年后（1908年），清政府开始着手津浦铁路的准备工作，在北京设立津浦铁路总公所，紧接着在天津和浦口设立津浦铁路北段和南段总局，1912年北段和南段总局合并，在天津设立津浦铁路总局，浦口设分局。津浦铁路济南站在胶济铁路总站东北，据《历城县志初稿》记载，北行历泺口、桑梓店入禹城境；南行历白马山、党家庄入长清境。[③]1914年

① 济南铁路局史志编纂小组：《济南铁路局志（1899—1985）》，济南：山东友谊出版社，1993年版，第42页。

② 罗滕霄著，济南市图书馆整理：《济南大观》，济南：齐鲁书社，2011年版，第40页。

③ 张华松等校点：《历城县志正续合编》第三册，济南：济南出版社，2007年版，第258页。

1月，津浦铁路总局改称交通部直辖津浦铁路局，改为委员制，邱伟为委员长；局内设总务、账务、车务、警务等处，下设济南、津浦两个办事处；共分四段，济南为第二段，段长方伯麟、车务第三分段长陈桂林、站长严定坤、警务第十一段段长廖广勋。[①]1916年，办事处改称事务所，1922年又先后撤销事务所。1927年4月，南京国民政府于浦口设立津浦铁路管理局，后改组为津浦铁路管理委员会，内设机构未变。

1937年12月，日军占领济南，实行军事管制，凡一切均以服务战争为目的，对铁路进行分区治理，由传统的“以线划局”改为“以地域划局”，遂将两车站进行改造和扩建，实行合二为一，保留津浦铁路济南站。[②]日军占领济南后，于1938年3月在济南设立铁道事务所，6月改称南满洲铁道株式会社北支事务局济南铁路局，局内设总务、经理、工务、自动车等处及监理所、医院、学校等附属机构。1939年4月17日，南满洲铁道株式会社北支事务局改称华北交通株式会社，对华北地区的铁路、公路、水运实行综合分区管理，又在其下设济南铁路局，局内机构设置无变化。其管辖范围为胶济铁路全线、津浦铁路和陇海铁路部分段及管内铁路支线。1943年5月，局内各处改称部，撤销工作处、水运处，增设爱路部，并将监理所改称地方分局。1945年4月，日本帝国主义将济南铁路局改称“济南地方交通团”，由侵华日军直接控制和管理，将运输处扩大为第一、第二运输处，增设防空本部。日本投降后，济南铁路局恢复原名。[③]1938年1月至1945年8月，济南铁路局局长先后由石村长七、平田骥一郎、下津春五郎、片漱晋担任，他们均为日本人。

二、铁路基础设施的建设

（一）胶济铁路济南站的修筑

1904年7月13日，胶济铁路济南站建成。该站位置在五里沟以北，呈横

---

① 罗滕霄著，济南市图书馆整理：《济南大观》，济南：齐鲁书社，2011年版，第57页。

② 张汝峰：《被“装”进陈列馆的胶济铁路济南站》，《齐鲁晚报》2016年11月29日，第9版。

③ 济南铁路局史志编纂小组：《济南铁路局志（1899—1985）》，济南：山东友谊出版社，1993年版，第45页。

列式，车站东部为客运，设有旅客候车室，同时设客运线一条，以及高0.3米土质地面站台；西部为货场，设货物线一条，转头线一条，站线有效长为480米。1909年原站房改为货房，股道增至10股，新建客运场，设客运线3股。站房为石砌铁梁，楼上设铁道旅馆，楼下设候车室和贵宾室，总面积1 229.72平方米，位于经一路路北，正对纬三路。初建之时的济南站既小又不气派，无法与津浦铁路站媲美，德国山东铁道公司遂重新建造车站。德占期间，站房工程只建了一半，1915年日本侵略者取代德国续建完成了后面的工程，这就是后世常称的“胶济铁路济南火车站”。该车站建筑平面呈“一”字形，东西向布置，中间偏东的主入口部分稍向南突出。中部高大、突出部分为候车大厅，中部檐板作半圆形隆起，置一圆钟以强调中轴线；底层全部为蘑菇石砌筑，开三个圆圈式洞门；二层为高大的石柱廊，有六根高大粗壮的爱奥尼克石柱，转角处为双柱，中间为单柱，柱身无槽；双层的复式屋顶坡度陡峭，样式高大，与两翼的屋顶形式明显不同。稍低后退的西翼为两层，展开较长，是经营管理、办公用房和旅馆部分。东翼为单层长度较短，为餐厅和贵宾候车的地方。东、西两翼都有阁楼层，局部设地下室。整个建筑以灰黄色饰面为主，墙基为灰白色整砌蘑菇石，屋面为灰红色瓦。①此后，日本侵略者又增设站线，站前设宽23米穹形风雨棚，站内设长196米月台四翼式风雨棚，均系钢柱钢架，仅料费55 000元。1926年至1936年增设股道16股，其中旅客线6股，货物线10股。②

（二）津浦铁路济南站的修筑

津浦铁路济南站始建于1908年，1911年投入使用，位于官扎营与茅家林之间。该站由东、西两幢楼组成。西楼为主要站房，供售票、候车、办公使用；东楼始建为德国人开设的德国邮政局，后改为货运用房。起初，设发线2股，有效长为460米至520米；设旅客站台2处，高0.68米，长200米；建天桥一座。货场位于站北侧，1913年，货房面积达1 574平方米，设货物线2股，并修建了华庆、宝丰面粉厂专用线（1938年被日本帝国主义拆除）。调车场设于站

① 张润武，薛立：《图说济南老建筑》，济南：济南出版社，2001年版，第120页。

② 孟凡良：《济南铁路分局史志资料选编》（第2辑），1988年版，第32页。

西端，铺编组线6股。1923年旅客线增至7股，新建三站台，并将天桥扩至三站台，修筑了车站地道。[①]

（三）胶济、津浦铁路济南站的合并

胶济铁路、津浦铁路原在济南各设车站，两站间设联络线2股，以利于车辆过轨。1937年12月27日，日本侵略者占领济南后，自1938年起，对两站进行扩建和改造，并将胶济铁路济南站并至津浦铁路济南站。该站房是三层砖石、木屋架房屋，主入口前是宽大的石砌台阶及石柱廊；候车大厅呈方形，圆形拱顶高达13米，方格井式天花上覆陡峭的双坡瓦屋面；南墙、北墙为高大的拱形高窗，镶嵌彩色玻璃；厅内墙面、地面全为花岗岩，上有仿木装修的雕刻。东部低矮的绿色球形穹顶下是售票室。西部为三层的辅助用房，云状曲线形的阁楼山墙与东部候车大厅的拱形窗、穹顶遥相呼应。货房与站房虽然为两幢独立的建筑物，但在形式和风格上十分和谐统一。[②]

新济南站的改建工程自胶济铁路391+070公里处改线1.370公里，接至津浦铁路济南站，铺设40公斤B型钢轨，于1940年4月竣工。原津浦铁路济南站设有客车线5股，货物线6股，编组线6股，连同其他岔线共长约14.8公里，道岔49组，1938年后，拆除胶济站大部分客车线和联络线，扩大了原有胶济铁路济南站货场，货物线增至15股，站房改作办公室，并扩建站内地道，修建广场马路。在原有编组场南面，增铺编组线15股，站线总长度增至43.94公里，道岔增至158组，装置了电气集中设备，原津浦货场改作材料厂。1945年车站货场设有仓库6个，总面积4 878.7平方米，货物站台3个，共计6 620平方米；旅客场设7条股道（含正线），有效长在450米至670米。合并后的济南站成为办理客货业务的综合性车站，起着衔接南北和连接东部沿海地区的枢纽作用，但其货场管理尤为混乱，两铁路各自为政始终没有统一的管理制度，工作秩序混乱不堪。特别是由于处在日本帝国主义的控制之下，济南站应有的作用被压制。[③]

---

① 孟凡良：《济南铁路分局史志资料选编》（第2辑），1988年版，第33—34页。

② 张润武，薛立：《图说济南老建筑》，济南：济南出版社，2001年版，第113—116页。

③ 孟凡良：《济南铁路分局史志资料选编》（第2辑），1988年版，第35—36页。

此外，济南站的行车调度技术在不断改进。1905年行车调度采用电报电话闭塞的方式，1917年安装了进站、出发和远方信号机，1918年改用电气路牌闭塞的方式，1941年修建电气集中联锁设备。

三、铁路交通的运行

（一）运行态势

我国铁路车票早期彼此不能通用，1914年改订办法，发售直达客票，并于票上视其路途远近，均注明旅行日期，只要在期限之内，中途皆可随意下车，尤为便利。这一举措极大地吸纳了旅客数量，胶济铁路局为此增加运行设施，机车总台数达到49台，牵引客车4至5辆，货物列车牵引能力600吨（15吨货车40辆），至1914年客车增加到85辆，货车增加到1 148辆。但通信形式较为单一，仅设电报线两条，是长途通信、行车调度与行车闭塞的唯一工具。[①]

1927年胶济铁路辖济南市内的站点有王舍人庄（今历城）、黄台（又称东关站或济南东站）、北关（又称小北门）、济南共4个站，站线有效长一般为480米。济南市内站点等级也不尽相同：历城站位于胶济铁路369公里+756米处，1904年始建时称王舍人庄站，为四等站，办理客货运业务；黄台站位于胶济铁路378公里+612米处，1904年始建时曾称济南东站、东关站，后改称黄台站，为四等站；北关站位于胶济铁路382公里+065米处，距济南站2.992公里，距北园站3.249公里，1904年始建时曾称小北门站、济南北站，后改称北关站，为四等站。1934年，胶济铁路济南市内站点未变化，但行车时刻改变，并且票价出现等级差异。如济南到潍县头等票为8.55元，二等票为0.7元，二者竟相差7.85元。[②]

关于车之次数，胶济铁路以西行卧车为第一次，而津浦铁路则以南下之特别快为第一次，很明显两者衡定标准迥异，并且津浦铁路更加看重车之速度，“特别快车，不单卖三等票，每逢星期一、三、五三日南下，星期二、

① 济南铁路分局史志编审委员会：《济南铁路分局志》，北京：中国铁道出版社，1994年版，第89页。

② 罗滕霄著，济南市图书馆整理：《济南大观》，济南：齐鲁书社，2011年版，第53页。

四、六三日北上，此常例也。该车仅在沿途各一、二等站停留，余皆不停，虽停为时亦短。票价亦较寻常通车稍贵”①。

除横穿市内的干线外，为便利货物的转运，还建有市内干线的支线。济南的东郊和北郊，分别有黄台和泺口码头，如将其连接起来，会为货物的转运带来极大的便利。基于此考虑，遂先后有了黄台桥支线和泺黄支线的建设。

1. 黄台桥支线：胶济铁路黄台桥支线，位于济南市北部胶济铁路与小清河间，南起胶济铁路黄台站，北止小清河黄台板桥码头南岸，全长4.421公里。1905年，山东省农工商务局为便利水陆联运，投资胶平银20 883两，由山东胶济铁路公司签订合同承建，同年建成通车。线路最大坡度1.25‰，最小曲线半径为300米，钢轨与轨枕类型与胶济铁路相同。全线有桥涵11座，其中中桥1座，小桥3座，涵管7座；于黄台板桥设站，站线400米，有效长350米，站舍67平方米。该线于1944年被日本侵略者拆除。②

2. 泺黄支线：为津浦铁路泺黄支线，位于济南市北郊小清河与黄河间。1913年1月开工，同年6月竣工。泺黄支线由津浦铁路泺口站出岔，与津浦铁路平行向北至泺口码头，最后至小清河黄台板桥码头，与胶济铁路黄台桥支线接轨，总长7.8公里。道床为碎石道碴，铁瓦轨枕，钢轨为33公斤/米，轨距为1.435米，最小曲线半径200米，最大坡度6.7‰。未设信号机和路签机。线路跨越小清河处建有桁梁式钢桥1座，1孔21米。全线设泺口码头站和黄台板桥码头站，泺口码头站南靠泺口镇，北依黄河畔，站线3股，计长900米，道岔4组，站台1座，长40米，黄台板桥码头站位于小清河黄台板桥，站线2股，分列小清河南北两岸，站房建于小清河北岸。泺黄支线建成后，以运盐为大宗，次之为石油和其他货物。1938年，日本侵略者为集中转运黄台板桥码头之盐，将泺黄支线泺口码头至黄台板桥码头之线路和小清河钢桥全部拆除，泺口站至泺口码头一段改为专用线。③

---

① 周传铭著，济南市图书馆整理：《济南快览》，济南：齐鲁书社，2011年版，第82—83页。

② 济南铁路分局史志编审委员会：《济南铁路分局志》，北京：中国铁道出版社，1994年版，第93页。

③ 济南铁路分局史志编审委员会：《济南铁路分局志》，北京：中国铁道出版社，1994年版，第127—128页。

（二）营业管理

1937年以前，铁路货运工作实行分线营业管理，津浦铁路由当时的津浦铁路管理局车务处管理；胶济线由胶济铁路管理局车务处管理，执行南京政府公布的《国有铁路货车运输通则》，统一办理整车和不满整车货物的运输，并按货物分等表和运价标准计算运价。日军占领时期，铁路运输由分线管理改为分区域管理，津浦、胶济铁路统一由华北交通株式会社济南铁路局营业处货物课、配车课管理。1940年开始统一营业，执行《货物运送规则》等规定，货物运输仍分为整车和零担两种，当局统一运价，统一调配车辆。

零担货物运输作为铁路货物运输的一种组织方式，在津浦、胶济铁路通车初期，由货主自理。据统计，1923年，胶济铁路全年瓜果蔬菜运量4.9万吨，活牛5.2万头，禽蛋1.6万吨。1932年南京政府铁道部发布《零担货物办理办法》，规定了合装、整车和沿途零担车的装载方法及要求。日军占领时期，华北交通侏式会社规定了零担货物办理范围及装运方法，将列车分为“积合车”（整装零担车）和沿途零担车两种，并在各线开行挂有沿途零担车的货物列车。1940年济南站合并后，济南站开办零担货物中转业务；此后，曾增添少量车顶式加冰冷藏车，办理整车鲜鱼蚧类运输，每当春汛捕鱼旺季，胶济线“急行货物列车”会编挂1至2辆冷藏车，并按零担办理，由青岛始发运往高密、潍县、张店直至济南。[①]

不仅如此，铁路还实行货物联运和行李包裹运输。1922年，津浦和胶济铁路与国营招商局签订联运合同，办理水陆联运，济南就是当时津浦铁路分局管内办理货运水陆联运的车站之一。津浦、胶济铁路开办运营后，即办理行李、包裹运输。1913年，当局订立《津浦铁路装运行李章程》，规定客车可附挂行李，装载旅客行李。旅客随身携带行李按客车等级限量而有所不同，头等车每人准带150斤、二等车每人准带100斤、三等车每人准带50斤。后津浦铁路局车务处改为头等车每人准带120斤、二等车每人准带90斤、三等车每

① 济南铁路分局史志编审委员会：《济南铁路分局志》，北京：中国铁道出版社，1994年版，第183页。

人准带60斤，并于1930年7月公布实行。1933年2月修正的《客车运输通则》规定，除旅客随身携带限量行李外，超过部分按20公斤（不足20公斤按20公斤）计算，每公斤每公里收费2厘；如旅客携带或托运的行李夹带商货时，按包裹运价处以10倍罚款。[①]据统计，1933年胶济铁路济南站客运收入724 260.14元、货运收入1 839 311.40元、杂项收入9 937.08元，总计2 573 508.62元。[②]

第三节　城市公共交通工具的发展

近代济南的传统交通工具与其他城市一样，表现出运输效率低、劳动量大等缺陷，但其时仍在城市交通运输中发挥着重要作用。开埠之后，外国的交通工具被引入济南，打破了延续千年的马驮车推、徒步跋涉的单一模式，济南市出现了新旧交通工具并存的局面。

一、传统交通工具的持续应用

（一）轿车

轿车常用于铁路不通或行车不便之处，此车多属每日包租，每日约一元（银圆），济南街道上乘坐者甚少。二人肩舆，不出城者每日二千四百文，出城者加一千文，出圩门加一千文，上山、上北泺口者每里再加四百文；整月包租，约十六元。[③]1927年，济南市虽有专营轿车行栈，但市面很少能见到轿车，人们也很少雇用除非要出一日以上之远道才会雇用。其价虽以日计，然以骡马之数为标准：用一个骡或马者曰“单套”，每日约需洋二元，驭者饭食

① 济南铁路分局史志编审委员会：《济南铁路分局志》，北京：中国铁道出版社，1994年版，第169页。

② 苏玉欣：《20世纪30年代胶济铁路研究》，山东师范大学硕士学位论文，2014年，第56页。

③ 叶春墀：《济南指南》，济南：大东日报社，1913年版，第117页。

均在内；以两个牲口行驶者曰“双套”，三个牲口者曰“三套”，每日需洋三元五角；三套以上，非重载不用。大抵单套仅能载一人及其简单之行李，双套则可载二三人，三套虽能载重，然鲜有用之者。若遇雨天，其价稍昂。然以车之新旧，稍有贵贱之别。如能来回，可省价十之二三。道路过远，则以日计。此一般之通例也。①总的来看，轿车以其容量小、行驶慢、乘坐运输不便，而逐渐被淘汰，最后消失于市面之上，1929年登记之初有10辆，②1932年仅剩1辆，③1936年则荡然无存。

（二）小车

济南的小车分单把、双把两种，或运输物品，或载长途客人，是昔时济南街头络绎不绝的“常客”。独轮车是其典型代表，用长短粗细不同的木板条制成，车身长四尺许，宽近三尺，中间安一直径约三尺的车轮，轮子上半部高出车身，以增其平稳性。左右两个车把之下各安一根支架，以便装卸货物及中途停歇。推车时要将系于车把的“襻带”套在颈肩后，双手执把，平衡车身，得借助手、腰、背巧妙发力，一车可推五六百斤。起初，车轮都是木制的，以木拼为车辋、车辐，开榫头用铁钩钉钉牢，再遍钉蘑菇头铁钉加固，立面触地处包上铁箍，以耐磨损。此种构造的车，人推起来十分吃力。后来改木轮为胶皮轮，车子遂变得既轻快又灵便。④城郭之民，多用其输送洋车所不能载之笨重物品，如煤、米及木器杂具等。有时单人下乡，或妇女小孩出郭探亲，则利其价廉而乘之。夏日天长，上支布帐，乘者直卧其间，驭者缓步而行，清风徐来，悠然自得，其状至乐。而其价目，近则酌给，十里约五百文，一日不过八角以内。此等车夫，亦须纳费于警厅，月须二角至一吊不等。当时，专营此业之劳动者，在五千人以上。⑤另外，凡是搬运货物，或载重路途较远，小车就担当起“负重”的责任，此种车每次可坐二人，最

① 周传铭著，济南市图书馆整理：《济南快览》，济南：齐鲁书社，2011年版，第88—89页。
② 济南市财政局编：《济南市财政局二十、二十一两年度业务报告》，1933年版，第64页。
③ 济南市财政局编：《济南市财政局二十、二十一两年度业务报告》，1933年版，第66页。
④ 张稚庐：《老济南的那些事儿》，济南：济南出版社，2009年版，第72页。
⑤ 周传铭著，济南市图书馆整理：《济南快览》，济南：齐鲁书社，2011年版，第90页。

多可坐四人，其运价与铁轮车相等。[①]原登记车有1 900余辆，至1930年四五月间增至3 000辆左右。[②]后因汽车发达而逐渐落伍，1931年有2 500余辆，1932年有2 300余辆。[③]小车虽载重数量不多，但因系单轮，不拘道路宽狭高低，均能以一二人推挽而行，成为由乡运城或由城运乡的主要工具，故1934年小车数量又出现增长趋势，达到4 500余辆。[④]1937年底，济南市小车出售行达到24个（表3-9），较1929年（7个）增长了三倍多。

表3-9　小车出售行一览表（1934—1938）

车行名称	地址	注册资金（万元）	负责人	创办时间	人数	营业品类
德修	利民后街	0.05	杜德锋	民国23年	4	小车
祥盛	段店	0.025	泉祥	民国20年	2	小车
新田	小纬六路	0.05	李新田	民国26年	4	小车
同学	岔路街	0.035	李同学	民国25年	5	小车
清洁	小纬五路	0.03	李清洁	民国24年	4	小车
兆凤	岔路街	0.03	张兆凤	民国23年	4	小车
发德	岔路街	0.035	李法德	民国26年	5	小车
义泰	岳门后	0.035	马义泰	民国24年	5	小车
茂盛号	经一路	0.03	乔应元	民国23年	4	小车
元顺	经一路	0.028	孙汝贵	民国25年	3	小车
凤鸣	凤祥街	0.035	周凤鸣	民国24年	5	小车
东育	经一路	0.025	牛东育	民国26年	2	小车
福兴	经一路	0.05	杨有福	民国24年	7	小车
克俭	纬八路	0.03	杜克俭	民国26年	4	小车
荣盛	纬九路	0.05	王士俊	民国27年	7	小车

① 叶春墀：《济南指南》，济南：大东日报社，1914年版，第116页。

② 济南市财政局编：《济南市财政局十八、十九两年度业务报告》，1931年版，第93页。

③ 济南市财政局编：《济南市财政局二十、二十一两年度业务报告》，1933年版，第67页。

④ 罗滕霄著，济南市图书馆整理：《济南大观》，济南：齐鲁书社，2011年版，第98页。

续表

车行名称	地址	注册资金（万元）	负责人	创办时间	人数	营业品类
希彦	纬十二路	0.025	杜希彦	民国25年	2	小车
自修	经一路西	0.03	李白修	民国23年	4	小车
章祥	天桥街	0.028	邢章祥	民国24年	3	小车
长兴号	西麓山街	0.028	杨朝东	民国26年	3	小车
思河	利民后街	0.025	王思河	民国27年	5	小车
广盛号	利民后街	0.028	刘广盛	民国24年	3	小车
张家车铺	经七路	0.028	张邱氏	民国25年	3	小车
迎宾	清泉街	0.028	牛迎宾	民国23年	3	小车
凤卿	清泉街	0.03	许凤卿	民国25年	4	小车

资料来源：［日］里田条次：《济南华人商工名录》，济南日本商工会议所，1940年版，第279—280页。

（三）驴车

驴车在人力车未出现之前，盛行于城厢，上市赶集，雇以入城，亦有专雇之行持此为生活者。旧城和围子墙城门口内外，有专门驮脚的长行驴，这些驴户，既备脚驴，又开车马店，专供过往大车、赶脚的落脚。清早，把驴拉到城门口，一边喂驴吃草料，一边等乘客。也有山区的农民利用农闲来做些赶脚的小买卖，以挣钱养家糊口。一般客人要坐在驴腰的鞍子上，两只脚伸到脚蹬子里，手扶鞍头；技高的常客，不用鞍蹬，将土格布褥子搭在驴腚上，直坐上去，两腿自然下垂。①1927年，因各项交通工具发达，驴车在济南市区近乎绝迹，在乡村则成为妇孺探亲的“座驾”。但还间有出租者，日计约需一元，短道则六百文。②

① 秦若轼著，济南市政协文史资料委员会编：《济南旧习俗》，济南：黄河出版社，2002年版，第185页。

② 周传铭著，济南市图书馆整理：《济南快览》，济南：齐鲁书社，2011年版，第90页。

（四）马车

济南的马车，是由“轿子”演变而来的，指供人乘坐的车。马车的车厢如同轿身，只是体形稍大，厢内有双座的靠凳，上铺坐垫，柔软舒适。门在车厢两侧，门下有一个半截的小吊梯，方便客人上下车用。厢前还有车夫坐的支凳。车厢下有两对不大的车轮，前面两个更小一点，木头轮缘通常包着铁箍。挽拉的马，多是高头大马。此种马车在20世纪二三十年代风行一时，多为官府、富商、官宦人家所用。时有车行七八家，有马车数十辆。马车行有专营和混营（汽、马车行）两种，城里的车行有天地坛街的“鸿升”，舜井街的“亚非”“中华”，南门大街的“济车”等字号，相对集中在南门里一带。[①]1929年，马车行分布区域继续扩展，据济南市公安局统计，全市马车行有8个，其中内城一区有2个，内城二、三区各1个，外城一区1个，商埠二区2个，商埠三区1个。[②]马车数量虽有增长，但速度甚慢，1930年有31辆，1931年有32辆，1932年有35辆[③]，1934年有37辆[④]。总的来看，马车业在市内的发展颇难，各年度登记数目均在30余辆，增减不多。考其原因，不外乎马车座位稍多便转动不灵，承载量小，且市民尽以人力车为代步工具，致马车仅供婚丧吊庆，送迎宾客之需，供求甚少，营业前途自无起色。[⑤]据《济南大观》记载，济南婚丧仪仗均多用汽车、马车，尤其“文明结婚”常用花马车、花汽车，其装潢之时髦者，以利和汽车、马车行为最，每租一次，花汽车每月十元，花马车每月六元。[⑥]到1937年底，马车出售行发展到16个（表3-10）。[⑦]

---

① 秦若轼著，济南市政协文史资料委员会编：《济南旧习俗》，济南：黄河出版社，2002年版，第184页。

② 济南市政府秘书处编：《济南市市政月刊》，1930年第2卷第2期，第119—121页。

③ 根据济南市财政局编：《济南市财政局二十、二十一两年度业务报告》，1933年版，第64—68页整理。

④ 罗滕霄著，济南市图书馆整理：《济南大观》，济南：齐鲁书社，2011年版，第98—99页。

⑤ 济南市财政局编：《济南市财政局业务报告》，1936年版，第73页。

⑥ 罗滕霄著，济南市图书馆整理：《济南大观》，济南：齐鲁书社，2011年版，第36页。

⑦［日］里田条次：《济南华人商工名录》，济南日本商工会议所，1940年版，第281页。

表3-10　马车出售行一览表（1928—1935）

车行名称	地址	注册资金（万元）	负责人	创办时间	人数	营业品类
华美	县东巷	0.15	袁兆庭	民国23年	3	出售马车
舜利	舜井街	0.17	冯玉荣	民国24年	3	出售马车
瑞记	县东巷	0.15	×兆瑞	民国23年	2	出售马车
鸿升	正觉寺街	0.17	张鸿升	民国24年	3	出售马车
芳记	东城根街	0.05	王行芳	民国23年	2	出售马车
福记	凤祥街	0.1	田福×	民国25年	3	出售马车
芳记	纬一路	0.1	袁兆芳	民国19年	4	出售马车
寿记	纬二路	0.05	张寿×	民国17年	2	出售马车
春记	凤祥街	0.1	张春田	民国20年	4	出售马车
和记	魏家庄民康里	0.05	白×和	民国22年	3	出售马车
奎记	凤祥街	0.1	李长奎	民国17年	4	出售马车
元记	纬二路	0.1	张×元	民国24年	2	出售马车
金山	纬九路	0.1	扈金山	民国20年	2	出售马车
×云	纬九路	0.1	卜腾云	民国22年	4	出售马车
延贵	纬九路	0.05	蔡延贵	民国23年	3	出售马车
致和	纬九路	0.05	孙致和	民国22年	2	出售马车

注："×"代表无法识别的文字。

资料来源：[日]里田条次：《济南华人商工名录》，济南日本商工会议所，1940年版，第281页。

二、半机械化交通工具的迅猛发展

（一）人力车

人力车，俗称"洋车"，源自日本，故又名"东洋车"。中国各个城市对其称谓也不尽相同，天津称"胶皮车"，上海等地称"黄包车"，[①]济南则是"洋车"与"人力车"并称。前清末叶，马路未修，人力车的车轮使用钢

① 北京市公路交通史编委会：《北京交通史》，北京：北京出版社，1989年版，第84页。

圈，后渐次改良。据1914年《济南指南》记载，当时市内流行的主要交通工具就是人力车。此种车有胶皮轮车和铁轮车。其租用计价方式有三种：一是计里程，每一里铜元两枚；二是计时间，每小时铜元十二枚；三是包月，每月十五元，铁轮车胶皮轮车租价约低三分之一。[①]当时，市面上已出现专门的行业出售、出租、修理此类车辆，如同福公司设在普利门外，陆飞公司设在县西巷，三兴自行车行设在商埠二马路中间，龙飞公司设在商埠二马路东首，专司发卖及出租胶皮轮车；[②]仁得利洋行，设在普利门外，专卖各种胶皮轮车。[③]

此后，人力车制造技术不断发展，市里的人力车不仅拥有了华丽的外表，而且大部分车身部件都能自制，1927年的《济南快览》这样描述："今则虽华美之洋车，除钢丝轮及轮外之橡皮与胎外，其他如弓子、车斗以及护手、轩辕、棚垫之属类能自制。橡皮轮带，则多由邓禄普厂所造，每九百寸长、五寸径者，每副八九元，经用一年左右。一车之价，如系国货，虽灯铃俱全，不过百元。若为欧货或日本货，则需百二十元乃至百五十元。"[④]因车之购价不高，购车招租群体主要以中产以下者、富有资财者和有经验之车夫为主，车之租金亦无固定标准，"每日租金，以车之新旧为比列，车主、车夫双方议定。新者租三角，次者一吊、一吊五、一吊二不等，虽破旧者，亦需一吊。大小修理，概归车主"[⑤]。即便如此，车夫每日多者不过一元五角，生手或破旧之车，每日辛勤所得不过二三吊，除租金外，仅糊口而已。随着日常生活费用的增加，车夫开始索价，车资上浮一倍以上成为"家常便饭"。于是，当局兹示其标准："城关每里不过铜元八枚，每经一个纬路或一个马路，铜元不过二枚至三枚。若以钟点计算，如在四钟点以上，每小时大洋一角，日计不过一元，然以入夜十二时为限。如其包月，饭食及车均归车夫自备，月约六十元。单雇车夫，饭食车辆概归雇主，不过八元至六元也。主人赴

① 叶春墀：《济南指南》，济南：大东日报社，1914年版，第116页。

② 党明德主编：《济南通史·近代卷》，济南：齐鲁书社，2008年版，第338页。

③ 叶春墀：《济南指南》，济南：大东日报社，1914年版，第61—62页。

④ 周传铭著，济南市图书馆整理：《济南快览》，济南：齐鲁书社，2011年版，第86页。

⑤ 周传铭著，济南市图书馆整理：《济南快览》，济南：齐鲁书社，2011年版，第86页。

宴，饭金二角；妓女牌局，则需一元，几成惯例。然车夫除收拾车辆外，别无所事。盖若辈以卖苦力为生，亦无能力问及他事也。市中车夫品类极杂，夜深野地，尤宜留心。外客乘车，务须认明车辆之号数，纵有意外或特别事件发生，仍可向警厅按号索取也。”[①]

1929年10月，济南市工务局对人力车进行检验登记，查有营业车8 400辆，自用车100余辆，较往昔竟超一倍之多。随后两年，少有出入，无甚悬殊。[②]然因近年来生计艰难，失业者众，营业人力车遂因而增加，到1934年，全市有自用人力车471辆、营业人力车11 421辆。[③]车夫既多，价格又廉，胶皮人力车厂出赁新车，每日要价不得超过二角；半新车，每日要价不得超过一角五分；旧车，每日要价不得超过一角，车价亦较各埠为贱。[④]因市内行驶公共汽车尚少，又无电车设置，市民往返城埠，主要还是依靠人力车，是以车辆数目逐年增多。由此，也带动了人力车修理行的兴盛，至1937年底，全市有人力车修理行26个，[⑤]主要分布在商埠经纬各路，尤以纬一路（6个）、经七路（5个）为主。人力车日渐增加，给其行业经营带来压力。济南市工务局呈称：“一般人力车夫，终日鹄立街头，营业甚少，徒增交通阻碍，着将人力车按照现有登记数目，造册送府，并自令到之日起不准再行增加，藉资救济。”[⑥]1939年，全市人力车共有9 842辆，占车辆总数的37.15%。[⑦]

（二）自行车

自行车是以人力驱动为主的交通工具。车的名称各地均有差异，官方的档案和报纸资料中通常称“脚踏车”。20世纪初，济南引入自行车，1908年6月26日《大公报》载：“历下各街，乘脚踏车者络绎不绝，车价为之骤涨。”[⑧]20世纪20年代，自行车开始流行于济南市面，因其价廉而迅速发展，

---

① 周传铭著，济南市图书馆整理：《济南快览》，济南：齐鲁书社，2011年版，第87页。

② 济南市财政局编：《济南市财政局十八、十九两年度业务报告》，1931年版，第89页。

③ 罗滕霄著，济南市图书馆整理：《济南大观》，济南：齐鲁书社，2011年版，第98页。

④ 罗滕霄著，济南市图书馆整理：《济南大观》，济南：齐鲁书社，2011年版，第99页。

⑤ ［日］里田条次：《济南华人商工名录》，济南日本商工会议所，1940年版，第245—246页。

⑥ 济南市政府秘书处编：《济南市政府市政月刊》，1937年11卷第2期，第138页。

⑦ 伪济南市公署秘书室编：《济南市公署二十八年统计专刊》，1940年版，第93页。

⑧《山东日本博览会之豫备》，《大公报》（天津版）1908年6月26日，第5版。

受到日商或中等以上之商号的“青睐”。然而，市面上尚无出租自行车的车行。此车多来自奥、日，德国次之。但德货较精，尤以大飞轮之三枪牌为最贵，普通车每辆以五十元至百元不等。日本的内田洋行贩卖量为最多，德、奥以太隆行经营之。[①]此后，五金商店、胶皮车行亦开始兼售自行车。但专卖之家，则多与洋车并售。次等商号，则以修理而兼贩卖（表3-11）。

表3-11　济南著名贩卖自行车之商号

牌号	地点	电话号数
西顺兴号	普利门外	214
秀记车行	普利门外	1465
德顺永号	普利门外	513
镇记车行	三马路	439
相恒车行	二马路	无
秀记车行	二马路	无
轮飞车行	魏家庄	无
华利车行	二马路	1344

资料来源：周传铭著，济南市图书馆整理：《济南快览》，齐鲁书社，2011年版，第88页。

济南市检验登记伊始，仅有860余辆自行车。之后，自行车逐渐成为各界必需品，登记数目年有增加，至1930年底即达2 000余辆。[②]1931年济南市自行车业公会成立后，自行车数量增长迅猛，仅在济南专业销售自行车的商号就达二十七八家，这些商号多数从本埠洋行进货。[③]1931年猛增至4 000余辆，1932年持续增长，达到5 000余辆。[④]自行车因其便利迅速，需求骤增，到1936年6月，登记领牌者已达13 500余辆。[⑤]到济南沦陷前，全市自行车出

① 周传铭著，济南市图书馆整理：《济南快览》，济南：齐鲁书社，2011年版，第88页。

② 济南市财政局编：《济南市财政局十八、十九两年度业务报告》，1931年版，第97页。

③ 济南市志编纂委员会编：《济南市志资料》第三辑，济南：济南出版社，1982年版，第37页。

④ 济南市财政局编：《济南市财政局二十、二十一两年度业务报告》，1933年版，第67页。

⑤ 济南市财政局编：《济南市财政局业务报告》，1936年，第76页。

售行有38家，[①]主要分布在普利门外、纬一路、丰利门外、纬七路等地，其中普利门外最多，有9家；注册资金超过7万元的有恒祥、公顺、协昌、增桥、顺德成、西顺兴、宏顺、德华等8家，其中注册资金最多的自行车行达16万元；雇佣人数超过10人的有恒祥、恒隆、蕙记、顺德成等12家，其中雇佣人数最多的恒祥车行有27人。总的来看，注册资金多寡与雇佣人数并不完全成正比，有时候甚至走向两极，如注册资金最多的德华车行，仅雇佣了7人，注册资金最少（0.01万）的顺记车行，雇佣人员却高达8人。车行分布格局呈现不均衡态势，城关之地的普利门外、丰利门外所驻车行，无论是注册资金，还是雇佣人数都比较多，占到了全市的80%以上。自行车修理行94家，[②]主要位于商埠经纬各路和城关之地，仅经二路就有17家；雇佣人数最多7人，与出售行相比就相形见绌了。另外，有些车行不仅出售自行车，还兼营修理业务，如经二路的瑞林车行、经四路的追风车行，采用“一店两营”模式。济南沦陷后，日伪为满足战争需要，对本地工商业大加掠夺，致使工商业萎缩。1938年济南市商会《工商业统计表》中载，自行车业有79家，雇佣工人321人，平均每家经营业户用工4人。[③]这虽与1930年相比有了不小发展，但较之沦陷前下降了近三分之一，况且这一时期自行车业规模普遍较小，车行主要集中在商埠区。1939年，济南市有自行车12 331辆，占全市各种车辆的46.55%。[④]

三、机械化交通工具的初步兴起

民国七至八年间（1918—1919年），济南市原无汽车。1920年，始有要人以自备汽车行驶于济南市面，其时尚无专营商号。[⑤]之后，济南商人陈凤林从上海购进2辆小型外国汽车，改装后从事市内客运，开辟了院前至十二马路线路，总长5.5公里，[⑥]同时取名号为“凤记车行”，开济南汽车客运之

① ［日］里田条次：《济南华人商工名录》，济南日本商工会议所，1940年版，第229—231页。

② ［日］里田条次：《济南华人商工名录》，济南日本商工会议所，1940年版，第252—256页。

③ 秦若轼：《济南旧习俗》，济南：黄河出版社，2002年版，第189页。

④ 伪济南市公署秘书室编：《济南市公署二十八年统计专刊》，1940年版，第93页。

⑤ 周传铭著，济南市图书馆整理：《济南快览》，济南：齐鲁书社，2011年版，第83页。

⑥ 山东省地方史志编纂委员会：《山东省志·城乡建设志》，济南：山东人民出版社，2000年版，第421页。

先河。[①]改装后的汽车结构和形状酷似木匣子，车皮和内壁以及车轮辐条都是木制的。照明装置分为两部分：前面是电池灯，后面是煤油灯。夜间行驶需点亮后灯，以示信号。用来鸣号开路的是一个皮喇叭筒，尾部安有舌簧哨，与皮球连成一体，手按皮球即可发出响声。车速很慢，多辆行驶时往往满街乱响，其营业主要是供观光的游客租用，租金每小时三元现洋。嗣后，济南市又有数家车行经营汽车客运，也是采购进口货车加以改装，把驾驶室后部用木板钉起来，形成车棚样式，两边车壁留有窗口采光，右侧开一门供乘客上下车。车内装有固定长木椅，载客量约30人至40人。这是当时最先进的公共交通工具。[②]“山东黄河河务局局长自筹载货汽车一辆，加以改装安上木板座位和简易车棚，用它开辟了由馆驿街通泺口的公共汽车线路。全程票价每人三角。但由于是私人经营，有利则行，无利便停，为时不久就停驶了。”[③]1924年，前财政厅厅长安茂寅与电灯公司股东庄式如、刘小航等拟招集资本创办济南电车公司，以利交通。其路线测勘分三处：一自省署出普利门至纬十路；二自省署出乾健门绕十王殿及大马路至纬十路；三自镇署出南门经正觉寺街，绕帮办处至纬十路。[④]但最终未获成功。

在市内公共汽车营运发展不畅之时，长短途客运却如火如荼地发展了起来。1922年华洋义赈会因鲁省旱灾，遂以工代赈，修筑禹下、禹东、曹济等汽车路。在无车行驶的窘境下，省会议长集资试办禹东、禹武两长途汽车公司，仅能维持基本运营。随后，曹州镇守使徐鸿宾筹备曹济间长途汽车，但

---

① 对于“风记车行”开办客运的时间，学界有两种不同的观点：绝大多数学者认为是1917年。如济南市志编纂委员会的《济南年鉴1990 》（济南出版社1990年版）、王音的《济南城市近代化历程 》（济南出版社2006年版）、党明德，林吉玲的《济南百年城市发展史：开埠以来的济南》（齐鲁书社2004年版）等。据笔者目力所及，目前仅有刘连仲的《建国前济南市的公共交通》（载《济南文史资料选辑（第5辑）》）认为，“风记车行”开办客运的时间是1919年，并且是据“1917年曾在风记车行当学徒的王秉乾老人口述（1984年已80多岁）”。周传铭所著《济南快览》记载，济南私人汽车最早出现时间是1920年。笔者考证无果，暂采用最后一种说法，即“风记车行”出现于1920年之后。

② 山东省地方史志编纂委员会：《山东省志·城乡建设志》，济南：山东人民出版社，2000年版，第414—415页。

③ 刘连仲：《建国前济南市的公共交通》，《济南文史资料选辑》（第5辑），1984年版，第99页。

④《省垣拟创电车路》，《大公报》（天津版）1924年2月28日，第3版。

因受国奉战争的影响而终止。1926年8月7日商人梁子善等集资10万元，在济南成立大昌汽车公司，以经营长途汽车客运为主，同时开辟济南至泺口、普利门至辛庄两条短途客运线路。[①]但营业不盛，时驶时停。是年，山东省交通厅一度筹办客运汽车站，驻地在经二路纬三路40号，每天有二三辆由货车改装的“客车”行驶于济泺路。由于当时汽油紧张，曾一度改烧木炭。因不得其要领，致使车力不佳，故每次只能载十七八位乘客，全程票价二角，故其开业后不久也停止了。[②]

为此，济南市政府成立之始，就开始实行登记制度，将汽车分为自用汽车、营业汽车、载重汽车、公共汽车、长途汽车及机器脚踏车。随着济南机关渐多，长途汽车营业发展很快，不及两年，不仅汽车行、马车行增至30余家，而且官方人士武职旅长以上，文职厅道以上无不自备汽车。故私营之汽车行、马车行虽多（表3-12），然行业仍不见发达，不少汽车行、马车行或贩卖而兼营，或以专修而兼营，每家多不过七八辆，少则仅一二辆，其营利全靠满足外来之旅客及少数人之急需。但其价目尚能一致。马车价目，六小时以内者，每六小时大洋三元，十二小时以内者，每十二小时六元，不及六小时者另定；车夫酒资在外，若遇喜事用花车时另议。汽车每小时三元，整日十二时约四十元左右，而车夫之饭食酒资亦在此之外。[③]

表3-12　济南著名之汽马车行一览表（1927年）

牌号	所在地	电话号码	附记
大昌公司	大马路	2262	营长途汽车及市行长途车
风记车行	二马路	1484	专营汽车兼事贩卖及修理
华北公司	三马路	973	专营汽车兼事贩卖及修理
同义成号	三马路	1013	营汽、马车行
和利车行	三马路	56	营汽、马车行

① 张华松，王铁军，董建霞：《济南历史大事记》，济南：济南出版社，2010年版，第123页。
② 刘连仲：《建国前济南市的公共交通》，《济南文史资料选辑（第5辑）》，1984年版，第100页。
③ 周传铭著，济南市图书馆整理：《济南快览》，济南：齐鲁书社，2011年版，第83—84页。

续表

牌号	所在地	电话号码	附记
华美车行	三马路	1104	专营汽车及其修理
华洋东行	三马路	234	营汽、马车业
兴华车行	公祥街	1672	专营汽车
中立车行	纬一路	2426	营汽、马车业
亚飞车行	舜井街	2587	专营汽车业
鸿升车行	天地坛	2119	汽、马车兼营

资料来源：周传铭著，济南市图书馆整理：《济南快览》，齐鲁书社，2011年版，第84页。

1929年，张景汉等组织一公共汽车行，专在本市开驶。计城内外共分四大站，由纬十路至纬四路为一站，由纬四路至普利门为一站，由普利门至院前街为一站、由院前街至新东门为一站，筹备就绪，除向建设厅呈请备案外，并派高某赴青岛，将日前购妥之新式汽车五辆运济备用，计划于最短时间即行开驶。[①]不仅如此，客运车行还通过报纸发布讯息，招揽顾客。如翔记汽车行刊登广告："本行开设大马路路南，由美国购到最新轿车式汽车数辆，机器坚固，座位舒畅，特为客乘便利起见，延聘有名技师行驶，极速专跑街面，备有长途车，专跑外埠，价值格外从廉，如有包赁者，请至敝行面议，无任欢迎，电话7078号。"[②]开设在商埠三大马路纬一路西的德发汽车行，同样是通过报纸广告出赁代售汽车零件。[③]1931年3月，济南市汽车业同业公会在纬三路成立，负责人为陈树轩。唯汽车数目，月有变更，新出者须随时登记，损毁者亦时有所闻，从1929年到1932年，汽车数目时有波动，汽车登记之初有自用汽车、营业汽车、载重汽车、军用汽车、机器脚踏车205辆，[④]此

①《本市公共汽车行将开驶》，《山东民国日报》1929年9月1日，第6版。

②《翔记汽车行广告》，《济南日报》1929年7月26日，第2版。

③《德发汽车行广告》，《济南日报》1929年7月26日，第2版。

④ 济南市政府秘书处编：《济南市市政月刊》，第2卷1930年第2期，第119—121页。

时的数量颇多，概因残破或装置不全者，亦登记在册。[①]其后，残破或装置不全者被随时取缔，致使1930年和1931年汽车数量下降到126辆，到1932年，济南市共有汽车166辆。[②]

1931年，山东省主席韩复榘的参谋长兼山东省汽车路局局长刘熙众，自购了一辆载重1.25吨的美国载货汽车，并装上车棚和两排能坐18位乘客的长条椅子以载客。该车除了供其本人使用之外，主要用作短途班车，由泺源门（西门）盘桓登城，沿城墙顶驶至北极阁往返运行，其乘客多是逛大明湖的游客，票价每人一角，但开业不久也停驶了。[③]同年3月，济南市汽车业公会在纬三路成立，第一任会长为陈树轩。根据《工商同业公会法》第十条“有关任期的规定”，1934年5月，汽车业公会进行了改选，全行业人数达198人。[④]是年，济南市有营业汽车47辆、自用汽车75辆，并且规定部分汽车出赁价目：汽车出赁时，第一点钟为一元八角，第二点钟起每点钟为一元四角，不足一点钟者按一点钟计算；凡包用汽车一整天者，为十四元；包半天者，为七元；包月，则一百五十元至二百元不等。[⑤]

不可否认，城市公共交通发展的过程中总是充斥着新旧交通工具之间的竞争和矛盾，其中，公共汽车、电车与人力车争夺客源的矛盾一直是近代中国城市的突出现象，在北京、天津、上海等大都市甚至出现了人力车夫攻击电车公司的事件。济南近代虽未发生过新旧交通工具之间的明显斗争，其实平静之下也是暗流涌动。1934年1月，烟台营业公共汽车社经理田芝呈：“其自有公共汽车六部，向在烟台市内行驶营业，今春因供军事留用30余日，损坏车棚皮带及内部零件等共二三千元，近以烟市萧条，营业一落千丈，拟认准在济市行驶营业，以资弥补损失。”针对这一呈请，济南市政府奉令复称：“本市街道狭隘，平时往来交通，已觉拥塞，诸或不便，如再行驶公共汽

① 济南市财政局编：《济南市财政局十八、十九两年度业务报告》，1931年，第73页。

② 济南市财政局编：《济南市财政局二十、二十一两年度业务报告》，1933年，第64—68页。

③ 刘连仲：《建国前济南市的公共交通》，《济南文史资料选辑（第5辑）》，1984年版，第100—101页。

④ 马德坤：《民国时期济南公会研究》，2012年山东大学博士学位论文，第36页。

⑤ 罗滕霄著，济南市图书馆整理：《济南大观》，济南：齐鲁书社，2011年版，第98—99页。

车，或停或驶，沿站频繁，殊有未宜，且年来各处贫民来此，多藉人力车谋生，倘公共汽车，准在市内营业，尤属有碍贫民生计，本市凤记汽车行经理陈树轩，迭次请求承办，均经驳斥有案。该经理田芝所请各节，事同一体，未便独类。”[①]翌年，郭梅卿又以便利济南交通为由，创办公共汽车，恕请准予备案，以资营业等情，呈请济南市政府核复。同样，济南市政府又以“本市近年市面萧条已极，人力车夫万余人，充斥市内，已感拥挤之患，据调查每人每日所得，仅足糊口，如再行驶公共汽车，相与争利，贫民生计，益觉断绝”[②]等境况予以驳斥。

然而，1935年，韩复榘为方便中、高级职员在进德会礼堂“朝会”和上下班，授意有关方面开设进德会至老东门的公共汽车。每日早晚上下班时有两三部汽车运行，平时只有一两部车往返。因汽车多数燃烧木炭，所以车速慢而票价贵。此线共有五六个站点，每一站收铜元三个大子，一个全程的票价相当于一顿饭钱，所以平时乘客寥寥无几，经营日渐萧条。后来由于社会形势动荡不安，此路汽车就中断了。[③]至此，根据汽车所挂号牌统计，济南市有载重汽车44辆、营业汽车81辆、自用汽车146辆，[④]其中私人车23辆、军队用车10辆。从统计可以发现：一是济南市虽屡次进行车辆登记检验，但仍有车主故违定章，上述数据中自用汽车牌号缺14个，营业汽车牌号缺36个，追溯其中缘由，大概逃避捐税是其动因之一；二是汽车行拥有的主要是营业汽车和载重汽车，自用汽车甚少，仅有大利车行、三轮车行、大东车行有自用汽车各1辆，并且车行业务相对单一，既拥有营业汽车又拥有载重汽车的车行，仅有林华车行、三泰车行、凤记三家；三是车行拥有车辆普遍较少，营业汽车行拥有车辆数最多的是和利、济东、大美，各有4辆，载重汽车行拥有最多的是成记车行，有7辆，即使是跨界经营的凤记车行，也只有营业汽车1辆、载重汽车3辆。1936年，济南市财政局奉令调查本市各种车辆，以车牌号

① 济南市政府秘书处：《济南市政府市政月刊》，1934年第8卷第12期，第37—38页。

② 济南市政府秘书处：《济南市政府市政月刊》，1935年第9卷第12期，第119页。

③ 刘连仲：《建国前济南市的公共交通》，《济南文史资料选辑（第5辑）》，1984年版，第101—102页。

④ 济南市政府秘书处编：《济南市市政月刊》，1935年第9卷第10期，第169—176页。

数量计算，自用汽车共174辆、营业汽车85辆、载重汽车72辆，原牌车辆、转卖或重新领牌的不在此列。[①]1937年7月，全国进入全面抗战，济南的韩复榘消极抗日，8月，济南市汽车公会载重同行业有17家，车辆仅有41部，[②]其中日商车行5家，相比1936年下降了近半数。

随着公共交通工具的发展，汽车行渐次增加。日本侵略者为了实现对沦陷区的长期统治，在加强军事装备的同时，重点着手交通的恢复和建设，在济南设立统管交通的机构——“华北交通株式会社”，分别管辖铁路、公路运输和市内公共交通。此外，还另设“自动车营业所”，具体管理汽车运输，包括市内公共汽车。1938年秋，自动车营业所在经四路小纬五路筹办，主要负责人为松实不二夫，技术顾问为冈野昂，修理技师是大木规礼，营业所下设营业课、庶务课和技术课，有职员、工人200余人，其中管理人员和生产组长大多数是日本人。营业所有50余部日产汽车，开辟了济南市公共汽车行驶路线，负责市内公共汽车营运的只有六七部，其余的车辆分别从事长清、平阴、博平、茌平、禹城等县的联运业务。[③]到1939年底，济南市共有汽车业出售、出赁、修理行12个（表3-13）。[④]从下表中可发现：这些汽车行基本上位于经纬路段，普遍资金少，雇佣人数不多，并且均创办于济南沦陷前，由此可推知日伪公署成立初期，济南汽车业几无发展。

表3-13　汽车业出售、出赁、修理行一览表（1939年）

车行名称	地址	注册资金（万元）	负责人	创办时间	人数	营业品类
仁利德	经三路纬五路	0.15	唐德俊	民国25年	5	修理汽车
和利	经三路小纬六路	2	孙致和	民国25年	9	出售汽车
华林	府东大街	2.8	邢 × ×	民国26年	5	出售汽车
振生	小纬二路	1.5	李盖田	民国26年	7	出售汽车

①《本市各种车辆统计》，《济南日报》1936年7月19日，第4版。

② 济南市汽车业公会：《载重同业行号车辆的吨数一览表》（1937年8月5日），济南市档案馆藏，档号：j076-001-0069-004。

③ 刘连仲：《建国前济南市的公共交通》，《济南文史资料选辑》（第五辑），1984年版，第106页。

④［日］里田条次：《济南华人商工名录》，济南日本商工会议所，1940年版，第244—245页。

续表

车行名称	地址	注册资金（万元）	负责人	创办时间	人数	营业品类
义利	纬一路	1.5	胡信古	民国26年	8	出售汽车
中立	纬一路	1	田立中	民国24年	7	出售汽车
华美	纬八路	1.8	张鹤华	民国25年	7	出售汽车
同义成	纬八路	0.15	王明三	民国23年	16	修理汽车
济东	经五路	1	于敬奄	民国23年	6	出赁汽车
大美	经三路纬一路	1.5	武子方	民国23年	5	出赁汽车
华洋	经三路	2.03	王永发	民国8年	2	出赁汽车
通顺	经一路	1.5	虞育臣	民国26年	2	出赁汽车

注："×"代表无法识别的文字。

资料来源：[日]里田条次：《济南华人商工名录》，济南日本商工会议所，1940年版，第244—245页。

1941年，济南市有公用汽车48辆，自用汽车130辆，营业汽车76辆，载重汽车444辆，共计698辆。[①]1943年的《济南市政公报》记载：当时市内公共汽车线路开始是东起城里院前，穿越普利门，沿经二路至纬十路向南，到经三路调头向东，至纬一路向北回原线到院前，后又改为由经二路一直向西到纬十二路，继而延伸到机车工厂，全程7.5公里，票价有"中国联合准备银行"流通券五分、一角两种；尔后，一度绕行济南火车站，以后又开辟过由原进德会至火车站的路线。公共汽车的畅行给一度冷寂的市面带来了活力，方便了市民、商旅的出行。因此日本侵略者更为重视，便采取了增车加班的措施：日出车一度增至八、九部；出收车时间也由原来以日出出车、日落收车，改为每天早六点出车，晚六点收车，从此市内交通日趋方便。[②]后来，由于日本侵略者已是穷途末路，日伪在济南经营的公共汽车行也随之宣告停止。

① 刘道元：《抗战期间山东省会区》（上），《山东文献》1985年第11卷第2期。

② 刘连仲：《建国前济南市的公共交通》，《济南文史资料选辑》（第五辑），1984年版，第107页。

第四章　开埠后济南城市交通的管理

第一节　城市道路的管理

一、道路卫生

城市道路是城市发展的物质基础要素，而道路管理则是这一基础要素充分发挥效力的保障。立法先行、有法可依则是确立和实现城市道路管理的前提。济南开埠之时，尚无专门的道路卫生管理机构，仅在当局颁行的《济南商埠巡警章程十四条》中涉及道路卫生管理的有关规则，其规定："凡通商埠内所有铺户住家，每日清晨六点钟以前、夜间十一点钟以后，准将收拾之垃圾堆置于各家门前，以便专设收拾垃圾之厂车运弃指定堆弃之处。凡逾此二时，不准有垃圾抛弃路上；埠界内设有大小便厕所，凡街前巷口均不准大小便。"[①]1912年，根据民政部社会管理机构的设置格局，省会城市济南在警察机关中相应地设置了负

① 云南省档案馆，红河学院：《滇越铁路史料汇编》（上），昆明：云南人民出版社，2014年版，第192—195页。

责卫生管理的专职部门，使得城市的卫生管理有所保障。1927年，《特别市组织法》和《市组织法》颁布以后，中央政府成立了独立的卫生部，为贯彻其部署，济南市设立了卫生科，致力于法规建设和环境卫生治理，从此城市中有了独立的卫生管理专职机构，卫生管理从此走向了制度化、正规化和常规化的轨道。[①]市政府时期，当局为求城市道路卫生环境之改善，先后颁行《清洁取缔办法》《整理本市街道办法草案》《济南市取缔粪厂规则》《济南市夏令卫生办法数条》等法规。1938年，日伪公署时期，为禁止在各街巷间任意便溺等不良行为，提高市民对环境卫生的认识，养成良好的卫生习惯，制定了《济南市清洁管理规则》《济南市公署疏浚下水道暂行规则》《济南市管理垃圾箱暂行规则》等，以期改善城市卫生环境。《济南市清洁管理规则》除要求"住铺各户保持清洁外"，还严格规定了"不得倾倒抛弃或排泄污物放于道路河道或雨水沟渠内；不得在脏土待运场及垃圾箱之外倾倒垃圾，并不得在脏水、污池及积水桶之外倾倒或积存脏水；不得在公共厕所或公共尿池之外大便及小便、或尿池内大便；不得将粪溺倾倒或排泄于公共沟渠内；不得将粪便及大宗建筑物废料倾倒于脏土待运场及垃圾箱内；不得损坏公共厕所、尿池、垃圾箱及其他公共场合设备；不得将发生粪臭之物品排泄于户外及住户地域之内"等11条保持户内户外清洁的禁例；并针对违反规则者，实施递进加重处罚，即"初犯由市公署书面告诫，并指示改变方法，暨辩明限期。如因故不能按照指示方法于限期内改革完竣时，除由市公署派人代为执行，仍向负责人实收开支之费用外，并处以五元以下之罚金，或易处以五日以下拘留，累犯者加倍处罚拘留，送由省察署行之"。[②]在卫生立法的护卫下，济南市道路卫生清洁工作从道路洒扫、沟渠疏通、环卫设施改善和清洁卫生运动等方面轰轰烈烈地展开了。

① 张利民：《艰难的起步：中国近代城市行政管理机制研究》，天津：天津社会科学院出版社，2008年版，第241页。

② 伪济南市公署：《济南市清洁管理规则》（1938年），济南市档案馆藏，档号：j076-001-0266-037。

（一）道路洒扫

道路洒扫是城市环境卫生管理的重要组成部分，包括道路保洁、道路洒水等。济南市清洁卫生管理初期，城内外清道队设施简陋，工具落后，管理松弛，收效甚微。特别在连年战争的摧残下，民不聊生，城市环卫事业更无人问津。[①]此后，清扫保洁主要是路面的清扫保洁及道路两边垃圾的清理，并且辅以开展“清洁卫生运动”来推动城市保洁工作取得成效。随着城市建设的发展，济南市逐渐形成了依道路等级而定的清扫规范和标准，道路清扫与道路冲刷相配合，专业清扫与群众保洁相结合，道路卫生工作逐渐形成规范化管理，道路的整洁水平有了明显提高。

1. 街道清洁

道路清扫，古称清道。古代官府重要官员出巡视察，必须先派夫役清除途经道路的路障，扫除有碍观瞻的不洁之物，以显官威，此为清道之由来。[②]1902年秋，济南成立城内外清道队，兼管济南府城内外环卫工作。一部分人员负责清运垃圾，每班一天两趟，负责将市区垃圾运到指定地点倾倒，其中细碎垃圾由菜农拉走作肥料。[③]1903年省城巡警局下令整饬卫生，“街巷狭碍，理宜洁净，所有秽土秽物须至僻静地方；扫街夫粪不得任意倾洒街上；粪车粪筐限于早晨八点钟以前推运出城，以免秽气有害行人，违者责罚”[④]。这一举措使省城的卫生状况得到改善。1904年济南商埠商会实行投标承包制，由私商负责雇人清扫。1908年，总局改为巡警道，下设省城警务公所卫生科，管理清道队。1925年，济南市各商店、单位、居民自备水缸，每月洒水3次。1929年5月，城内和商埠清道队合并成立济南清洁大队，下设5个班，同年7月，济南市政府成立，清洁大队由市公安局（1937年改为山东省会警察局）管理，但清扫范围较小，绝大部分街巷无专人清扫。

随着政府清扫机构的逐步建立和完善，专业部门的清扫成为维系城市

---

① 山东省地方史志编纂委员会：《山东省志·城乡建设志》，山东人民出版社，2000年版，第522页。

② 江苏省地方志编纂委员会编：《江苏省志·城乡建设志》，江苏人民出版社，2008年版，第921页。

③ 山东省地方史志编纂委员会：《山东省志·城乡建设志》，山东人民出版社，2000年版，第530页。

④《巡警告示》，《胶州报》1903年6月9日。

环卫的主力。市政府成立以后，开地筑路成为一项重要工作，各类城市道路陆续开通。为保持道路等公共场域清洁，市政府布告百姓："查本市关于清除道路之设备，业已粗具规模，而各街巷沟渠及住户门前，犹时有任意倾倒垃圾，抛弃不洁物品等情事，殊属不合。须知保持公共清洁为社会健康之要素，本府负有监督之职责，而市民亦应尽协助之义务，必双方职务俱尽，斯有成效可期望，我市民共体此旨，遇有垃圾及不洁物品，悉向垃圾箱内扫纳，在个人只受举手足之劳，而公共清洁赖以保持。"[①]不啻如此，政府规定"每晨由临街商户及清道队加以扫除道路上的泥土"，并制定"济南市油路扫除办法七条"，要求"凡油路每晨加以扫除；扫除时，须按路之方向，分段扫清（如东西只准东向西或由西向东顺扫，不准如洒水夫洒水形式，由路心向左右披扫）；油路两旁人行道亦须同时同样扫除；扫得之尘土须倾入垃圾箱内或垃圾车，不准扫入沟篦内；暑天为防止扫时尘土飞扬，得先以水洒均，而后扫之；暑天本局所撒之沙，系为防止油路融化之用，撒沙后不得将沙扫除；各花岗石板修成之路，务须一律扫除洁净，以免雨天泥泞。惟新修成时，上铺之沙系使其逐渐渗入石缝，以期坚固者，不可扫除。俟日久为土质，即须扫除"。[②]然而，此举之效果并不理想，据工务局呈报："本市油路，除西门月城及西门大街逐日由岗警督饬清道队及沿街商民扫除清洁外，其余各路面堆积浮土颇多，每遇汽车经过，即灰尘飞扬，又不便岗警之指挥。"于是，工务局协同公安局依照公布之扫除油路办法，令所属清道队或由岗警责成沿街商号居民，每晨早起，切实扫除，习以为常，以利交通，而便公众。[③]更为糟糕的是，商埠一大马路，近数月无人管理，污秽已极，马路两旁浮土相连数里。公安、工务两局为切实整理，拟具办法四项：（1）马路上每日由清道队扫除；（2）人行道上每日由商居各户，将各自门前人行道扫除，以为清道队之补助；（3）人行道于扫除时由商居各户酌量洒水；（4）马路上每日

① 济南市政府秘书处：《济南市市政月刊》，1930年第2卷第3期，第104页。

② 济南市政府秘书处：《济南市政府市政月刊》，1935年第9卷第1期，第127—128页。

③ 济南市政府秘书处：《济南市政府市政月刊》，1935年第9卷第1期，第128页。

由工务局的洒水车洒水二三次。[①]不仅如此，工务局还力维街道沟盖石清洁。商埠经纬各路沟盖石上，多堆积秽土，致使漏井被堵，阻塞水流，殊于马路清洁有碍。除令饬工程事务所勤派工队，对于铁篦及漏井时加整理掏挖外，还令饬公安局及各自治区，将室内各路沟盖石上所积秽土，派清道夫一律扫除洁净，并禁止商民向沟篦内倾弃污秽，以及将人行道上秽土扫向马路，以维护公共卫生，而整市容。[②]

毋庸置疑，禁止商民在道路任意倾倒、堆放垃圾，也是维持道路清洁的重要手段。菜场及食物小摊，原为小本经营，是不少民众借以谋生的手段，卫生一端，亟应讲求。然而恰恰相反，菜贩每将菜叶、果皮等残物任意抛弃于街道，且往往将剩余食物倾泼到街上。时届春节之时，菜贩与食物摊贩倍增，对于公共卫生更是不甚注重。当局为此拟定菜场及食物小摊临时清洁办法八条，并派巡岗各警随时清查，[③]然境况不但不见好转，某些菜市反而更为严重。1936年5月8日，济南市自治第六区所辖万字巷菜市，地居商埠中心，有菜蔬、鱼虾、鸡鸭、肉类等贩，然其所产生的一切污水秽物，被任意倾置，导致垃圾满街，污水横溢，以致恶气腾扬，虽有清道队按时清理，无奈积存过多，运输不及，一经查询，各商贩等皆相互推诿，决不承认，实于公共卫生大有妨碍。[④]基于此，市府派财政局职员李盛德及公安局事务员张锦川、张阳春前往处理，并拟定整理商埠万字巷菜市之办法，其规定“凡在该巷之零星菜挑，应另择一适当处所，使其集于一处，禁止任意放置或游动，以免紊乱；万字巷马路暗沟及菜摊棚木架、泄水灰槽等由财政、工务两局计划修筑，并在罩棚内须添修泄水沟；巷内垃圾改用垃圾车随时运除，不准存集，由区坊长饬令商民自办”[⑤]。岁时节令时期，当局要求商居各户更须注意道路清洁，勿使院内门前堆积垃圾秽物，倘有发觉垃圾满地污秽不堪，立即

① 济南市政府秘书处：《济南市政府市政月刊》，1935年第9卷第10期，第69页。

② 济南市政府秘书处：《济南市政府市政月刊》，1936年第10卷第3期，第184页。

③ 济南市政府秘书处：《济南市政府市政月刊》，1935年第9卷第2期，第98—99页。

④ 济南市政府秘书处：《济南市政府市政月刊》，1936年第10卷第6期，第136页。

⑤ 济南市政府秘书处：《济南市政府市政月刊》，1936年第10卷第9期，第148—147页。

责令附近之户，迅速整理。①并且，其时食物营业非常旺盛，残余的东西倍增平日，通令各蔬菜摊、鱼肉铺、饮食馆，以及其他饮食物叫卖小贩，务将残余废物随时扫除，倾倒于垃圾箱，切不可抛弃街上，妨碍清洁。对于卸货所余的残物，卸货人应自行立即扫除，以维清洁。自此布告发出以后，如有妨碍卫生之情事，经巡岗警长指导纠正后，仍不立即自行清除的，定立即罚办，以儆效尤。②

不止如此，工务局工程事务所主任凌光钺报称："各马路铁篦漏井口上所积存之污土，不特为阴雨时所积聚，乃公安局清道队及各自治区清道夫扫街之时，每将所扫之污土积于各漏井口，冀其自行漏于井内，以免拖运之烦。此种办法，最易使漏井暗沟堵塞，水流不通，施工掏挖，难于运除垃圾十倍。且恐此项污土，重为大风吹散，播散路面，遇雨又感泥泞之苦，确于市容及沟道均大非所宜。极应转饬清道队夫对于街上污土，切实扫除，随时运去，勿再扫入铁篦，或堆于铁篦附近以重情节而利沟道。"③自治区公所同样宣称："院西大街、估衣市街等处，并未将街上尘土扫除清洁，仍照旧洒水。以致淋漓满街，行人怨嗟。"于是，市府令商民及扫街夫，自即日起，革除洒水积习，例行扫除方法，务以合用之扫箕，将污垢扫除，运出市外，以期路面光明洁净而耐久。倘商民及扫街夫仍置若罔闻不致力于扫除工作，再照常给油路泼水，定将该洒水夫扭交至公安局，照妨碍交通之例处罚，以示惩儆。④

实际上，各县的冲要通衢尚且整洁，其偏僻街道却大都狼藉不堪，而各县人民非但不知讲求公共卫生，甚至任意倾倒秽物，况值春令，疫菌萌生，若不力除恶习，诚恐为患无穷。⑤为此，市政府对街巷清洁工作极为重视。1935年2月25日，制定各街巷清除办法四项，规定"各商号、住户每日

① 济南市政府秘书处：《济南市政府市政月刊》，1936年第10卷第9期，第218—219页。

② 济南市政府秘书处：《济南市政府市政月刊》，1936年第10卷第3期，第187页。

③《马路暗沟——工务局禁止塞土》，《济南日报》1936年10月15日，第4版。

④ 济南市政府秘书处：《济南市政府市政月刊》，1936年第10卷第11期，第192—193页。

⑤ 济南市政府秘书处：《济南市政府市政月刊》，1935年第9卷第6期，第57—58页。

至少须将自己门首扫除一次；扫除时间为城关、商埠上午八时以前，下午八时以后；乡区上午七时以前；由商号、住户将垃圾倒倾附近垃圾箱内或指定地点堆积，再由各清道队运输市外；如无清道队之区域，即由各该坊间、邻长等劝告各住户自筹清除运输办法，并由该管公安局及区公所随时巡查催办理”[①]。除此之外，政府还对破坏偏街陋巷的卫生行为严加取缔。据调查报告，偏巷商居各户，仍有孩童任意便溺，并倾倒垃圾污水，且将犬食弃置门外，以致街巷污秽，狼藉不堪，臭气四溢。为保民众健康，当局令公安局饬属严行取缔，俾重卫生。[②]

如同上述维护街道清洁的方法一样，规范粪便与垃圾的管理是改善公共环境卫生的重要一环。民国以前，交通运输工具落后，物流、人行等主要依靠畜力驮运。民国以后，畜力运输虽有所下降，但仍是市内运输行业中不可缺少的辅助力量。内陆城市济南的情形也大抵相似。如此，骡马车辆行驶在市内街道不可避免地会带来卫生问题，其中骡马的粪便问题尤为突出。西青龙街及杆石桥街，为通商埠要道，运水骡马车往来如织，牲畜粪便触目皆是，以致道路污秽，扫不胜扫。[③]不止如此，各牛乳坊放牧牛只，经过街道时，往往沿途排粪，污秽难堪。虽沿途人民有代扫除者，然为厉行清洁起见，嗣后，政府规定各畜主人必备置柳筐等物随身携带，随时扫除，以维街道清洁，并督饬巡岗各警随时严加处罚。[④]相比较牲畜粪便影响公共卫生而言，公安局各分局对粪夫运粪过程有碍公共卫生的情况更是严加管控。如规定的运粪时间因季节交替而不同：夏季，市内外粪夫，应在每早六时以前，用车挑运粪便，通行街市；[⑤]秋季，早晨运粪时间应在七点以前，严厉禁止逾时运粪。[⑥]但这些规定在实际执行过程中却遭遇了种种困难。1936年2月，厕包商刘全忠呈称：“自承包商埠民厕以来，即行依照所规定之四季运输金汁

① 济南市政府秘书处：《济南市政府市政月刊》，1935年第9卷第3期，第130—131页。
② 济南市政府秘书处：《济南市政府市政月刊》，1935年第9卷第10期，第143页。
③ 济南市政府秘书处：《济南市政府市政月刊》，1935年第9卷第6期，第158页。
④ 济南市政府秘书处：《济南市政府市政月刊》，1936年第10卷第9期，第220页。
⑤ 济南市政府秘书处：《济南市政府市政月刊》，1935年第9卷第11期，第207页。
⑥ 济南市政府秘书处：《济南市政府市政月刊》，1936年第10卷第1期，第251页。

时间表运输，毫未逾时，月前公安局突然变更并规定每日上午七时前为运输时间，各工友虽感十份困难，亦得遵办。至下午运输时间，因公安局并未明定，故仍按所规定之时间表办理，冬季依照该表之规定每日过午运输时间为下午四点以后，而岗警至五时尚不准行。”其时，“金汁业运输金汁时间表下午运输时间，二月份为五点钟以后”，是仍按照原规定时间表执行的。[①]迭经布告周知后，1936年7月，巡岗各警查复，运输金汁者乃有不遵守规定时间，在上午有过时运输者，或下午提前运输者。[②]正如参议穆成纲呈报：“白昼炎日之下，不时有粪车径行于街衢马路之间，虽公安局规定破晓为检粪时间，惟日久玩生，居多不守，以致臭气熏蒸，蚊蚋多殖，殊与卫生大有妨碍。”[③]更为严重的是，南圩门外粪厂金汁夫公然强占公路蓄粪、晒粪，“早在‘五三惨案’官府政令不行之际，该路以西之粪厂即侵至大路附近，其时尚未敢在路上晒粪，因其无人过问，逐渐占据大路，掘池蓄污，公然竟在路心晒粪，来往行人稍有躲路不慎，而踏其粪者，该金汁夫口出恶言，肆行蛮横，骡马、行人坠其粪坑污遍全身者，时常有之。伊等扫粪倒粪溅起星点污人衣履之事日日有之，行人皆敢怒而不敢言。为此，公安、工务两局曾接令驱逐离开大路。讵料，该厂夫日久玩生，藐视公令，今又将该处大路占据，蓄粪、晒粪竟在路心，来往行人皆掩鼻而过”[④]。基于上述情形，当局按照规定时间，执行取缔，以重卫生；遇有不遵者，即扭局罚办。

此外，当局还开展灾后街道环境卫生整治。1942年夏，济南市山洪暴发，冲倒民居，化为淤泥，堆积于各街巷，若不迅速清除，不但妨害交通，抑且秽气熏蒸，易致疫疠。为此，济南市公署努力从事各冲要街道除泥工作。对于较偏僻之所，如东关之山水沟、孟家巷、仁智街及文垣街等处，南关之山水沟、正觉寺街及朝山街等处，西关之西顺河街、凤麟街、清泉街、利民前街及利民后街等处，商埠之北大槐树等处的淤泥积存，亟应由沿街业

① 济南市政府秘书处：《济南市政府市政月刊》，1936年第10卷第3期，第185页。
② 济南市政府秘书处：《济南市政府市政月刊》，1936年第10卷第9期，第228页。
③ 济南市政府秘书处：《济南市政府市政月刊》，1936年第10卷第11期，第217页。
④ 济南市政府秘书处：《济南市政府市政月刊》，1935年第9卷第5期，第117页。

主住户协力清除。[①]

2. 街道洒水

街道冲洒同样是保持清洁的重要手段。为保持道路环境卫生，济南很早就有向路面洒水灭尘的做法。1925年，济南市总商会就通知各商号店铺实行自备水缸，每日3次按时洒水的制度。1929年，济南市工务局维修了不敷使用的旧洒水车，又改装了两辆汽车，配制了司机楼和盛水的车箱，开始对市区主要街道进行洒水防尘。[②]时有马路39华里，原有养路工具仅洒水汽车一辆、双套洒水马车二辆、单套洒水马车一辆。官井设有水箱，足资引用之官井仅四处，除普利门外设有电汽抽水机外，余均用人力轧压。水箱既少，龙口又窄，汽车侯水，马车往来，均费时间，而水车数量太少，所需水量亦不多，每日工作，不能洒全路十分之三，马路不足资养。工务局据此理由，拟请添置洒水汽车两辆，增设电汽抽水机两处，以期待设备稍全，增加效率，并将其将来工作之效率与过去工作之力量进行比较：（1）洒水汽车。原仅一具，如加添二具，共合三具，编定号数，分头工作。以井为中心，每日由工兵开往各井，分段负责洒水，计每日上午自六时起，至十二时止，工作六小时；下午自二时起，至七时止，工作五小时，每车可工作十一小时。每时往来装水，约二次以上。每日可往复装水22次以上，再加以马车之补助，则经纬各路，自无干燥飞尘之患矣。（2）电汽抽水机。本市官井，有水箱者共四处：普利门外电汽抽水井，经一路纬一路口官井，经一路纬三路工程事务所门口官井，经一路纬七路之官井。[③]市府第十一次市政会议议决："购买洒水车和垃圾车由市府购买，但洒水车车箱由工务局工厂自制，以资节省，自应从速计划，以重路政"。[④]1930年，全市清道夫役160人，每日收集垃圾20余车，每车重约300斤，共重约六七千斤，除去由农人搬运走作种菜肥料之小部分外，

① 伪济南市公署秘书处：《济南市政公报》，1942年第2卷第10期，第38—39页。

② 山东省地方史志编纂委员会：《山东省志·城乡建设志》，山东人民出版社，2000年版，第529页。

③《工务局本周业务报告》，《山东民国日报》1929年9月30日，第7版。

④ 济南市政府秘书处：《济南市市政月刊》，1929年第1卷第3期，第171页。

其余均倾倒于垃圾场。[①]

1932年，工务局以“添购洒水汽车，不日运到实行工作，而原有机器水井，供给旧有洒水汽车，当属竭蹶。若再增加需要，更系供不应求。苟非赶急开凿新水井，则虽添购洒水汽车，而实际不能充分喷洒，与无车等。兹拟在麟祥门外桥北围濠内，开凿人工井一处，装设水塔及抽水机，以便取水洒路。经除奉市长准予先行开工，遵于九月二十九日招工开掘，并呈报市府备案[②]”。不久，奉准向公懋洋行订购的道济牌洒水汽车3辆（计二吨半者1辆、二吨者2辆），先后运交到局，当即实行工作。[③]至1936年，洒水车洒水长度为31 599米，洒水平均宽度为5.36米，洒水面积为169 433平方米，洒水范围东西从纬一路至纬十路，南北从经一路到经七路，计经纬路20条，外加林祥南街、魏家庄街和斜马路。每辆车每日上街洒水六次，冬季结冰期除外。[④]

济南市公署成立初期，济市卫生行政机构职掌分歧，一方面省会警察署设置清扫队负责街道清扫工作，另一方面又由区长联合会组织卫生事务所派人清扫。在此情形之下，市公署先后将区长联合会、清扫队一律划归辖下，并拟以余款购置洒水汽车及马车等项，力谋强化清洁机构，并使事权划一，增加功效。[⑤]1939年，日伪市公署建设局社会科管理清洁大队，用汽车1辆、骡车5辆逐日在各路洒水，每日洒水1—2次，洒水长度33 931公尺，洒水宽度平均5.29公尺，洒水面积179 707平方公尺。[⑥]虽然道路洒水次数明显减少，洒水宽度缩小，但洒扫范围在原来的基础上，扩大到普利街、估衣市街、西门至府东大街一带。1943年底，当局设清洁事务所，设主任1人和检查、业务两科，编制64人，下设295人清道队。1944年12月，清洁事务所被撤销，清道队

① 济南市政府秘书处：《济南市市政月刊》，1930年第3卷第1期，第103页。

②《麟祥门外围濠内开凿水井》，济南市政府编辑室：《济南市政周刊》，《山东民国日报》，1932年10月8日。

③《购运洒水汽车到局》，济南市政府编辑室：《济南市政周刊》，《山东民国日报》，1932年12月10日。

④ 济南市政府秘书处：《济南市市政统计》，1936年版，第174页。

⑤ 伪济南市公署秘书处：《济南市政公报》，1940年第1卷第2期，第45页。

⑥ 伪济南市公署秘书室编：《济南市公署二十八年统计专刊》，1940年版，第66页。

改由社会局清洁科管理。1941年10月，每日除定时用汽车洒水外，伪市公署还严令沿街商民、住户每日早晚在自己门前洒水1次，以免尘土飞扬，不利市容卫生。[①]

（二）沟渠疏通

城市沟渠清洁，不仅是市容美好形象的展示，更是增强城市抗洪排洪能力的主要载体。沟渠排泄污水雨水，对于公共卫生及市内交通关系甚巨。各个时期的济南市当局都极为重视下水道的管理工作。市政府时期，西南乡区小纬二路南首山水沟平素无水，车马通行虽与大道无异，然一遇大雨或山洪暴发之际，立时变为河流，水势甚猛，辄成巨灾。不料，在此沟与小纬路相交之点，竟有人随意倾倒污秽，致其位置甚至高于平地，将来如遇山洪暴发，水流至此被阻，势必侧决横溢冲毁房舍，造成严重的生命财产损失。对此，市民李寿山、李冠旭、孟雨亭、吴春元呈请公安局及该管自治区，从严制止清道夫及居民向该处倾倒垃圾秽土的行为，以利宣泄，而免水患。[②]济南市公署成立之初，就疏浚淤塞沟渠13 700余尺（表4-1）[③]；并于1941年制定《济南市公署管理道路暂行规则》。1942年，为有效保持沟渠之宣泄通畅，当局又对《济南市公署管理道路暂行规则》进行修订，对其第三条“如因牲畜及车辆之经过，而损及沟渠或其附属物者，须负赔偿之责”进行补充；并增加第七条“凡载重车辆通过桥梁时，须注意桥两端之荷重标识，载重超过时，须绕道通行，如有困难，须呈请本署指示办理。倘因重量超过而损及桥梁者，须负修复之责，或照缴修复费”和第二十四条“凡欲接通公沟者，须照本署之规定，于院内先修沉淀池，再行申请接通（如公沟系管沟，须接入漏井内，或于接入处添修漏井，其养用由申请人负担）”；更为防止延期缴费，增加第三十三条“凡缴费者，逾越本署规定之限期时，应照本署滞纳规定办理”，“罚则”部分新增第三十四条“凡于道路或公沟倾倒污水、污物

① 济南市史志编纂委员会编，张福山主编：《济南市志》第2册，北京：中华书局，1997年版，第257页。

② 济南市政府秘书处：《济南市政府市政月刊》，1934年第8卷第8期，第53—54页。

③ 伪济南市公署秘书室编：《济南市公署二十七年工作报告》，1939年版，第212页。

者，除勒令清除或疏浚外，并得酌处罚金”。[①]围濠对排泄山水、雨水的重要性，一般市民多不明了，许多市民时向壕内倾倒垃圾，以致日久塞满，宣泄不通。1942年夏，山洪暴发，围濠因堵塞难以发挥作用，导致洪水泛滥成灾。为此，济南市公署耗以数万元之巨款，始疏浚完竣；嗣后，颁布严令，严禁向围濠内倾倒垃圾。[②]然而，有个别工厂置若罔闻，每日排出黑色污水及污质，其中沉淀物甚多，以致臭气熏蒸，濠底淤垫甚速，有酿成水灾之危险。市公署着令该工厂于一个月内，作一适当规模之沉淀池，让污水经沉淀过滤后，方得排入围濠，对于围濠中淤积污泥，须在五日内清除完竣，以重公共卫生而使其宣泄通畅。[③]更有甚者，在围濠沿岸修筑房屋，如清泉街、利民前街、利民后街一带，不少居民沿西围濠修筑房屋，阻塞水流，之前当局屡次禁止建筑房屋，以防日久玩生，然数年以来，私自搭盖者众多，以致围濠附近之建筑鳞次栉比，不能宣泄水流，此次山洪暴发，冲倒者颇多，惩前毖后，自应禁止建筑，以利泄水，免蹈覆辙。[④]

表4-1　济南市建设局整理沟渠统计表（1939年）

工程名称	施工概况	长度	工费		开工日期	竣工日期	备考
麟祥南街暗沟	挑挖阴沟淤泥，补换沟盖石	1 300	479		7月19日	7月29日	
鹊华桥西街暗沟	挑挖暗沟	320			7月24日	7月28日	
经六路盖沟	挑挖阴沟淤泥，补换沟盖石	900			7月30日	8月11日	东段
纬十路暗沟	掏挖漏井，疏通管沟	1 000	197	78	8月5日	8月30日	
东西钟楼寺街暗沟	挑挖暗沟	150			8月6日	8月6日	

① 伪济南市建设局:《修改管理道路暂行规则的提议（附规则）》（1942），济南市档案馆藏，档号：j076-001-0313-049。

② 伪济南市公署秘书处:《济南市政公报》，1942年第2卷第12期，第24—25页。

③ 伪济南市公署秘书处:《济南市政公报》，1942年第3卷第1期，第24页。

④ 伪济南市公署秘书处:《济南市政公报》，1942年第2卷第10期，第39页。

续表

工程名称	施工概况	长度	工费		开工日期	竣工日期	备考
经五路盖沟	挑挖阴沟淤泥，补换沟盖石	1 200	1 165		8月12日	8月21日	三里庄东
经二路盖沟	挑挖阴沟淤泥，补换沟盖石	6 000	795	25	9月3日	11月1日	
纬十一路暗沟	疏浚整理	400			9月15日	9月28日	
经一路暗沟	掏挖阴沟	250			11月1日	11月3日	纬九路
纬一路暗沟	挑挖阴沟	1 500			11月3日	11月22日	
纬三路	挑挖阴沟	450			11月13日	11月15日	经四路南
纬二路水沟	挑挖阴沟淤泥，补换沟盖石	150	396	3	11月23日	11月25日	经四路南
普利街暗沟	挑挖暗沟，换沟盖石	110			11月29日	12月13日	路南一边
共计		13 730	3 030	36	整理沟道大半用工队施工，故多有未列工费者；此项工费大部系支出沟盖石等材料费用		

资料来源：（伪）济南市公署秘书室编：《济南市公署二十七年工作报告》，1939年版，第212页。

马路公沟同样是排泄雨水、污水之通道，与公共卫生大有关系。为避免公沟淤塞起见，市公署规定："凡商民院内污水，欲排入公沟者，须先修沉淀井，经过沉淀后，再流入公沟；公沟之漏井盖或铁篦子不准掀起或损坏。"①南关山水沟管理同样如此，严禁向沟内倾倒垃圾或扫入尘土，并于每年二、六、十各月由各保长督同两旁住户，彻底清除沟内污物，保持固有形状，以便宣泄；如再有不遵守者，从严惩办。②鉴于此，1943年3月22日，济南市当局通过《济南市公署疏浚下水道暂行规则》，其第二条规定疏浚之最小时距，即"各类管沟之漏井每半年疏浚一次；石碴路及土路旁之石板暗沟每半年疏

① 伪济南市公署秘书处：《济南市政公报》，1942年第2卷第12期，第25页。

② 伪济南市公署秘书处：《济南市政公报》，1942年第3卷第1期，第24页。

浚一次；沥青路及石板路旁之石板暗沟每一年疏浚一次；各种路旁之明沟每半年疏浚一次；各类总沟（净宽净深各在八十公分以上者）每一年疏浚一次”；第三条至第五条规定疏浚频次，即“商民通入公沟之沉滤池，应视沉淀情形至少每三个月疏浚一次，并由区坊保长负责随时督促检查；本市围濠及南关山水沟，每年由区坊保长督同沿岸工商业及居民清除三次，于每年二、六、十各月举行，并由本署派员监督指导之；本署对于下水道之淤塞及疏浚情形，每年派员普遍检查二次，于四、十两月举行之”；第六条至第九条规定处罚、考评标准，即“商民违反本规则第三、四各条之规定者，处以五元以上二十元以下之罚金；凡向公沟或漏井以及围濠、山水沟等处倾弃垃圾秽物者，处以十元以上二百元以下之罚金；凡以秽水直接通入公沟者，处以十元以上百元以下之罚金，并令其补修适当之沉滤池；本署得随时考察区坊保长督率商民疏浚沉滤池之成绩，以为考绩标准之一”。[①]鉴于围濠及南关万仞坑、山水沟与东关山水沟等处为宣泄山洪要道，市公署严禁向以上围濠及沟坑内，或其两岸附近倾弃垃圾、废土、破碎砖石等物。[②]

总的来看，关于下水道一项，因经费巨大，迄未筹设，所有街道雨水、污水之排泄，多由坡度不等之阴沟暂为宣泄，以致街道之低洼者，往往泥泞不堪，且积水过久，每发腐败臭气。市公署权宜救急之计，拟就各分局勤务区人口多寡，筹设污水车，以便巡回挨户收集污水，倾倒于公共污水池，藉以维持繁盛区域清洁。[③]

（三）环卫设施改善

城市环卫设施是城市的“排泄”器官，关系到城市的环境质量和面貌。街道垃圾箱是城市排泄的主要通道之一，济南市向来注重对其的筹设，然所设垃圾箱，多有贫民捡拾零物而掀动，以致遍地垃圾，有碍卫生。对此，1935年市政府准备取消垃圾箱，由各户自制垃圾筐，置于自己院内，每日垃圾车到时，即行送出倾倒车内，由垃圾车统一运出市外。其具体程序为：1. 由

① 伪济南市公署秘书处：《济南市政公报》，1943年第3卷第6期，第4—5页。

② 伪济南市公署秘书处：《济南市政公报》，1943年第3卷第10期，第28页。

③ 山东省会警察局编：《山东省会警察概况》，1937年，第487页。

商民住户自备垃圾筐放置院内，届时再倾倒入土车内并运至指定地点；2. 由区长召集各坊长劝告本坊内居民备置土车，其辆数自行酌定，总以敷用为宜；3. 土车开办暨经常等费，概由商民分别摊派；4. 商民自治土车与公安局清道队及第五、六、七各区原有之垃圾车，须划清扫除区域，以专责成；5. 各区应指定市外垃圾点数处，以便商民之土车将垃圾运送至市外；6. 土车经临各费由商民分别担任，不得以所住街巷已有公安局清道队扫除为由，拒不缴纳；7. 各区组织卫生委员会专受该区收支款项及调查卫生事项，并将收支各项报由区公所，每月公布周知；8. 由公安局制定严禁任意在街内倾倒秽物之办法；9. 商民置备土车后，即将各街巷原有垃圾箱拆除。[①]1935年12月，济南市有垃圾箱1 055个，垃圾车67辆，清道队队员184人（表4-2）。因各区地理位置和住户多寡各异，致使环卫基础设施分布极不均衡，垃圾箱主要集中在商埠区和旧城区，城外区和西南乡区较少，东北乡区则尚未设置。至于垃圾车的分布，两极化现象更为明显，市内一区和商埠二区各拥有30余辆，其他区则无垃圾车。

表4-2　济南市环卫设施及清道队人员统计表（1935年）

设备	内一区	内二区	内三区	内四区	外一区	外二区	东北乡区	西南乡区	商一区	商二区	商三区	商四区	总计
垃圾箱	112	50	106	167	31	45		18	102	102	104	118	1 055
垃圾车	37									30			67

资料来源：济南市政府秘书处：《济南市政府市政月刊》，1936年第10卷第2期，第217页。

次年，各街巷的垃圾箱数量颇多，对于完全破坏或缺损者亦不加以修理，以致垃圾外散，妨碍清洁，故当局欲取消垃圾箱设置。然当此巡回垃圾车筹设未竣之际，予以取消，恐有商民不便，故其设立者，能自行修理的，应即督饬速修，如借故延宕，不加整理者，则勒令拆除，以重卫生，而壮观

① 济南市政府秘书处：《济南市政府市政月刊》，1935年第9卷第7期，第110—111页。

瞻。[①]但是，布政司小街西段因无垃圾箱设备，所有该街铺户任意向才盛胡同平地内倾倒污秽，市民请求在布政司小街西段及西才盛胡同设置垃圾箱。[②]街巷所设垃圾箱，原为便利人民倾倒垃圾之用，然此项设置不但妨碍交通，且有碍观瞻，到济南市公署时期，开始筹设加添清道运输夫，增置垃圾车，用摇铃倒土办法，挨户收集垃圾，输送于垃圾场所，将原设垃圾箱一律拆除。[③]1944年5月，济南市公署颁布管理垃圾箱暂行规则。[④]

济南市公署管理垃圾箱暂行规则

1944年5月呈奉山东省政府33政警卫字第561号指令核准

第一条　凡本市市民倾倒垃圾，应依照本规则办理之

第二条　凡市民倾倒垃圾应向垃圾箱内倾倒，不得任意抛弃，妨碍卫生

第三条　凡市民应以每日上午九时以前、下午五时以后为倾倒垃圾时间

第四条　凡建筑房屋余土及零星砖石、瓦砾等物，应由房主竣工后三日内自运郊外指定地点，不得向垃圾箱内倾倒

第五条　垃圾箱内除倾倒尘屑、果皮核，住户零星煤灰、煤渣及其他垃圾外，凡大量灰土等物自行运往指定地点，不得倾入垃圾箱内

第六条　凡本市各饮食店及菜市所出之一切煤渣、秽垢或腐败鱼虾等物，均应自行运至郊外指定地点，不得向箱内倾倒

第七条　凡本市各工厂所出之煤渣均应自行运至郊外指定地点，不得向箱内倾倒

第八条　凡市民之便溺及污水等物，不得向箱内倾倒

第九条　凡市民不准使幼稚儿童在箱内或附近便溺以重清洁

第十条　凡市民对于垃圾箱均应加以保护，不准任意损坏挪移，但

① 济南市政府秘书处：《济南市政府市政月刊》，1936年第10卷第1期，第250页。

② 济南市政府秘书处：《济南市政府市政月刊》，1936年第10卷第5期，第210页。

③ 山东省会警察局编：《山东省会警察概况》，1937年，第487页。

④ 伪济南市公署秘书处：《济南市政公报》，1944年第4卷第8—9期，第1—2页。

遇有必要挪移时，得呈请本府办理之

第十一条　凡捡拾破烂及煤屑者，不得将箱内垃圾任意翻出箱外，窒碍卫生

第十二条　凡市民应服从本府卫生检查员及卫生队官组长之一切指导

第十三条　如有违犯本规则者，应按照情形酌量处以十元以上五十元以下罚款，再犯者加倍处罚或酌予拘役

第十四条　本规则如有未尽事宜，得随时呈请修正之

第十五条　本规则自呈准公布之日施行

除此之外，警政也肩负着管理市容卫生重要职责。自警务局成立，就负有整理市容及卫生责任，凡道路清洁、沟渠管理、摊贩菜市监理等都是其职责。1902年，山东巡抚衙门在济南设省城巡警总局，兼管济南城内外环卫工作。1903年5月，教养局拨给巡警总局除秽夫64名，清扫省城道路。1908年，巡警总局改为巡警道，下设省城警务公所卫生科，管理清道队。1929年5月，城内和商埠清道队合并成立济南清洁大队，下设5个班；7月，济南市政府成立，清洁大队由市公安局管理。[①]1930年济南市公安局制定《清洁取缔办法》，对任意倾倒垃圾、折毁各垃圾箱、街巷幼童在路旁任意便溺等恶劣习惯进行严厉查禁，除令各分局饬警严禁，派出公安局人员随时稽查外，合亟布告民众一体周知，切实奉行。为切实维护城市环境，公安局还相继出台《整理本市街道办法草案》（1930年）、《济南市取缔粪厂规则》（1932年）、《济南市夏令卫生办法数条》（1934年）等。1936年，鉴于商埠地界的不断扩充，房屋渐增，人口日众，原有商埠清道队不敷分配，特增加队目2名，队夫28名，添置人力垃圾车10辆，骡马车4辆。[②]1937年，日伪市公署建设局社会科管理清洁大队。济南城内外清道队114人、商埠清道队103人。[③]清道队上午污秽扫除时间为4点至10点，下午扫除时间为1点至6点，每星期工作日上午

① 济南市史志编纂委员会编：《济南市志》（第二册），北京：中华书局，1997年版，第263—264页。

② 济南市政府秘书处编：《山东省政府工作报告》，1936年版，第120页。

③ 山东省会警察局编：《山东省会警察概况》，1937年，第9页。

有一个小时的操法（立正姿势、陆军礼节、原地转法、各种步法、合操）训练，下午有半小时的唱歌（早起歌、戒嫖赌烟酒歌）时段；每逢周末上午要刷洗车辆、检查车辆，下午有半小时唱歌时段；遇有阴雨天气，不能工作改为学课。[①]城内外清道队和商埠清道队工作时间完全一致，但工作日唱歌次序略有区别，尤其是周末歌唱内容各有侧重，城内外清道队注重选择摒弃恶习歌曲和激励歌曲（戒嫖赌烟酒歌、精神歌），而商埠清道队则延续平时的早起歌。1943年底设清洁事务所，设主任1人，检查、业务两科，编制64人，下设295人的清道队。1944年12月，事务所撤销，清道队改由社会局清洁科管理。[②]

上述维护街道清洁的垃圾清扫，仅是清道工作的一部分，而垃圾消纳则是清道工作的另外一个重要方面。垃圾运除初由清道夫役收集后或运往城根及偏街僻巷作露天堆积或直接用以平垫市区坑洼，运除数量无从稽考。一般市民所产垃圾，则被官方置于“运除”范围之外。市民无力将垃圾远运，即将尘芥、瓦屑投入附近坑洼、河道或直接倾弃于当街。济南市垃圾场所均系暂时指定，场地狭小，日积月累已有不能容纳之势。对此，济南市政府突破原有的“暂时”模式，开始在市郊选取固定场所。“当此商埠、城关附近，商业繁荣，人口增多，垃圾产量几倍往年，所有空旷洼地，多已建筑房舍，其堪倾倒垃圾之处，概为地主拒绝，若不另行设法，将何以维清洁而保卫生，查垃圾场所原以固定为妥，拟请钧府指定公地，以资办理，倘实无相当公地，万不获已，似不如购买私地，以为一劳永逸之计，兹查南圩门外屠宰场以西，有地七亩有余，每亩地价约须210元，共计须1 400余元，均之作为垃圾场所最为适宜，值此厉行新运时期，整理清洁，实不能敷衍。查现在水灾奇重，库款支绌，所请购地暂从缓议，已令工务局寻觅洼下地方，以便容置矣，仰即知照此令。”[③]济南市公署成立后，再次对垃圾消纳场所进行整理，“垃圾场均系临时指定，每日垃圾产量有数十万斤之多，临时垃圾场实难容

① 山东省会警察局编：《山东省会警察概况》，1937年第363—367页。

② 济南市史志编纂委员会编：《济南市志》（第二册），北京：中华书局，1997年版，第264页。

③ 济南市政府秘书处编：《济南市政府市政月刊》，1935年第9卷第9期，第90—91页。

纳之况，拟在乡区或市外选购洼地三四处，各设焚秽炉，以为倾倒及焚毁垃圾之用”[①]。1944年，济南市公署确定市区内倾倒垃圾指定地点12处，城外东区有南圩门外以西龙王庙附近；城内东区有南北历山街以北秽坑；城外西区有迎仙桥圩门外刘家庄铁路北、新市区德胜南街西口霸王堐大坑；城内西区有南北历山街以北秽坑；商埠东区有小纬北路以北铁路北韩家窑、新市区德胜南街西口霸王堐大坑；商埠中区有新市区德胜南街西口霸王堐大坑、经七路纬七路南义和东窑厂；商埠西区有经二路西铁路大厂前大坑、经七路纬七路南义和东窑厂、纬十二路新公路天桥北铁路根。[②]

（四）清洁卫生运动

1930年，山东省政府转发国民政府内政部制定的《污物扫除条例》，指令济南市政府开展春季清洁运动和秋季卫生运动，扫除污物，整洁市容。当年秋季，济南市举办首次全市统一行动的污物大扫除运动，各机关、学校、店铺等，人人动手清除垃圾，运往市郊，改善了市容。[③]为促进市民讲求卫生，保持清洁运动的成果，工务局在街道设置垃圾箱为倾倒污秽之地，但民众日久顽生，积习难改，多不遵照，仍复任意倾倒，以致垃圾箱外污秽不堪，甚则折毁垃圾箱，且各街巷幼童有在门前路旁任意便溺，殊于公共卫生大有妨害。基于此，1930年10月4日，规定关于清洁取缔办法六条："每日上午五时至九时，下午一时至四时为倾倒时间，并不得任意倾倒垃圾箱外；秽水应倾倒暗沟内，不得倒入垃圾箱中；垃圾箱内不得倾倒便溺；不准折毁垃圾箱；城壕及圩子壕内禁止倾倒垃圾、便溺等；幼童在门前道旁便溺者，查出罚其家长"。除令各分局饬警严禁，并由本局派员稽查外，合亟布告民众一体周知，切实奉行，倘在阳奉阴违，一经查出，定即从严罚办，绝不宽贷。[④]1931年5月20日，市政府在民众体育场召开动员大会，号召全市开展春季清洁卫生运动，到会者5 000余人。会后与会人员即沿街进行卫生扫除。1933年3月，市

① 山东省会警察局编：《山东省会警察概况》，1937年，第487—488页。

② 伪济南市公署秘书处：《济南市政公报》，1944年第4卷第8—9期，第2页。

③ 济南市史志编纂委员会编，张福山主编：《济南市志 第2册》，中华书局，第260页。

④ 济南市政府秘书处：《济南市政府市政月刊》，1930年第3卷第2期，第112页。

公安局进行春季卫生大检查，对大街小巷清扫状况评定分数并进行奖惩。

1934年，国民政府开始推行“新生活运动”，而清洁检查更是与“新生活运动”的精神纲要不谋而合，为此市政府尤其重视。4月16日，市政府举行春季清洁检查，委派市政府参事傅葆初、卫生股主任张永镇及全股职员、省会公安局卫生科长黄庆禄及全科医员，教育局王祖纶、工务局王重、财政局李玉如，以及各自治区区长负责检查，并颁布训令：“查本市迭次举行清洁检查，对于公共卫生，获益甚大，兹届春令，亟及应及时举行，仍按去年秋季检查成案，定于四月十六日开始举行，凡系各街巷娱乐场所之清洁，及市属各机关学校商号住户暨各公务员、学生、警士、勤务之个人卫生，均在检查之列，评定分数，予以奖惩，并派本市参事傅葆初，率同卫生股、公安局卫生科全体人员、各自治区区长及公务教育财政三局，各派员为检查员，按照各自治所辖区域检查，至某区时应由该管区长坊长，及该管道队队长，暨公安分局，或分驻所，巡官巡长等。随时检查，除分令并布告外，合行令仰遵照，并饬属一体知照。”①又以夏季将届，省会公安局，素对本市公共卫生极为注意，为求街道清洁，特由工务局卫生科派员每日赴各街巷等处视察，以便督饬勤加扫除，以重卫生，而免有碍观瞻云。②随着夏季的来临，济南市颁布夏令卫生办法七条，以期维护公共卫生。

一、捕杀蚊蝇由公安局转饬所属并晓谕民众，由教育局转饬所属各学校学生，由各区公所转饬所属各该坊闾邻长，并劝令商民住户等上下一体均各努力办理。

二、市内储存垃圾太多，由公安局速饬清道队勤加扫除，运出市外。

三、商埠各街道、路基干燥，尘土飞扬，殊于市民卫生有碍，由工务局即饬各洒水车每日遍洒全埠各街，不可限于一隅虚应故事，并须展长时间，勤加巡洒。

四、饭馆、茶肆、饮食摊贩尤应注意卫生，所售饮食物品必须新鲜无腐，置备纱罩，由公安局及各该区公所派员逐户晓谕，并由本府派员

①《本市本月十六日举行清洁检查》，《山东民国日报》1934年4月2日，第5版。

②《清洁检查业已完竣》，《山东民国日报》1934年4月30日，第5版。

随时查察。

五、旅馆、店栈、澡堂及公共娱乐场所，对于卫生事项更应切实注意，由公安局随时派员查察。

六、本市各街巷经清洁检查后，仍有污秽者，由公安局转饬所属，由各区公所转饬各该坊闾邻长等，仍须住户晓谕，务要保持永久之清洁，不得只为检查虚应故事。

七、官私各厕甚形污秽，臭气远播，有碍卫生，由财政、公安两局会商整理办法具报。①

11月2日，继续举行秋季清洁检查，由市政府参事傅葆初、卫生股主任张永镇，会同所属各局人员，分组赴市各学校及娱乐场所等处，切实检查清洁工作。除饬卫生人员检查全市清洁，并组织纠察队执行纠察职务外，市长闻承烈还率同工务局局长张鸿文、市府卫生股主任张永镇、工务股主任赵谧之、技术专员宋汝舟、公安局科长张凤岐等，赴各街巷实地检查，查有不清洁及妨碍交通之处有：（1）六大马路纬二路路面及人行道上堆积乱石；（2）全市各路人行道之坡度太陡；（3）斜马路人行道上堆积建筑房屋之砖石料；（4）小纬二路人行道上堆积各木厂之木料，某机械制造厂门前乱置水车多辆；（5）三大马路纬三路东路南人行道上堆积垃圾；（6）纬三路人行道上栏路设有木质商标；（7）纬三路山东电影院南邻马路及人行道堆积石料及沙子；（8）六大马路惠鲁工商学校之西人行道上堆积石料垃圾；（9）经纬各路商店门前人行道上多设有脚踏车停车架；（10）纬六路中国棉花打包公司门前人行道堆积沙子；（11）二大马路纬九路人行道堆积沙石及建筑材料；（12）二大马路人行道上水井较多，水井附近洒有多量之水，致路面泥泞难行，闻市长当即饬其主管人分别扫除搬运，以免妨碍公共卫生及公共交通。并召集市政府暨所属各局主任以上职员及公安分局长、自治区区长等训话，对于全市清洁与秩序，务须锐意整顿，以达整齐清洁之要求。②此次秋季检查，为革除市

① 《济南市夏令卫生办法数条》，济南市政府编辑室：《济南市政周刊》，载《山东民国日报》，1934年6月9日。

② 《市长闻承烈检查市内清洁》，《山东民国日报》1934年11月10日，第5版。

民“临渴掘井”“临时抱佛脚”“应官式”的清洁旧习，不再像过去那样公布清洁检查办法，检查的区域按照一定的秩序，而是实行“检查区域临时抽签选定”，并且还拟采用不定期检查的方式。[①]历经月余检查完竣，市政府按照所检查各处清洁成绩，评定分数，并颁给奖品，以示鼓励。此次检查结果，以工务部及市立第一实验小学为最佳。[②]

然而，好景不长，商民积习再次反弹。新生活运动总会派员来济视察，饬派工清除各马路浮土。工务局工程事务所主任凌光钺带领工队33名，汽车3部，自一月二十九日起至二月五日止，将城关商埠各路污物浮土，分别扫除净尽。惟商埠经纬各路两旁石沿，尚有泥土甚厚，需派工队20名，汽车2部继续刨运，经二路计自普利门刨至纬五路西，经三路自纬一路刨至纬三路，经一路自纬一路北口起往西，尚在进行中。但浮土已扫除净尽的各路，沿路商号住户仍有将门前浮土污物每晨弃置或扫于石沿之上，数日之间，致又堆积甚多，拟请转函各公安分局晓谕各商号住户，务将污物浮土，随时扫置于垃圾箱内，以资清洁。[③]此后，济南市政府为提倡新生活运动，由市政府劳动服务团每日分赴市区各街道巡查，遇有不整洁事项，即予其纠正，自实行以来，颇著成绩。1937年春，市政府对于公共清洁卫生依旧注意，以免疫病流行，仍照往年成例，举办清洁大检查，藉资提倡新生活运动，并于5月3日成立委员会，分三组进行，由参事齐向辰率领卫生人员逐户检查，定于本月15日开始检查。[④]日伪公署成立后，城内外及商埠各有清道队一队，专司垃圾扫除运输、洒扫街道之职。城内外清道队有114人，打扫街巷157条，垃圾箱277个，人力垃圾车37辆，并且指定南园子门外、东关外平安巷、小北门外柳庄、北坛4处临时垃圾场。[⑤]商埠清道队有103人，垃圾箱295个，马车垃圾车8

①《此次清洁检查之特点》，济南市政府编辑室：《济南市政周刊》，《山东民国日报》，1934年10月27日。

②《清洁检查完竣》，《山东民国日报》1934年12月12日，第5版。

③ 济南市政府秘书处：《济南市政府市政月刊》，1936年第10卷第3期，第147页。

④《清洁检查，本市定期举行》，《济南日报》1937年5月4日，第4版。

⑤ 山东省会警察局编：《山东省会警察概况》，1937年，第362—363页。

辆，人力垃圾车30辆。[①]总的来看，此时期较1935年，不仅垃圾箱数量有大幅度增长，而且垃圾箱、垃圾车分布趋向平衡。但与商埠区相比，垃圾箱数量还有待增加，马车垃圾车更是无从谈起。1941年1月，伪济南市公署清洁事务所接管清道队，伪济南市公署、省会警察署共同举办春季清洁卫生运动周，检查全市各街道清洁卫生状况。[②]

济南市春季清洁卫生运动周实施办法

一、时间自四月九日起至十五日止

二、主催机关　市公署省会警察署

甲、宣传

1. 印制告民众书

2. 印制标语书片

3. 放映幻灯书片

乙、清洁检查

三、组织检查班

1. 共组八班，城市商埠区共七班，四县区一班，每班设班长一名，副班长一名，班长由总署与市署派定，副班长由分署派巡官充任，班长与副班长负检查之责，并抽查各户及各组是否认真工作

2. 班以下设组，每组设组长一名，组员一名，凡赴各住户检查，若认为清洁发给清洁证，组长于清洁证上盖章，以便考查

四、实施检查

1. 按照各分署户数之多寡，分街区实行之

2. 每日定检查一百户

3. 内东8 244　十一组每日检查1 100

4. 内西6 692　十组每日检查1 000

5. 外东10 315　十三组每日检查1 800

6. 外西13 695　十六组每日检查1 600

① 山东省会警察局编：《山东省会警察概况》，1937年第365—366页。

② 伪济南市公署秘书处：《济南市政公报》，1941第1卷第7期，第17—18页。

7. 商东15 056　十二组每日检查2 000

8. 商中9 661　十二组每日检查1 200

9. 商西7 121　十组每日检查1 000

五、检查注意事项

1. 对于各住户厨房、厕所、阴沟之清洁及设址被褥、衣服之晒洗，市内痰盂之有无，室内空气流通与否，房舍院落之清洁与否

2. 对于接客营业者之卫生应特别注意（各处）

3. 对于街道之卫生令卫生队负责扫除

4. 对于公共厕所之卫生令金汁业公会负责扫除

5. 对于饮食店及摊贩饬其添设纱罩

6. 检查时应对于一般市民讲述日常卫生常识

7. 禁止售卖玩具式之小玻璃瓶糖水

8. 检查要认真

五、检查期间及时间

1. 期间定一周间

2. 时间九时至十二时、二时至六时

六、检查清洁处理

1. 凡检查各户时若认为清洁，当时发给清洁证张贴门前

2. 第二次尚不清洁带署罚辨（复查不洁者）

七、清洁证由市公署印之

八、所开药品及石灰向军部领取

九、雨天顺延至本月十四日前完了（检查完了）

12月，日伪公署颁发《垃圾倾倒执行规则》规定："凡建筑房屋垃圾零星砖石、瓦砾等物，应由房主竣工后3日内自行运到市郊外；本市工厂所出之炉渣应自行运至郊外；不得向垃圾箱内倾倒，如有违犯者应按照情节，酌量处以5元以下罚金。"[①]继之，因水道管理处抽水机力不足，致自来水供不应

① 济南市史志编纂委员会编，张福山主编：《济南市志》第2册，中华书局，1997年版，第258页。

求，市公署定于4月18日起暂停止马路洒水，督饬商民按时洒水，以重卫生而利市政。同时，拟定济南市商民洒扫街道及储水防灾办法九条，其第二条规定“洒扫分洒水、扫除垃圾秽物和扫雪三种”；其第三条规定“洒扫工作由沿街居住者，按其宅地占地担任至街心为止，但只一边有建筑物者，须担任该段街道之全部，凡每段街道居民对于前条工作亦得自定办法联合办理之”；其第四条规定“洒扫工作应视路面质料天气状况与环境情形照左列各项办理：（1）沥青路、石板路以扫除为主，洒水不可过多；（2）石碴路及土路应多洒水，扫除时勿伤及路面；（3）夏季及干燥之时应多洒水，冬季及湿润之时应酌量少洒；（4）雨雪之时毋庸洒水；（5）沥青路面新修铺后上面浮沙未扫去之前及夏季养路撒沙后不准洒水亦不准将沙扫除；（6）石碴路及土路之大量洒水应于清晨或晚间行人稀少之时行之，使水充分向下浸润；（7）通常洒水以用喷壶为原则；（8）扫除尘埃应于早晚行人稀少之时行之，但街道上遗有牲畜粪溺，须立时扫净；（9）扫除方法应顺路之方向扫集倒于垃圾箱内，以便运除市外，不可由路心向两旁披扫；（10）尘埃垃圾不准扫入沟篦内；（11）扫除尘埃应用细密之黍，帚秃、竹帚不适用；（12）冬天降雪应立即扫集运除以免凝结路上”；其第五条规定“全市住户均应制备盆缸及其他器皿预储清水，至各大商号门首亦应设置太平水桶以防火患而备洒扫”；其第七条规定“凡违反本办法第四条第一至第三款第五款第九款第十款第十二款者及第五条之规定不听劝告者，每户处罚金一元，其污秽道路事项依照山东省会警察署取缔污秽道路暂行规则处罚”①。1945年1月，伪市公署要求全市各机关团体及民众于1月8日至9日进行大规模突击清运垃圾活动，同时公布扫除须知和清洁标准，并于1月25日进行春季卫生清洁大检查。凡达标者发给验讫证，张贴门首。②

综上所述，卫生行政事关民族之强弱，国家之兴衰，历来是政府十分重视的问题。1936年11月2日，工务局局长张鸿文劝导市民注重道路、沟渠清

① 伪济南市公署秘书处：《济南市政公报》，1941年第1卷第7期，第23—25页。

② 济南市史志编纂委员会编，张福山主编：《济南市志 第2册》，中华书局，1997年版，第260页。

洁，禁止淤塞沟渠及在沥青路洒水等情事（详细见下文），是对城市道路环境卫生的最切实概括。凡属市内一切公共卫生，匪独观瞻所系，而于个人利害关系亦甚密切。数年间，济南市制定各项章则，分别公布，以期人民互相遵守，养成良好习惯，乃日久顽生，多不奉行，既失政府立法之本意，复兴新生活运动宗旨亦有违背，亟应重申前令，分别整顿，以重市政。其简而易行者，择录十一项：（1）公路两旁及人行道上不准设置任何阻碍物及安放杂物、浮摊、炉灶；（2）临街商店或住宅不准将烟囱伸出墙外，必须高出房檐一尺，务须垂直，以免危险，而资整齐；（3）临街商店或住宅之建筑物如有倾斜焚毁，须立即修复整齐；（4）各户门前及人行道上每早即须扫除清洁，不得稍有垃圾存留；（5）不得任意于街道抛弃杂物、倾倒污水；（6）不得于垃圾箱内捡拾破烂，以免污染四溢发生传染疾病；（7）各家长不得使儿童在街道随意便溺；（8）不得于人烟稠密之处晒晾或煎熬一切发生秽气物品；（9）生肉、熟肉须在铺内售卖，不准支撑木架悬挂铺外；（10）不得于规定时间以外在河道洗涮衣服；（11）临街商号如用布蓬遮蔽日光，不整洁者不准张挂。①

马路街巷，无论长短宽窄，都是大家行走，公共交通的地方。所以无论是临街商店住户或是行路的人都要维持爱惜，注意清洁，以期延长寿命，不但大家有好路可走，并且路面干净卫生上，观瞻上，皆有很大的帮助。况且主席对于蒋委员长提倡的新生活运动，极力提倡，尤其注意清洁整肃四字。本局职司工务，所有市内道路沟渠，市民应注意的事项：

一、要注意沟渠的清洁，沟渠是公共卫生的根本，要设法常使通畅，排泄雨水和污水。倘日久淤塞，应大家集资雇人疏通，或用便函或电话通知本局设法疏通。在未疏通以前，千万不可再往沟内倾弃污水，院内有沟接通街沟的，也不可再往院沟倒水，以免泛溢路面，妨碍交通，无论何时，积土、污物、垃圾、茶叶以及其他不流动的东西，不

① 济南市政府秘书处：《济南市政府市政月刊》，1937年11卷第3期，第150—151页。

要往沟里或铁蓖里倾弃，以免阻塞沟渠。围濠或设城河内，更不要把垃圾、土石、粪便等扔在里面。

二、要注意街道的清洁，街道上不可倾弃污水、垃圾、灰土、瓜果核皮等物。应该时常打扫。打扫所用的扫帚，应该用柔软茂密的，所扫的垃圾，须注意勿使落入沟里。要马上收集到垃圾车或垃圾箱里，运出市外，不可堆存路旁，以免被行人踢散。商店经理、住户家长，更要切实嘱咐打扫门口的人，千万不要把门内的土扫到门外，不要把人行道的土扫到立沿石下，就不管了。须知这种“扫出门前土，扬在大街上”的办法，最足以表现“只知有私，不知有公”的心理，这是最卑鄙，最不负责任的表现。现在我们讲求新生活，复兴新中国，这种人是万要不得的，应当切实想法把这龌龊的垃圾，远远运出市外，他就不再回来作祟了。

三、沥青路上不可洒水，洒水足以缩短沥青路的寿命，使其速坏，并且洒得全街汪洋，满地泥泞，行人鞋袜湿透，他们嘴里还说好的吗？应该把洒水的习惯，改成扫除，按着第二条的方法办理三五天后，便很干净了。花岗石路、黑砂石路，都应时常扫除，由本局洒水车所洒的水，也就够了，不可再洒水其上，炉渣路、石渣路，能吸收水分，可酌量洒水，然后打扫。

四、要注意载重车的车轮和所载重量，马路的载重量，有一定的限度，窄轮车尤足以毁坏路面。本市自从改换宽轮后果然好得多了。但是车夫不顾公益，拼命多装，路面仍被轧毁。并且未免有少数车轮不合规定的车辆及乡下来的窄轮车，应当一律取缔。

五、要注意房屋墙壁的整洁与坚固，房屋为吾人居住之所，应求其坚固，墙壁尤为观瞻所洁，应力求清洁。倘有墙皮破坏的，应力加修理，污秽的应马上粉刷，房屋势将倾圮的应马上翻修，或先行拆除，以免危险。

以上数条，本局已派员分区查考，千望市民切实遵行，倘不能纠正的，一定呈请究办。绝不宽贷，望各注意为要。[①]

二、道路维护

街道如人身体之动脉，是商业交易和一切社交往来的载体，所以欲图城市发展，应先求街道改良。道路一项关系都市发展，既应时常修筑，尤须加意保护，方能永保路面之平坦，而利工商之运输。1904年，《济南商埠巡警章程十四条》中规定“马路照章如抬轿、挑水、扛运货物，应在中间行走。马车、轿车、东洋车等来去，皆偏左走。车夫不准用年老力弱、龌龊有病之人，以及格外重载、车辆破损、停车碍路、夜行无灯、或试新马、或驾病马，一律禁止，违者由巡差拘送巡警局核办”。市政府时期，不仅制定了交通工具管理暂行规则中设置“通行规则”章节，对车辆载重作出明确规定，而且颁行《取缔载重大车行驶规则》。市公署时期，制定《济南市公署管理道路暂行规则》，对“车辆道路通行规则、道路占用及因工刨路”作出更为明确、全面的规定。

（一）取缔窄轮车，规定车轮宽度及载重量

济南市地排车、大小车最多，此等皆属载重车辆。往昔轮瓦甚薄，且为凹形，损坏路面最为剧烈。为此，当局规定地排车之车轮宽度，载重在3 500斤以内者，不得小于十五公分，载重在2 000斤以内者，不得小于十一公分；大车及轿车车轮宽度，不得小于八公分，载重至多以1 200斤为限；小车车轮宽度不得小于八公分，载重多以400斤为限；均须用平面轮瓦，藉以减轻损坏路面之程度。[②]载重车辆轮瓦宽度及所载重量，各市商埠均详加规定，严厉限制。是故减少其损坏路面之力，而使马路获适常之寿命，以减少市民之负担，使市民获交通之便利。济南市有鉴于此，于1933年10月拟定取缔窄轮车辆办法，除继修正前述规定的轮宽及载重数量外（表4-3），对拉车人数或牲口数目也进行限制，并组织纠察队分赴各路，遇有不遵规定之车辆，即饬警扭局惩

① 济南市政府秘书处：《济南市政府市政月刊》，1936年第10卷第12期，第182—184页。

② 济南市政府秘书处：《济南市政府市政月刊》，1930年第3卷第2期，第11—12页。

办。“惟目下市内单双套窄轮及载重超过规定之车辆，日见其多，特重申布告车轮宽度及载重规定，仰搬运工会各公司及各车主一体切实遵照。”[①]

表4-3　车轮宽度及载重规定表

种类	轮宽	载重（车身在内）	所需人或牲口数目	备考
大号地排车	12公分	1 500公斤	不得过5人	
二号地排车	10公分	1 000公斤	不得过4人	
大车	10公分	1 000公斤	不得过单套	马拉水车亦同
轿车	6公分	600公斤	不得过单套	
双把小车	10公分	600公斤	不得过2人	两人一推一挽
独轮小车	8公分	300公斤	不得过2人	
小地排车及双轮小车	6公分	300公斤	不得过2人	如人拉水车及送货手车或送冰小车之类
附记	1. 运水车辆按其构造方式分属于大车、小车两类 2. 运木料及搭棚材料之车辆属于地排车 3. 轮瓦须成平面不得凹入凸出，但换胶皮轮者不在此限 4. 每公分合三市分，每公斤合二市斤			

资料来源：济南市政府秘书处：《济南市政府市政月刊》，1934年8卷第11期，第104—105页。

关于窄轮车辆，济南市自1934年5月1日起，照章执行取缔。所有外来车辆，除经一路自纬五路以西，暂准行驶至七月底；商埠西部，在油路未完成以前；自五月一日起，纬八路以西，展期四个月，纬九路以西，展期六个月，暂准通行外，其余各路，均须宽轮，方准通行。兹查为期已逾多日，而窄轮及双套车辆仍络绎街衢，运石车辆迭经本局传饬包土人改用宽轮，至今恐多仍旧，若不严予取缔，恐无收效之日。[②]不仅如此，胶济铁路天桥南旁新辟货场，向东新开一门。每日有双套窄轮大车甚多，由此门经该路货场南

① 济南市政府秘书处：《济南市政府市政月刊》，1934年8卷第11期，第104—105页。

② 济南市政府秘书处：《济南市政府市政月刊》，1934年第8卷第7期，第85页。

门，至经一路。又此等窄轮大车，日常出入于小纬一路一带，路面被其轧砾，毁坏甚速。此外，经二路西段一带，仍有窄轮大车，行驶于柏油路面之上。查本市管理大车、轿车暂行规则第三条第二款：车轮须用平面轮胎，其宽度不得小于十公分（合市尺三寸）。但轮系胶皮制成者，其宽度及形式，可不受本款限制。又第十条：凡外来大车、轿车，非常停留本市者，得免检验及登记，但须照常纳五日捐。其窄轮者，不准在城关、商埠通行。又第十二条第八款：装载货物之重量：单套大车不得超过一千公斤，轿车不得超过六百公斤；双套者，无论载重与否，不准在市内通行。可见，双套与窄轮均不合乎规定，苟犯其一，即须禁止其通行。除此之外，还开展全面检查，饬令各分局注意乡间大车入市路口，凡窄轮、双轮之车，一律令其就近入栈，不准其在各马路乱驶。即其货必须运至市内者，亦须令其以宽轮接运，如车夫抗违不遵，即照章惩罚。至于窄轮车设站地点，前于1934年1月12日，召集本市运输业同业公会议定：纬十路以西，南北中大槐树（纬十路不在内）、官扎营、利民后街、清泉街、震侣市、永靖门外（但通黄台马路两旁不准设栈）等处。经一路西段（纬五路以西），本年七月底后，即不准窄轮车通行。①

鉴于窄轮车轧毁柏油路面各情形，为保护道路安全，1935年6月10日，市长谕令窄轮车不准进市行驶新修马路，不听者抓来市府处理。②济南市公署时期，继续实施取缔窄轮车办法，规定："凡违章入市者，处罚金三元。"然而收效甚微，各车主仍多以窄轮车辆横行市内，各沥青路面损坏甚多。为保路政而维交通，当局特重申严格取缔禁令，倘再有窄轮车辆在本市马路行驶者（但经一路及馆驿街除外），一经查获，仍照章处罚三元，如敢再犯，即将车轮没收。③次年3月23日，济南市公署再次布告，一经查获之窄轮车，即于车上加烙火印，以资识别，仍照章处罚三元。如再敢再犯，即将车轮没收，绝不宽贷。④1942年6月30日，济南市公署颁布更为严格的禁令，规定："凡不合

① 济南市政府秘书处：《济南市政府市政月刊》，1934年第8卷第12期，第86—87页。

② 济南市政府秘书处：《济南市政府市政月刊》，1935年第9卷第7期，第112页。

③ 伪济南市公署秘书处：《济南市政公报》，1941年第1卷第10期，第38—39页。

④ 伪济南市公署秘书处：《济南市政公报》，1942年第2卷第6期，第52—53页。

规定之窄轮车辆，应即一律取缔，以免损坏路面，此后新制大车，地排车小车等，均定于每星期二、星期五两日，上午十时至十一时，来济南市公署建设局土木科，听候检验，其合格者，均于车体及车辆（铁制者除外）加盖火印，并规定车轮宽度。”（表4-4）[①]

表4-4　济南市公署规定车轮宽度表

车轮名称	载重（车身在内）	轮宽
大车	一千公斤	十公分
轿车	六百公斤	六公分
地排车	一千公斤	十公分
小地排车	三百公斤	六公分
双把小车	五百公斤	十公分
独轮小车	三百公斤	八公分
1. 凡车辆载货过重者不论车盘、车轮如何均在取缔之列 2. 凡车轮以胶皮制成者其宽度不在本表限定之内 3. 以前关于车轮宽度之印刷物一律作废		

资料来源：（伪）济南市公署秘书处：《济南市政公报》，1942年第2卷第9期，第16页。

同时，济南市对于载重大车也制定取缔办法，其绕行规则规定：“自新东门经运署街大西门、普利门及经二路全线，凡载重大车，概不准通行。并修正取缔载重大车规则第七条所载，既以宽轮大车为限，则窄轮大车，应在严重取缔之列，自不待言。有换用宽轮，满载货物，仍在上列各路行驶者，其损坏路面，殊非浅显。亟应切实取缔，以维路政。”[②]1935年1月4日，济南市工务局局长张鸿文呈称：“各项载重车辆，来局查验者，其形式宽度必须合乎规定，方发给验讫证，饬赴财政局报捐行驶。复以外来窄轮车辆，多行驶于小纬一路、天桥街，穿胶济货厂，而至经一路德士古洋行以西行驶者，亦有

① 伪济南市公署秘书处：《济南市政公报》，1942年第2卷第9期，第16页。

② 济南市政府秘书处：《济南市政府市政月刊》，1934年第8卷第7期，第39页。

在经二路西段行驶者，不但轧毁路面，且违犯规定。经于十一月三十日函请公安局转饬岗警严加禁止。目下窄轮大车仍有私自驶入市区者，单轮水车，仍有使用窄铁瓦者，双轮水车及地排车，难系平瓦，其宽度仍有不足规定者，亦有虽足宽度，而轮瓦畸形破坏，行驶时损害路面者，于镶有硬胶轮之车辆，其胶皮破烂，金属部分着地者，派员协同公安局一律查考取缔，以符定章。现拟派本局调查股主任李世炜，每日带工队二名，赴各街巡查，见有不合规之车辆，立时交由岗警转送就近公安分局办理。[①]大车及地排车载货过重致压毁油路情形，从工务局技佐王晋羲的呈报中便可窥见一斑。[②]

案据本局技佐王晋羲呈称：

查纬三路经一至经二间油路，被重载大车压坏一段，长一公尺半，宽十公分，深十公厘有奇，何种车辆压坏不得而知，系事后查得损坏情形，想其压坏之原因，不外载量太重，又加十九、二十两日天气太热将油面晒化，所载重量，油面不能负担，油即粘于车瓦之上，路面破裂，即成浅沟，再十九日职在纬一路，查得地排车二辆，由北向南行走，车轮所压之处，变成浅沟，并有无数之小窝，当令该车停止，询其载重若干，车夫云两千斤，职估计每车载重，约在四千左右，否则不致每车七人，在此平坦路上行走，尚感困难以致路面压坏，职以事关路政，建设保护各有责任，忆章程所载取缔过重车辆，保护公物均系公安局之权责，职当即报告岗警，而该岗警并未问及此事，且云该车由车站来经过之岗，均不问云云，车辆载重，既有规定可否按章取缔以重路政，而维交通之处，呈请鉴核。等情据此，查所称油路损坏各节，确系大车地排车夫，贪图多装货物，尽量装载，以致路面不能担负所致。又查济南市管理大车轿车暂行规则有单套大车载重不准超过一千公斤（二千市斤），双套车不准在市内通行之规定，又济南市管理地排车暂行规则有大号地排车（轮宽十二公分合市尺三寸六分）载重不准超过一千五百公斤（三千市斤），车夫以五人为限（连后推者在内，下同），二号地排

① 济南市政府秘书处：《济南市政府市政月刊》，1935年第9卷第1期，第92页。

② 济南市政府秘书处：《济南市政府市政月刊》，1936年第10卷第11期，第191—192页。

车（轮宽十公分合市尺三寸）载重不准超过一千公斤，车夫以四人为限，小地排车（轮宽六公分，合市尺一寸八分）载重不准超过三百公斤（六百市斤），车夫以一人为限之规定。今该车夫等装载货物竟至四千斤，以车夫七人，行驶平坦之油路，尚感困难，以致将路面压毁，殊为违反章则，有妨路政。复查际此民生萧条，公私财力支拙之时，省府筹款修路，便利公共通行，甚非易易。拟请贵局热心维持，饬警切实保护，凡此后遇有车轮之宽度不足者，载货过重者，车夫或牲畜多者一律加取缔，经查获从重处罚，则惩一儆百，车夫自就规范路政，实利赖之。相应而运，即希贵局查照办理，至级公谊。

此致

山东省会公安局

1936年8月1日

济南市工务局局长张鸿文

每年棉花、粮麦上市之际，各地排车等载重车辆因竞争营业，更是大肆装载，无视章规。据查“每车所载重量，竟达四千余斤之巨，所用车夫，前挽者竟至七人，后推者亦二三人。行于平坦之马路上，尚感异常吃力，以致新修成之柏油路面，损坏多处”。而济南市管理地排车暂行规则，大号地排车（轮宽十二公分者，合市尺三寸六分）载重不准超过一千五百公斤（合三千市斤），车夫以五人为限（连后推者在内，下同）；二号地排车（轮宽十公分者，合市尺三寸）载重不准超过一千公斤（合二千市斤），车夫以四人为限；小地排车轮宽六公分者（合市尺一八尺分），载重不准超过三百公斤（合六百市斤），车夫以一人为限。对于装货重量、车夫人数，均有标明之规定，乃该地排车等希图竞争多装，罔顾利害，以致车身笨重异常，行止转弯，皆极困难，动辄梗阻交通，或其发生危险，至于轧毁路面，尤其次焉。况且，工务局之前曾根据其技佐呈报，对于大车、地排车等载货过重压毁油路之车辆，已录具各车载重规定，并转饬岗警切实注意取缔，以维路政。1936年10月27日，前述情形又复发现，为维护路政起见，当局对于有载货逾量者，饬令卸于宽阔处，另行装运。倘敢违抗，即予带局照常从重罚办，以儆效尤而维路政。[①]为解决上述问题，济南市公署在后续筑路过程中，专门设置大车分辙，以减少对道路的损害程度。如28号线东段（自大柳行头至边庄桥）及16号线（自永靖门外马路以北至大柳行头）修筑完竣，就设置大车分辙行驶木牌，指示所有往来大车，一律靠路旁行驶。然各大车多不遵照此项规定，任意在路心行走，以致压毁石碴路面，妨碍警备交通。饬知岗巡警士，严禁大车在路心行驶，以重路政。[②]

不言而喻，取缔窄轮车对商会、同业公会及商民等会产生一定的影响，不可避免地遭到他们的"合理化"抗争。1934年7月，济南市商会向市政府呈称："丰年、成记两面粉厂先后声称东流水马路现在禁止窄轮车辆通行，实感困难，查该处马路尚未翻修，对于窄轮车辆，即行禁止通行，为时似觉尚早，请其在该路未返修以前暂予通融行驶窄轮车辆。"市政府函复："准暂通行，并饬须于短期内速换宽轮。"实际上，其时东流水马路状况并非如商会所呈传。济南市工务局查复商会称："济安（小北门）门至东西铜元街东口，固仍为土路，然东西铜元局后街，则已改修石碴马路，车至成记面粉公司该必须由马路经过。至于该公司等所称，'该处马路尚未翻修，对于窄轮车辆，即行禁止通行，为时似觉尚早'，查铜元局后街1932年甫改修石碴路，二年之间，已被窄轮大车轧轹损坏。如再不从速换轮，恐最近期内，不加翻修，即难通行，而修筑马路，非由公家出款，即由商民撰凑，无论出于何方，皆民之脂膏也。屡坏屡修不特公家无此财力，即由商家与各该公司即沿街住户醵资，恐亦难尽乐从。盖改换宽轮者，非仅为保护少数之油路而已，实所以延长其他大部之石板、石碴路及土路之寿命，俾乘间以纾公私财力，而达到逐渐将全市道路改良，以便利市民之交通为目的者也。该公司等在本市为较大之营业，自有倡导之责，不特自用之车，换轮较小本营生者为易，即劝导常雇之车，使其遵守政府法令，更换宽轮，亦属间接应尽之义务，盖该公司等时常应用此路，理应设法保护也。并希贵会将此意转知为何。"[③]同样，济

① 济南市政府秘书处:《济南市政府市政月刊》，1936年第10卷第11期，第223—224页。

② 伪济南市公署秘书处:《济南市政公报》，1942年第2卷第8期，第25页。

③ 济南市政府秘书处:《济南市政府市政月刊》，1934年第8卷第8期，第81页。

南市运输业同业公会也呈称："属会各商栈前因明令限期禁止窄轮进市，迭经恳请展限取缔，以恤商艰。惟查各栈陆继迁移市外者，业经超过三分之二，其余未迁各家，因新置车厂正在动工建筑中，工程尚未完竣，并租赁他人之宅院期限未满，未及腾出者，种种困难，均系实在情形。窃查大马路纬五路以西，现在尚未翻修油路，仍恳情市府俯念商艰，自纬五路以西由八月一日起再恳展期三个月，在此期限内，俾商等竭力赶办遵限迁移，庶于护路保商双方兼顾。"市政府呈复："准予展期一个半月，仍应速为迁移完竣，以重路政。"[①]从上不难发现，商会及同业公会的"合理化"抗争，均取得了不同程度的胜利，这对于维护商界利益，增强团体凝聚力具有一定的作用。

然而，商民的"合理化"抗争却不尽人意。德盛东经理刘子真等呈称："商等虽在官扎营街常年设肆，而营业种类则实专赖于每年秋后收卖历城、章丘、北乡暨商河、临邑、济东、德平一带所出杂粮、花生、土产，上开各县装运土产来省销售，向恃窄轮大车运输到达之后，以丹凤街为停卸要所，今丹凤街一旦禁其入内通行，不惟上开各县闻风裹足，畏而不前。当此农村破产之时于其经济流通大有关系，商等设肆经年，所有一切开支及税捐完纳，亦统以秋后收买土产，藉资抑注，若因窄轮大车禁止入内，束手坐视不得营业，其于繁荣市面亦实显妨碍，现在土产早已上市，商等即欲择地另迁，藉资营业，而时念事迫已赶办不及，素仰钧宪爱护商民无微不至，兹为维持暂时营业，而免临时中辍起见，为此联名具成公恳，鉴核恩施所有官扎营、丹凤街新修石路准窄轮大车暂时通行，一俟商等本年土产收卖结束，徐筹合宜营业地址之后，再行严禁不准通行，俾免商等营业临时中辍，以示体恤，而便商民不胜戚激之至。"市政府查复："官扎营、丹凤街，现已新修石路，所请通行窄轮车实难照准。"[②]

（二）禁止人为性的破坏道路

由于护路意识淡薄，擅自挖掘、侵占道路土地，给通行安全带来巨大隐

① 济南市政府秘书处：《济南市政府市政月刊》，1934年第8卷第9期，第61—62页。

② 济南市政府秘书处：《济南市政府市政月刊》，1935年第9卷第11期，第134页。

患。1934年6月14日，第八区第五坊闾长杨青山报称："本坊由通埠巷以北通泺口大路，往来运货之要道，竟有无知住户，偷向巷内道旁使土，致该路坍塌过窄，殊属妨碍交通。"又据闾长张玉升报称："由本街向西通齐河大路，山东省立救济院门前一段，被无知愚民任意挖土，现将该路面残坏不堪，车辆经此危险甚虞。如不速为制止，深与路政攸关。"公安局派助理员王子英前往该坊查勘，去后复称："查官扎营西街西首通齐河大路，山东省救济院门前一段，该路已经挖毁属实，缘以附近住户，多系寄居贫民，任意向道旁使土，无人过问。相沿日久，以致道路坍塌，参差不齐，路面既以窄狭，往来车辆深有颠覆之虞，常此以往，有关行旅安全。复查该坊东首通埠巷通泺口大道，巷内街道，亦破坏不堪，查同前请。"市工务局令该路附近住户出夫，将破坏之处补齐垫平，并请该管公安局协助办理，随时查禁保护，以维路政而利交通。[①]

与上述不同的是，有意违规操作行为更是造成了道路的毁损。城内至各商埠改修柏油路，商民称便，旧有无赖之泼水夫，每早任意喷水，行人鞋袜浸透。商号出入不便，不俱与行人不利，切于路面有损。公安局奉令严行取缔。[②]1936年8月3日，参议穆成纲呈报："经一路及院西大街等处之马路坍塌，查系因前设置自来水管时，草草埋垫，即用石子铺面，路面虽一时平坦，路基空虚，一经雨水冲打，遂致坍塌。市长即便转饬自来水筹备委员会，嗣后对于埋置自来水管，应特别注意，以保路基。[③]这一情况，从工务局的呈报中也得到证实，"去年本市安装自来水管，各马路多有破坏，其有坎坷不平，计划修补者，亦因自来水工程尚未停顿，兹现自来水工程已全告竣，天气渐暖，所有本市应修补之马路，已经工务局计划全部动工"。[④]此后，对于人行道的保护逐步强化起来。1942年3月16日，济南市公署布告称："本市经二路纬三小纬六路间，及纬四路经二经三路间洋灰砖步道，前经修筑完

① 济南市政府秘书处：《济南市政府市政月刊》，1934年第8卷第7期，第41页。
② 济南市政府秘书处：《济南市政府市政月刊》，1935年第9卷第11期，第190页。
③ 济南市政府秘书处：《济南市政府市政月刊》，1936年第10卷第10期，第111页。
④《济南市容市府开始整理》，《济南日报》1937年2月24日，第4版。

竣，藉便交通，乃近查该步道洋灰砖多有倾斜不平，及砖面破裂情事。考其原因，由于沿步道商民倾水于步道之上，以致渗入灰土，冬季结冰，膨胀隆起，春暖兵融土松，又复降下，以致高低不平。而商民又有将运货铁车推上步道者，尤易致洋灰砖破碎，亟应严加保护，以重路政。”基于此，建设局除派工复修外，还一律禁止向步道上任意倒水、放卸笨重物品及行走运货车辆等，并每日应加以扫除尘土，以保清洁。[①]

（三）建筑时注意设置保护系统

除上述人为的保护外，道路自身的保护也至关重要。修筑道路时，路基地面排水系统的设置，对于保护道路极为重要。第二章中论及的“应于筑路时，先筑成良好之泄水暗沟，沟管之连接处须严密勿使溢水，以致损坏路基、路面；宜中高而旁倾，两旁分设铁篦，便于排泄雨水，不致浸毁路面，且路心经过车辆最多，损坏亦速，故应略凸，使其较耐消磨”。[②]与此琴瑟相和，《济南市取缔建筑暂行办法》第二十条规定“接通公沟及修理便道均应由业主出费，请本局办理，不得自行动工；凡因修造房屋或他项建筑物，损坏路面及公共建筑物者，均应报请本局修复，由业主缴价工费”；第三十八条第三项规定“屋檐须装设铅皮或铁质之檐沟及水落管，此顶水落管须引水由地底通入公沟，不得向人行道及路面倾泄”；第一百零五条规定“屋顶不得添盖易于惹火之小屋，临街墙壁不得挖孔出烟或泄水”。[③]

三、道路整修

（一）整理街道

城市道路管理是保障城市道路完好，充分发挥城市道路功能，促进城市经济和社会发展的重要条件。市政府成立之初，即着手街道整理工作。1930年3月7日，济南市市长赵经世颁布“整理济南市街道办法十条草案”，规定：“（1）本市各街垃圾业积于观瞻、卫生两方面均有窒碍，拟择一相当日期从

① 伪济南市公署秘书处：《济南市政公报》，1942第2卷第6期，第51页。
② 济南市政府秘书处：《济南市市政月刊》，1930年第3卷第2期，第10页。
③ 济南市政府秘书处：《济南市市政月刊》，1930年第2卷第2期，第21—44页。

事扫除，于必要时，得雇佣临时夫役，以资协助；（2）各街两旁行人道本甚宽阔，但每因各铺店安置货摊、煤炉，陈设售品或建筑搭棚等，任意占用，以致行人与车马混杂，交通极感不便，限于一月内勒令拆除；（3）各街道旁石条路原为载重车辆而设，应令岗警切实注意，严令车夫遵照循行，其无石路，各街应循两旁行走，以利交通而保路政；（4）近查各街车辆争先恐后行动，至为混乱，而岗警大都视若无睹，不加指挥，由公安局对于岗警加以切实训练，于通衢大道上，尤应选派干警充任巡逻；（5）各街两旁行人道非经特许，不得任意设摊售物；（6）人力车休息处应指定宽妥地点，不得任意停放；（7）各街两旁植树太少，殊欠雅观，应于植树节期内多种树木，并详定保树办法；（8）布告市民应协助市府对于各门户前道路及沟渠，力求注意整洁，不得任意向街道、沟渠中抛弃垃圾等物；（9）由公安局制定载重大车通行标识五十面，经发市总工会转发，凡载重大车通过普利门，须持有该项标识，方准通过；（10）载重大车只准每日上午十一时以前通行。”除此之外，还明确规定，“该项办法第一条先由公安局筹备，第七条由工务局筹办，第六条由工务局会同公安局办理”，[①]以此来明确部门职责，从而为后续道路的整理提供了依据和标杆。

首先，剔除道路上的障碍物。一是规划设计好道路用途。广告栏是市民获取信息的重要渠道，原有广告栏面积狭小，以致各项广告随意张贴，极形紊乱，不但妨碍交通，而且有碍观瞻。为此，特选定不碍交通，便利观看者为适中地点，制成宽大之布告、标语、广告各栏，并布告商民，标语、广告悉在栏内张贴。至戏馆、电影院之广告，责令指定相当地点，另设戏报木质专栏，并饬区督同各街地保，将不在栏内之各标语文告，一律刷除，以资整洁，而便观瞻。[②]如游艺园为请在普利门外设立木质广告称，“蔽园每日有戏目广告数十份分贴城埠各处，以广招来。查普利门外一份系贴于城墙之上，因该处广告拥挤，极感困难，拟在该处护城河西涯石桥南侧，不碍交通之处

① 济南市政府秘书处：《济南市市政月刊》，1930年第2卷第3期，第103—104页。

② 济南市政府秘书处：《济南市市政月刊》，1929年第1卷第3期，第218—219页。

竖立木质广告栏一架，坐南朝北，计高一丈八尺，宽七尺，以便独家张贴，籍免拥挤”。[①]不仅如此，考虑菜市的选址及设置，首要因素也是有无妨碍交通情形。1936年3月30日，泺口间长边廷元、刁广善等呈，拟于每旬一六两日设立青菜小集。工务局遵查“其地址于交通、卫生尚无妨害，各方均无不利”。[②]仿此之制，10月12日又在泺口四九集，即柴火市街设立青菜早市，每早六时至九时交易时间，同样以“设立早市极属相宜，原为集市地点，交通并不妨碍”为考察点。[③]济南市公署时期，继续沿袭。如工务局详细调查市民唐书仁等欲在纬十一路设立菜市，称“菜市系指纬十一路北首铁道洞以西、铁道南边铁丝外东西一段，即本署拟开之南安利街，长约百余公尺，东宽西狭，民房星列，并无一定之宽度，故虽系通路，尚不能通行车辆，每早菜商云集，此处发售菜蔬未午即行散市，对于交通尚无妨碍”。[④]由此可见，无论是广告栏改换，还是菜市设置，均以“不妨碍交通”为第一要务。

二是取缔妨碍道路交通之物体。拆除道路上的障碍物是较为普遍的形式。诸如“济南市南关岳庙后街旧有石质牌坊一座，因年久失修，风雨侵蚀，损毁已属不堪，将有颓圮之虞，且该街面基窄狭，又为划定专载大车驶行路线，恐一旦石料崩堕，车辆行人走避不及，其危害何堪设想？本局为预防危险，便利交通起见，已函请工务局饬工拆除”。[⑤]同样，为便利交通，对全市各路口之栅栏实行“分而治之”，如三里庄、五里沟、剪子巷及其他各路于平时夜间关闭者，着由公安、工务两局会同拆除；如夜间不关闭者，不必拆除之。[⑥]

三是取缔人为妨碍交通之情势。1930年2月23日，济南市《修正规定轻

---

① 济南市政府秘书处：《济南市市政月刊》，1929年第1卷第1期，第91页。

② 济南市政府秘书处：《济南市政府市政月刊》，1936年第10卷第4期，第148页。

③ 济南市政府秘书处：《济南市政府市政月刊》，1936年第10卷第11期，第155页。

④ 唐书仁等：《为拟在纬十一路设立菜市的呈》（1942年8月），济南市档案馆藏，档号：j076-001-0472-007。

⑤《函请拆除石质牌坊》，济南市政府编辑室：《济南市政周刊》，载《山东民国日报》，1932年5月28日。

⑥ 济南市政府秘书处：《济南市政府市政月刊》，1935年第9卷第10期，第133页。

微违警案件暂行办法》颁布，规定“凡生死婚假迁移不报妨碍交通及在街衢便溺、倾倒秽水秽物等案件，情节轻微者，得由分局按照微警罚法酌量处罚之”。[①]然而，南圩门外粪厂金汁夫藐视法令，强占公路蓄粪、晒粪，招致历城县第八区土屋乡乡长刘惠卿等联名具呈“其有害卫生且与交通有碍”。为此，工务、公安两局协同将其驱逐离开大路。[②]除此之外，为防聚众观听，阻碍交通，省会公安局局长王恺如还规定各商店演唱留声机或收电机的具体时间，其布告：“照得济南为省会重地，各商号演唱留声机或收电机以广招来，而冀营业发达，原可自由竞争。惟于晚间发放机音，集众观听，不但阻碍交通，且恐宵小乘机滋事，有妨害安宁秩序，前由本局规定，春夏日长，每晚下午六时禁止，秋冬日短，每晚七时禁止，曾经布告周知在案。现在冬防吃紧，各商号意有不依照规定时间停止发放者，殊属不合，奉市长谕令各电影院、戏院所设之上项放音机，可不过问，其余各商号（如在门面或楼台上按设者），务须遵照前规定时间，于每晚七点钟一律停止演唱，饬各分局注意查禁。”[③]

其次，规范占用、挖掘道路行为。济南市对商民占用道路早有定章，《工务局取缔建筑规则》第二十一条规定“占用道路宽度，不得超过1.5公尺以上，倘因事实上必须占用公路时，应于便照时，在请照单拟占用公路栏内，详细注明占用长度”[④]。此后，又颁布《济南市整理街道办法草案》，1941年，济南市公署制定颁布《济南市公署管理道路暂行规则》，其中第五条至第二十条就道路占用及收费等作出明确要求，并规定“凡未经许可而有占用道路之事实时，由本署查明其私行占用期间后，除勒令补续占用费外，并得照附表规定之一倍至三倍处罚之”。[⑤]至此，济南市有了系统的道路管理法规。1942年，建设局又以物价飞腾，各种路面之修复已感不敷实需之苦，重申占

---

① 济南市政府秘书处编：《济南市政府市政月刊》，1930年第2卷第2期，第89页。

② 济南市政府秘书处编：《济南市政府市政月刊》，1935年第9卷第5期，第117页。

③《演唱留声机收音机，公安局规定时间》，《山东民国日报》1934年11月28日，第9版。

④ 济南市政府秘书处编：《济南市政府市政月刊》，1934年第8卷第12期，第87页。

⑤ 伪济南市公署：《济南市公署管理道路暂行规则》（1941年），济南市档案馆藏，档号：j076-001-0278-007。

用费一项，除暑天凉棚兼能荫蔽行人，应予酌减占用费，拟照每平方公尺每季收费二角外，其余露天营业等四项占用费，拟酌予增加。（表4-5）

表4-5　济南市道路占用费修正表

种别	占用物单位	征收区分	占用金额（元）
电柱	木柱一根	年额	1.8
电柱	支柱一根	年额	1.2
电柱	铁塔柱一座	年额	6
电柱	洋灰柱（或洋灰夹杆）一座	年额	3
地下构造物	埋设管（宽一公尺以上每延长一公尺）	年额	0.12
	暗渠 隧道地下室（宽一公尺以上每延长一公尺）	年额	0.06
暑天凉棚	每平方公尺	一夏期	0.2（添加原系月额）
露天营业	每平方公尺	月额	0.4（原系0.2）
广告牌	每平方公尺	月额	0.6（原系0.22）
板围蔽围架存放材料	每平方公尺	月额	0.6（原系0.2）
其他	每平方公尺	月额	0.4（原系0.12）

资料来源：（伪）济南市建设局：《修改管理道路暂行规则的提议》（附规则）（1942年），济南市档案馆藏，档号：j076-001-0313-049。

同时，对因公刨路作出具体说明，其规定“（1）凡局所、公司、商民人等因在本市安设电杆、电缆、自来水管、邮政信箱及沟管、汽油罐等项工程，须刨动路面时，除特别情形外，无论地址在通衢小巷或空场，均须先将事由及起止地点、工作期限详细说明，并绘具图说，呈由本署派员查勘、核准后，发给执照，方准动工，其刨路执照概不收费。（2）凡因动工刨路，须向本署缴纳刨路代修费，由本署代为修复各种路面。（3）凡因工刨路者，于工作期间内不得阻碍交通，并须于施工地点分别设栏书、挂红旗、夜悬红灯，以防行人、车马之危险，工作终了时，须从速将挖出之土捣打坚实。（4）凡因工刨路者对于施工地点之道路或路旁土地建造物、树木及其他物件有崩坏、头仆坠落之虞者，须从速处理或撤去或予为其他预防危险之措置。（5）凡因工刨路损坏地上地下之建造物者，须负赔偿之责。（6）凡公用事业刨路竣工时，由本署派员会同勘丈刨路面积，按照实刨面积，外加一成征收代修费，其商民刨路者，应先勘丈面积缴费，方准刨掘。（7）凡因工刨路者，须按本署核定之期限完竣，其因特殊情形，不能如期完工者，须呈准本署展期。（8）凡因工刨路者，应于竣工之日缴销执照，由本署派工将刨损路面修复。（9）凡不预先呈报核准，擅自动工刨路者，一经查出，除照章补缴代修费，领取执照外，得处以代修费一倍至三倍之罚金"①。其后，对因公刨路进行修正，各类路面代修费普遍上涨，每平方米之代修费规定："沥青路二十四元（原系十四元）、花岗石板路九元（原系六元）、黑砂石板路九元（原系六元）、青石板路六元（原系四元）、石碴路四元（原系三元）、土路一元、洋灰砖步道六元、砖步道三元（原系二元）、青石步道六元（原系四元）、洋灰步道九元（原系六元）。其刨路不足一平方公尺者，亦按一平方公尺计算。"②

再者，开辟便捷公共道路。为方便商民出行，降低街道拥堵程度，提高出行效率，当局极为重视道路的开辟工作。1929年，山东省立第一公共体育场接收员张贻先呈称："民众体育场至东门南门之一带道路不但穷远异常，而且粪土堆积、砾石崎岖，极为污秽，若不设法别辟路径，则将来民众到场运动时，无论卫生上、行路上均感有极大不便。请将东南围子角改训子台开辟围墙门，另行建筑马路，南抵体育场北至太平街，西至佛山街，以求其清洁平坦。此不独于体育场方面有许多适宜，即民众社会方面亦有绝大便利。据实地查勘，惟有开辟围墙门，由太平街南首及佛山街南首修筑土路以达民众

① 伪济南市公署：《济南市公署管理道路暂行规则》（1941年），济南市档案馆藏，档号：j076-001-0278-007。

② 伪济南市建设局：《修改管理道路暂行规则的提议》（附规则）（1942），济南市档案馆藏，档号：j076-001-0313-049。

体育场似较相宜。”[①]与此相反，商民往往基于自身实际利益考虑，此种诉求表现得更为强烈。1935年4月，市民李德明等称：“为民等居住杆石桥街南原野，平昔走入市内，转折甚多，实感不便，拟请于育英中学二院所经地内，开辟南北直路，以利交通。”[②]同样的是，仁大花栈等商户更是以“黄台车站北，安民壕挖成后，即将老汽车路废除，断绝交通，不准车辆人民通行，民等大感不便，困难已极，恳请开放黄台车站北之大车路，以利交通，并维民食事”，[③]成功获准了暂由黄台桥南新修马路沿路边通行权。

（二）整理人行道

传统时期，城市的街道大多非常狭小，没有车行道和人行道之分，车、牲畜和行人混杂于道路之上。人行道是交通工具变革后，修筑街道的产物。[④]19世纪末20世纪初，近代化城市道路的修建首由上海、天津等城市商绅在官府支持下设立工程局起步，济南同样是仿照这一模式，于1904年在商埠设立工程局，专司街道修筑。1927年以后，受到青岛、天津的影响，城市道路开始铺设沥青，在第一条沥青路估衣市街两旁修建了青石板人行道。之后，又在院前街修建水泥抹制人行道。

济南市对人行道的管理，亦是秉承《济南市整理街道办法十条草案》。市政府自布告日起限一个月内，对侵占马路两旁人行便道的铺店搭盖阴棚及安置货摊、煤炉等物悉行拆除，并规定“不得于道旁任意安设任何物件”。倘有逾限延不拆除情事，一经察觉，定即拘办不贷。[⑤]但在实际执行过程中，碍于各种因素，往往会放松要求。如济南市工务局饬令济南无线电室移置人行道上妨碍交通电线杆事宜，“无线电室所移植电线杆由纬三路北端起至经三路西转以抵该电室营业处，共计29根，完全架设于人行道中。六条电线已于第一次查勘前挂齐，若全部移置，须拆卸另植，……该电室以预算有定额，未

① 济南市政府秘书处编：《济南市市政月刊》，1929年第1期，第89页。

② 济南市政府秘书处编：《济南市政府市政月刊》，1935年第9卷第5期，第47页。

③ 伪济南市政公署秘书处编：《济南市政公报》，1942年第2卷第8期，第23—24页。

④ 张利民：《艰难的起步：中国近代城市行政管理机制研究》，天津：天津社会科学院出版社，2008年版，第179页。

⑤ 济南市政府秘书处编：《济南市市政月刊》，1930年第2卷第3期，第104页。

能照办，谨将其最妨碍交通者，计经二路至经三路间之四根及该电室营业处门前一根移植。惟所移植地点仍在人行道上，仅不致过于阻止交通而已”①。1934年8月，市政府以各马路人行道上木质烟楼大都设在冲要处所，有碍市容观瞻，妨碍交通便利，前经奉令一律撤除，以资整饬。②嗣后，以该烟楼等多为贫苦小商，且经呈准纳税，或楼址于交通无碍，乃变通办法，其无大妨碍者暂准照常开设，有碍者勒令拆除或迁移。此后的1937年，商等又在各街旁任意设（移）置木质烟楼，妨碍交通，当局饬令拆除或另择相当地点迁移。③不仅如此，当局还尝试取缔外侨建筑，但收效甚微。据工务局局长呈报：“经二路纬三路以东路北济南电影院东临日商新建房屋一所，并未呈报请领执照，擅自动工。多日再查运来之用料均堆积人行道上阻断交通，行人殊感不便，屡经传知，该日商来局请照，并饬速将所堆积之用料移运院内，以利交通。而日商竟置若罔闻，迄今究未呈报用料，亦未移运，殊属不合已极，似应照章重罚，以维规章等情。”④

值得一提的是，市长闻承烈为纠正市民妨害公共秩序积习，开展人行道整理工作，取缔各街巷人行道旁之烟楼、车架、太平水桶、小商摊贩、房屋长檐及其他一切障碍设备，以壮市容观瞻，而便人行道事，对如有不服取缔整理者，即由官长警随时带公安局处罚或拘役。⑤的确，济市街道多数窄狭，人行道宽度亦属有限。沿街商号有在门前装设横竖招牌或雨搭、煤灶及一切临时物品等，侵占人行道，街道因而益加窄狭，市内交通受其阻碍。虽前工务局取缔建筑规则“第十三章第一百零四条，凡临街商店或住宅不得设置任何伸占人行道之阻碍物，又第一百零七条，凡公路两旁及行人道上不得安放杂物浮摊等妨碍交通，第一百十一条凡违犯本规则第十三章禁例者，得处以五角以上五元以下之罚金”内有详细之规定，并且分项执行取缔，但人

① 济南市政府秘书处编：《济南市市政月刊》，1930年第2卷第2期，第67页。

②《定期撤除烟楼》，《山东民国日报》1934年11月14日，第9版。

③ 济南市政府秘书处：《济南市政府市政月刊》，1937年11卷第3期，第122页。

④ 济南市政府秘书处：《济南市市政月刊》，1930年第3卷第2期，第115—116页。

⑤《市府议定整理人行道暂行办法》，《山东民国日报》1934年11月28日，第9版。

行道之障碍物仍属不少。诸如沿街商号有在门前堆积货物及设置临时物品等一切障碍物，侵占人行道，阻碍交通，以致行人多由马路通行，而车马往来甚多，行人难沓其间，是以撞车伤人之事，时有所闻。不仅如此，行人购物每因交通不便，绕越购买，且于商号本身损失尤巨。[①]基于此，市政府遂组织纠察队，分赴各路稽查“凡伸占人行道之障碍物，一律勒令移置，并照章处罚”。除此之外，商民修造建筑物占用人行道堆积木料砖石，也是影响交通的重要因素。商民堆积木料砖石，任意占用人行道，有违取缔建筑规则“第二十一条关于修造临街建筑物，必须搭建架竹笆，严密遮蔽，勿使砖石堕落伤人，其占用公路宽度，不得超过1.5公尺以上”，须于三日内一律自行清除净尽，以利交通。嗣后建筑，倘因事实上必须占用公路时，应在请照单拟占用公路栏内，详细注明占用长度。[②]

1934年12月，济南市政府谕令公安、工务两局及自治区严加整理人行道，并制定《济南市整理人行道暂行办法》，其规定“（1）本市人行道（无人行道者即以路边作人行道论）整理方法，临街商号竖式招牌须顺壁安设，其伸出檐外之横式招牌，须离人行道面三公尺（九市尺）以上，不得宽过人行道外边，过街招牌广告标语及作广告用之电灯等须高出马路面五公尺以上；临街屋檐不得伸出墙壁一公尺（三市尺）以上，并须装设铅皮或铁皮之檐沟及水落管，此项水落管须引至地面，由小暗沟通至公沟或引管入地内通至公沟，不得向人行道及路面倾泻；沿街商号、住户不准于人行道或路边设置任何阻碍物（煤灶、箱篓等）及陈列各项售品货样，其货窗、货橱不准凸出墙壁；临街墙壁不准挖孔出烟或泄水；人行道及路边不得设摊售货，肩担小贩不得设在人行道上售卖；人行道上纸烟楼一概取消之；临街之太平水桶须靠墙放置，沿路线方向每个须距离平均，不准疏密悬殊，除商埠及普利门至院前一带，不久即设自来水，其桶之形式暂仍其旧外，其余各处制新桶时，其形式大小颜色字体均须一律照规定之图样办理；人力车应停放于指定

① 济南市政府秘书处：《济南市政府市政月刊》，1934年第8卷第12期，第86页。

② 济南市政府秘书处：《济南市政府市政月刊》，1934年第8卷第12期，第87页。

地点（设有停车处木牌），不得任意停放于人行道或路旁。（2）前条各款除肩担小贩及人力车之停占人行道者，由岗警及巡逻警察随时取缔外，其余不合规定者，由公安、工务两局及自治区查明通知物主限期撤除或改正。（3）物主接到通知后，应即时撤除或改正，违者由工务局会同公安局强制执行或迳代拆卸，并酌量情形处罚或拘役”[①]。据此，济南市开始处理以“摊贩占道”为代表的城市顽疾，市府门前以南天桥附近地方素为散工贫民等休息之所，摊贩林立，纷扰不堪，且此地为车人往来之通道，实于交通有碍，特限定其有市房可居者务将货摊移置屋内，若零星摊贩及散工人等应即行择适当地点暂为安置。[②]其后，又制定种种办法限制、清除摊贩，但效果仍是不佳。甚至是在刚刚整治完成之后，摊贩又迅而死灰复燃。鉴于此，济南市公署针对露天营业占用道路一项，规定“与市政交通两无妨碍范围内，步道占用最大宽度，不得超过步道半数；未满二公尺之步道，绝对不许露天营业，及存放物品长期占用；马路直角转角地方，自交点起，每边长五公尺以内，不许占用；步道虽不满二公尺，或无步道之街路，有占用习惯（如城顶街、山水沟等道路），或为早市，或为期市者，必须与道路正中酌留宽三公尺以上之交通路；经二路、经三路全线，纬三纬四路及普利门至按察司街南口等路，绝对不许露天营业”[③]。

然而，此积重难返之问题，虽经当局迭次通告与整理，但收效甚微。因商民逐利本性，整理往往是一时奏效，过后即是“涛声依旧”。为此，济南市政府时常刊发布告，劝导商民，以期维护良好市容。1937年，济南市工务局再次整理人行道，“以本市各商店、住宅建筑物，多势将倾倒或已倒塌者，或日遭遇火灾，余石灰物仍堆筑者，又有临街空旷之地，租赁劈柴及木器小卖商人，以及在人行道上存放木料或做工者，特责成各业主分别整理，并依照

① 《公布整理人行道暂行办法》，济南市政府编辑室：《济南市政周刊》，载《山东民国日报》，1934年12月15日。

② 济南市政府秘书处：《济南市政府市政月刊》，1937年11卷第2期，第147页。

③ 伪济南市公署秘书处：《济南市政公报》，1942年第2卷第10期，第23页。

规则严于取缔，以保安全，而重观瞻”①。

（三）规范道路两侧建筑

都市之中，公私建筑物之适当与否，尤为重要。都市人稠地密，市街辐辏，崇楼栉比，交通频繁，为适应环境之需要，道路除宽阔平坦外，须又便于空气之流通与日光之放射。倘有公私建筑物任其恣意建造，突出于道路之中，不但使街市外观不整齐，且足以妨碍交通。②为此，1934年，济南市不仅有“取缔建筑暂行规则”，且有“取缔雨搭暂行规则”。《济南市工务局取缔建筑暂行规则》就道路两侧建筑亦有定章，建筑应注意事项，悉有明文规定，其中第七条规定“建筑图样说明书须备载左列各事项：周围路名及地基四址尺寸；周围街道或里巷之宽狭；建筑内部地面高出道面或人行道面之尺寸；阴沟与挖泥漏井之位置大小及其接近之公沟”；第二十一条规定“凡修造临街建筑物，应搭架、竹笆严密遮蔽，勿使物料堕落伤害行人，夜间应设标示灯，其占用公路不得超过1.5公尺（或五尺）以上，并须先经本局核准”；第二十三条规定“凡建筑工程完竣后，所有竹笆、搭架及杂料垃圾等，应一律拆除清洁”；第三十条规定“建筑物之高度须依左列之规定：沿公路之建筑物其高度得以公路宽度之一倍半为标准，其转角处两边门面相等者，得以较宽之路面为准”；第三十四条规定“（1）沿公路装置之门窗户扇最低部分离人行道面（未有人行道者，以路脊为准）不及2.5公尺（或八尺）者，不得向外开启，致碍交通；（2）沿公路之凉台最低部分离人行道面（未有人行道者，以路脊为准）至少须3.5公尺（或十二尺），并须装置潜沟及水落管以引泄雨水，凉台不得伸出墙壁一公尺以上；（3）建筑物上突出之美术饰品最低部分须离人行道面2.5公尺（或八尺）；（4）凡沿公路之屋檐不得伸出墙壁一公尺以上，并不得装设水板；（5）阶石、墙身等一概不准突出路线以外”；第三十五条规定“（1）建筑物之基地较人行道面（未有人行道者，以路脊为准）至少应高出7.5公分（或三寸），在未修筑路面之处，须较邻近地面加高

---

①《市工务局整理人行道》，《济南日报》1937年1月30日，第4版。

②《取缔建筑应注意之点》，济南市政府编辑室：《济南市政周刊》，载《山东民国日报》，1933年8月26日。

三十公分（或十二寸）；（2）屋内实铺地板至少须高出人行道十五公分（或六寸），屋内空铺地板至少须高出人行道三十公分（或十二寸），如该处路面尚未修筑者，应各加高三十公分"；第一百零三条规定"凡临街商店或住宅，不得设置任何伸占人行道之阻碍物，所搭盖之凉棚、晒架或所悬挂之伸出檐外招牌至少须离人行道面三公尺（或十尺）以上并不得宽过人行道外边"；第一百零四条规定"凡过街招牌标语及电灯等至少须高出路面五公尺（或十七尺）以上"；第一百零六条规定"凡公路两旁及人行道上不得安放杂物浮摊等妨碍交通"。[①]针对雨搭既碍视线，又碍交通之弊端，工务局特拟定取缔办法，并修正取缔建筑暂行规则第三十五条及第一百零四条、一百零九条，呈送市政府交由单行法规审查委员会修正，提付第一百零一次市政会议议决。修正案通过。[②]

的确，雨搭一项既侵占街道，阻碍交通，损坏马路，又与工务局取缔建筑暂行规则第三十四条第四项"凡沿公路之屋檐不得伸出墙壁一公尺以上，并不得装设水板"之规定显有不合。雨搭的存在，衍生出系列交通和卫生问题，由此，济南市政府屡次开展取缔工作。起初因事停顿，嗣后，工务局迭奉市政府第421号、729号、957号训令，催令拆除雨搭，其布告规定："此后本市各街不准再行建置雨搭，凡旧有之雨搭已破坏不堪者，着迅速自动拆除，以免危险。如再有呈违此项请照单者，一概不准。"[③]1932年，市工务局又拟定消极取缔办法，"已有者不准修理，未有者，不准新装"，但市民往往私自修理或添设。纬八路顺兴成皮鞭铺无视法令，将旧有雨搭拆旧换新，该局除照章罚办外，又布告商民，毋蹈覆辙，兹将布告原文录下：

为布告事，查雨搭一项，既障视线，又碍交通，雨时水流冲刷路面，对于马路寿命尤有妨碍，前者本局迭奉令饬取缔，当拟具办法布告在案，惟为体恤商情未即执行，仅由本局出示布告，凡未装者不准再

① 济南市政府秘书处编：《济南市市政月刊》，1930年第2卷第2期，第21—44页。

②《公布取缔雨搭规则及修正取缔建筑规则》，济南市政府编辑室：《济南市政周刊》，载《山东民国日报》，1932年12月31日。

③ 济南市政府秘书处编：《济南市市政月刊》，1930年第3卷第2期，第88页。

装，旧有者不准修理，以消极之取缔，藉恤市民之物力，去年十月间，复奉令饬严加取缔，曾经呈奉市政府，提付第八十次市政会议议决将现行不准新添暨不准修理办法，再行布告周知等因，并于是月廿九日重申布告各在案。兹查经二路纬八路以西顺兴成皮鞭铺将原有雨搭折旧换新，殊属故违功令，且未经呈报本局核准给照，擅自先行装置，尤与规则不符，除勒令拆除，合亟再行布告，本市各商民一体切实遵照本局规定办理，毋重蹈覆辙为要，再查起造及改造房屋或翻修门面，均应依照本局取缔建筑暂行规则第廿八条之规定，分别公路等级宽度，实行退让，毋再违宁尝试，多渎干咎，其各咨遵勿违，切切此布。①

1933年1月，依据市组织法第八条第十一第二十两款之规定，制定《济南市取缔雨搭暂行规则》，其第三条规定“凡新建房屋如有装设雨搭者，应按照取缔建筑规则第一百零九条之规定”；第四条规定“凡旧有雨搭不得从新修理，每年三九两月由工务公安两局派员会同调查明确，以凭取缔，调查表式另定之”；第五条规定“凡旧有雨搭有妨碍交通者（高度不及三公尺及柱之位置在路面或人行道者）、损坏马路者、有危险性者（倾倒朽腐易于引火及所钉铁片、木板有被风吹落伤及行人之虞者）、不美观者，应勒令户主限期拆除”；第六条规定“凡原无雨搭，不得呈请装设，如查有私行装设者，应勒令户主即日拆除”；第七条规定“凡雨搭期限仍未拆除者，由公安局押令户主拆除之”。②据此，1933年9月，当局按照规定拆除多项。从实际成效来看，取缔雨搭工作并未一蹴而就，其间情势起起落落。1934年6月，院东大街至西门大街一带又现雨搭妨碍路面情形，工务局视其情况酌定地段数目依次限期拆除，其余街道仍照规则办理，并拟具两项取缔办法：由某月日起，一个月内，全市临街雨搭一律拆除；已修好之油路或花岗石路两旁临街雨搭由某月日起，半个月内，一律拆除。③此举虽收一时之效，但终究不能彻底根除雨

①《工务局布告取缔雨搭》，《山东民国日报》1932年6月10日，第5版。

②《济南市取缔雨搭暂行规则》，济南市政府编辑室：《济南市政周刊》，载《山东民国日报》，1933年1月21日。

③济南市政府秘书处编：《济南市政府市政月刊》，1934年第8卷第7期，第40页。

搭，个别商民甚将雨搭形式“改头换面”。1934年7月20日，祥云商社等呈请“撤销雨搭改换撑支布篷，临时摘掛，藉免侵晒而维商业”。对此，当局规定“商店门窗前，可装设弧形帆布罩，状如人力车篷，随时撑缩。惟撑开时下沿之高度，不得低于路面二公尺，以免有碍行人。或以竹竿临时支撑布篷，随时撤卸。其余雨搭原有之支架，吊架或立柱等，一概不准存留”。同时，要求各商号将“雨搭未拆架柱撤除”。[①]济南市取缔商民雨搭困难重重，至于日侨雨搭的取缔更是自不待言。1934年9月，济南市政府曾多次函请驻济日本总领事馆，转饬日商将“临街所设雨搭，从速拆除”，[②]并派公安局行政科事务员马德录、工务局调查股主任李世炜，将商埠区内未拆雨搭各日商地点字号清册呈送。然而，日商所设雨搭，逾期尚无拆除者。[③]

道路作为公共空间的主要载体，历来是各方争夺的重要场域。道路两侧建筑物阻碍交通情形，表现尤为突出的是“非法侵占”。对此，当局亦是予以取缔。如“麟祥门至普利门一段围濠沿路，为交通必要之处，第一监狱于公路上加设便门，添驻岗位禁人通行，致使交通阻碍，附近居民诸感绕道之苦。于是，工务局饬令拆除”。[④]当然，对于贫困之户，有时也会放松要求。如“黄台马路两旁各房主，均系贫苦之户，小本经营，且时届冬令，年关在即，经济又甚困难，所有现存未拆各房屋，准其暂缓拆除。但需由工务、财政两局会同划定路线，并立标记；除原有房屋外，不得再行积建；原有房屋，如果公家修筑该路时，得随时饬令拆除之。”[⑤]不仅如此，商民之间也在道路上展开了激烈的“地盘战”。1935年4月19日，市民孟宪章就控告“韩家窑孙明九筑墙堵路，有碍交通”。对此，当局责令拆除行墙一段，以利交通。[⑥]同样，市民王鸣山等呈控孙光裕“移出墙壁，妨碍交通”[⑦]。但是，有

---

① 济南市政府秘书处编:《济南市政府市政月刊》，1934年第8卷第10期，第74页。

② 济南市政府秘书处编:《济南市政府市政月刊》，1934年第8卷第9期，第83—84页。

③ 济南市政府秘书处编:《济南市政府市政月刊》，1934年第8卷第9期，第85页。

④ 济南市政府秘书处编:《济南市政府市政月刊》，1934年第8卷第8期，第37—38页。

⑤ 济南市政府秘书处编:《济南市政府市政月刊》，1935年第9卷第2期，第89—90页。

⑥ 济南市政府秘书处编:《济南市政府市政月刊》，1935年第9卷第5期，第80页。

⑦ 济南市政府秘书处编:《济南市政府市政月刊》，1935年第9卷第11期，第183页。

时候“道路等级”会在争夺中主导作用，甚至会决定一方的成败。诸如，康玉发等控邢耀亭在南圩门外建房留巷不足一尺度，确与里巷规定“每面应各留一公尺二十五公分”不符，然当局以该处甚为偏僻，仅单人及两把小车来往通行，遂定嗣后翻修时，再行照法定尺数退让。[①]

与上不同的是，当局以“零容忍的态度”推行部分清理工作。一是进行官地清理，恢复道路两侧官地空地。如东圩门外马路旁市有草房二三十间，并官地数段。所有草房等，向系分租商民，居住营业，乃各该租户擅于附近道旁官地，增筑房屋，妨害交通。当经派员查勘，勒令拆复原状，以免基地日久湮没。[②]二是修建、扩建道路，破解交通出行困境。据第十坊太平庄闾长齐炳午等呈称：“本庄居民因交通不便，公议修铺道路，今已筹备妥当，修路所需之款，统由本庄地主按其房值地基均摊，此种办法均已通过，兹缘动工在即，而本庄北首道路两旁，有破席窝棚数个，正堵本庄咽喉，实与工务有碍，当经劝其拆除迁居，伊竟口出不逊，蛮横不理，民等伏思值此发展路政之际，该处为本庄五百余户之人民出入必经之要路，修铺之举，尤在极需，为此联名呈请设法取缔。”对此，市政府遵经前往调查，确系与修筑道路有碍，遂着令工务、公安两局尽行拆除道路两旁各窝棚，以利交通。[③]济南市公署时期，对于道旁浮摊，商号门口布棚、雨搭、横匾及标语，更是严行取缔，藉以减少交通障碍。[④]

（四）添设街牌、门牌

济南市各区磁质街巷牌、门牌自1929年装订后，历年新建房屋，被灾遗失者，为数甚多。1931年，公安局按照1929年门牌收费价格补制装订。后因市区先后勘界扩大，新增庄村23处，住户2 000余户，俱无门牌，虽有当时编查户口贴用的纸质门牌，然乃系临时权宜之计，且售有磁质门牌自上次补制以后，历年又有损坏或脱落者，加之许多新开业的铺面和住宅没有街牌和门

① 济南市政府秘书处编：《济南市政府市政月刊》，1937年11卷第2期，第162页。

② 济南市政府秘书处编：《济南市政府周年工作报告》，1935年，第11页。

③ 济南市政府秘书处编：《济南市政府市政月刊》，1936年第10卷第6期，第143页。

④ 山东省会警察局编：《山东省会警察概况》，1937年，第150页。

牌，于观瞻不雅，又给交通和百姓生活都带来许多麻烦。为此，公安局着手调查，应补制磁质庄村牌64方，正门牌4 166方，旁车后等门牌265方，每庄村牌1方需洋0.65元，正门牌1方需洋0.17元，旁车后等门牌1方需洋0.12元，连同庄村名称牌木托，并螺丝钢钉及运转工资等费，共需洋959.62元。拟定所有应行补制各项磁质牌，仍照1929年门牌收费价格办理，至庄村门牌64方，照章免于收费，其购置费41.6元，连同庄村名称牌木托并螺丝铜钉及运装等费洋80元，均应由补制门牌各户均摊，统计每正门牌1方应收购置费2角，旁车后等门牌1方1角5分，均以垫款购齐。①1935年，《济南市政府二十四年度行政计划》继续实施添制街牌门牌工作，将新划入各村庄街牌门牌及新建各房屋，并变更警区各住户门牌，一律换用磁质，以昭划一。②1936年，济南市有街牌2 049个、门牌49 967个，③街牌依据街巷分类设定，分街、巷、路、村庄、里、胡同六类，门牌包括正门、旁门、后门、车门四类。街巷等级与街牌数量成正比，街巷等级越高，数量越多，但各街巷数量之间差别明显。街牌、门牌分布极不均衡，街牌和正门门牌设置较多、较全面，然而二者之中，尤以城内外区为最多；商埠区的路牌建设最为完整，并且旁门、后门门牌添设也主要在商埠区。这一特征在“济南市街巷门牌统计图”（图4-1）中表现的更为清晰直观。

济南市公署时期，为整理户口便于稽查起见，对街牌、门牌管理建设工作同样极为重视，规定“所有磁质街牌、门牌，凡与管辖区名称不符，或损坏、脱落者，一律改换补制”。为保证整顿工作的顺利进行，省会警察局制定了《门牌收费规则》和《装钉磁质街牌、门牌及收费程序》，其收费规定“本届磁质街牌、门牌，每门牌一方收购置费国币三角，旁门、车门、后门每方收国币一角二分，街门牌费均算在内，不另收费；凡门牌费由房主负担之，如房主不在，本房居住时，先由租户内之正户垫付，俟交租时照数扣除；凡街牌、门牌购置费由本局所属各分局选派官警会同坊长收取，同时装钉；各

① 济南市政府秘书处编：《济南市政府市政月刊》，1934年8卷第11期，第109—111页。

② 济南市政府秘书处编：《济南市政府市政月刊》，1935年第9卷第7期，第127页。

③ 济南市政府秘书处：《济南市政府市政月刊》，1936年第10卷第2期，第216页。

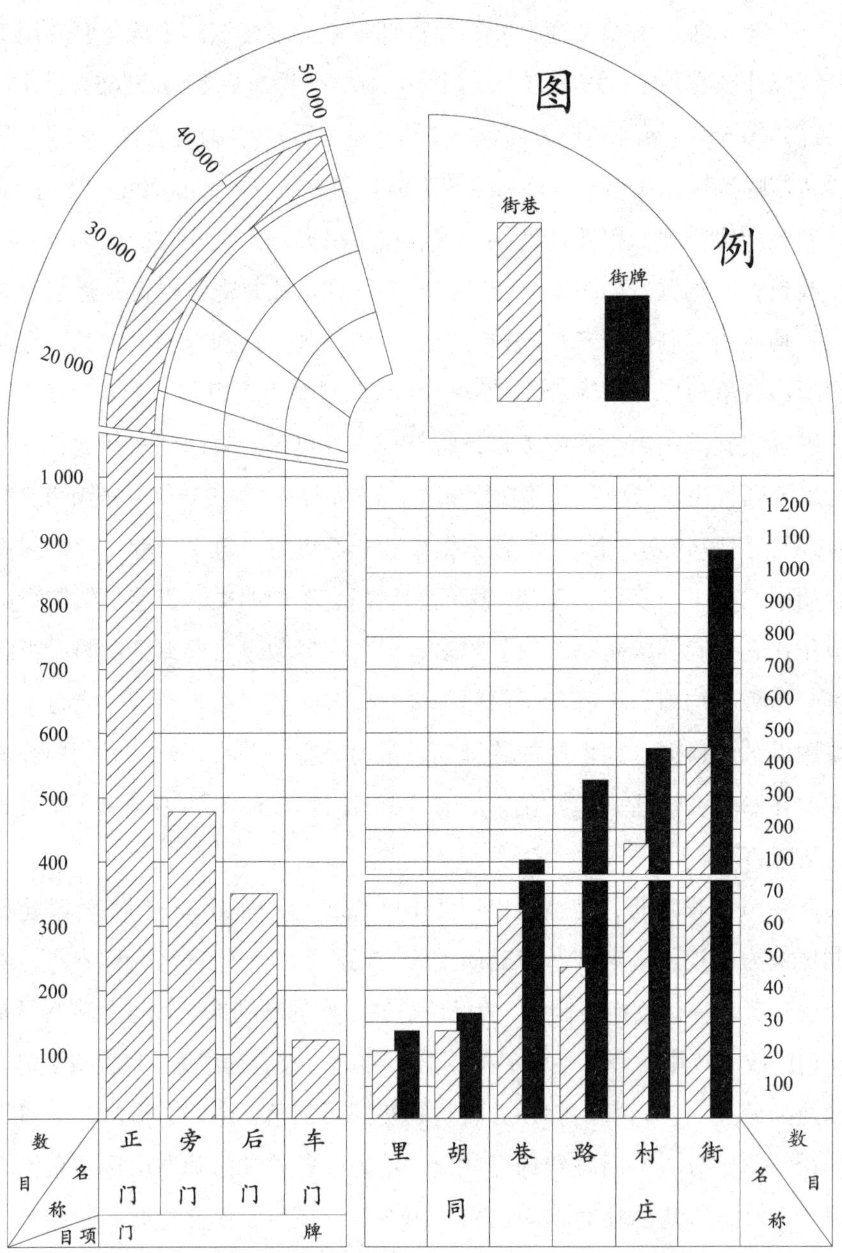

图4-1　济南市街巷门牌统计图

资料来源：济南市政府秘书处：《济南市政府市政月刊》，1936年第10卷第7、8合期刊，第115页，笔者根据原图绘制。

分局派警收费，用四联单式，第一联掣给缴费人，第二、三联呈送本局存转，第四联作为存根，由各分局保存备查”[①]。依据收费规则，省会警察局又对收费程序及装订注意事项作出详细说明，其要求“（1）磁质街牌、门牌由各分局按照底册原数领取；（2）钉载街牌均照本局令，发规定办法图式办理；（3）各分局领到门牌、街牌后，应先钉门牌，俟门牌钉载完竣，再钉街牌；（4）各分局领到街牌、门牌后，应查照底册点验一次，为有错误须详细声叙，将磁牌呈缴本局，以便换制；（5）门牌、街牌有错误时，暂空莫钉，俟换购后再行钉载；（6）街牌、门牌由各分局户籍长警带同工友钉载；（7）装订街牌、门牌木托铁钉，均由本局筹备给领应用；（8）门牌收费时应派妥实官警协同街长办理；（9）各分局官警于收到门牌费时应即掣给收据；（10）凡因门牌错误暂空莫钉，各户仍应照章收费；（10）装钉门牌及门牌收费应同时举行；（11）门牌收费四联单随令发给；（12）乡区各分局收取门牌费仍照旧管户数，按户收取；（13）乡区各分局钉载门牌，照新划区域挨户装钉，使号数连接不得紊乱”[②]。

遵循着这一要求，山东省会警察局首先进行编订街牌、门牌工作。为革除已有弊端，力求整齐划一，制定《编订街牌办法》和《编订门牌办法》，规定“（1）城内外各街，凡系东西通行之街，应将街牌钉于东端路北墙上，至西端则钉于路南墙上。如系南北通行之街，即将街牌钉于南端路东墙上，北端则钉于路西墙上。其他各街如系一端通行者，（即俗称胡同）应将街牌钉在街口之左墙。但前项街牌装钉，均以距地八尺以上为限；（2）商埠经纬各路交叉之处东西南北端，均装钉街牌。至经路东端街牌应钉于路北墙上，西端街牌应钉于路南墙上。至纬路南端则钉于路东墙上，北端则钉于路西墙上，均以距地面八尺为限。其余各街各里装钉街牌办法，以城内外各街为准”[③]。门牌的编订原则力求同街牌一致，“（1）编钉门牌，每路每街巷由第一号起钉，如系东西通行之街，应由东端路北第一门为第一号，连接装钉，

① 山东省会警察局编：《山东省会警察概况》，1937年，第261页。

② 山东省会警察局编：《山东省会警察概况》，1937年，第262页。

③ 山东省会警察局编：《山东省会警察概况》，1937年，第263—264页。

至西端路北末门为止。再由西端路南第一门连接路北末门号数，依次装钉，至东端路南末门为止；（2）南北各街巷门牌，应由北端路西第一门为起号，至南端路西末门为止，再由南端路东第一门连接路西末门号数，依次钉载，至北端路东末门为止号；（3）钉载门牌应钉于门之左首上端，如东西街路北之门，则以东为左，路南之门则以西为左；至南北街路东之门，以南为左，路西之门以北为左；（4）商号铺店临街门面，有两间至五间不等，无论房间，应将门牌钉于常川出入门之左首上端；（5）旁门、后门、车门各牌均应钉于门之上坎左边"①。实际上，济南市辖境各棚户，早在民国十八年及民国二十年调查户口时，就编制门牌，先后装钉，然而当时均系木质或洋铁质，用磁油书为门牌号数，不但字迹不清，不易识别，且不耐久，易于损坏，稽查殊感困难。对此，省会警察局拟按照《编订街牌办法》和《编订门牌办法》将所有棚户一律更换磁门牌，免费装钉，所有事项门牌购买费，由本年补制及换制门牌收费余款项下动支。②

在编制门牌的同时，还进行补制门牌工作，经调查，应补制街巷庄村牌170方、正门牌5 193方、旁门牌122方、车门牌42方、后门牌67方，并明确在举办户口总调查前，一律补制齐全。③与此相并行，换制门牌工作也由此展开。原有东北、西南两分局，前因面积辽阔，不便管理，曾于民国二十五年呈准改划东北、西南两乡区为第一、二、三乡区后，所有门牌均与改划名称不符，而区域亦多不相同，当时编查户口，虽贴用纸质门牌，乃系临时权宜之计，自应一律更换，其换制及收费办法与补装同。④到1937年底，济南市共补制门牌5 424个、换制门牌25 261个。（表4-6）

① 山东省会警察局编：《山东省会警察概况》，1937年，第264页。
② 山东省会警察局编：《山东省会警察概况》，1937年，第258页。
③ 山东省会警察局编：《山东省会警察概况》，1937年，第259页。
④ 山东省会警察局编：《山东省会警察概况》，1937年，第260页。

表4-6　补制及换制门牌数目表

城区	补制门牌				换制门牌			
	正门	旁门	车门	后门	正门	旁门	车门	后门
城内一区	31	1			31			
城内二区	67	2			60			
城内三区	186	7		6	100			
城外一区	242	12		4	194			
城外二区	112	5		1	163			
城外三区	248	13	3	13	50			
商埠一区	207	18	4	11	301			
商埠二区	158	23	6	23	236			
商埠三区	119	2	1	2	129			
商埠四区	696	45	4	1	506			
乡一区	2 064	10		2	13 090			
乡二区	988	6	24	4	5 293	81	132	27
乡三区	75				4 808	29	25	16
合计	5 193	122	42	67	24 961	110	157	33

资料来源：山东省会警察局编：《山东省会警察概况》，1937年，第260—261页。

四、道路照明

（一）路灯建设

1905年冬，庄钰、刘恩柱在济南创建济南电灯房时，为宣传电灯的优越性，在公司住地院后街安装大功率路灯18盏，线路长70米，开始了山东城市道路以第一代电光源——白炽灯照明的历史。[①]1906年初，山东巡抚设宴款

① 山东省地方史志编纂委员会：《山东省志·城乡建设志》，济南：山东人民出版社，2000年版，第319页。

待前来庆祝济南商埠之嘉宾，晚间“抚辕及大街中皆燃电灯，光明如昼”。[①]可见，济南已经较大规模地在官方机构及一些重要街道安设了电灯。民国时期，路灯多为弯灯，依据其臂大小又分为大弯灯、小弯灯、长臂式路灯、短臂式路灯、吊式路灯，此外还有直立式路灯、直立双灯式路灯。此后，路灯虽有增加，但仅限少数繁华街道和大商号门前。1926年，城区各大商号门口陆续安装电灯。[②]1929年，济南市电灯因灯泡极不划一，故电力不足，偏僻处所，入夜即成黑暗世界。[③]为革除此弊，市工务局着手进行灯泡划一管理，安装、添设商埠各路公用电灯达287盏。（表4-7）可见，改造后的商埠路灯，不仅数量多，而且较为集中。

表4-7　济南市商埠各路公用电灯调查表

路名	原有数目（盏）	残坏数目（盏）	电压不符数目（盏）	增装数目（盏）	备考
经一路	28	15	1	37	
升平街	5			5	
通汇街	2	1	1	2	
顺祥街	2	1	1	2	
经二路	49	15	27	40	
望平街	2			2	
公祥街	2				
经三路	25	7	5	34	
经四路	29	9	2	48	
经五路	1	1		47	
经六路	7	6		43	
经七路	7	4		48	

①《济南府租界开市情形》,《申报》，1906年1月12日。

② 刘春明：《济南通史》（现代卷），济南：齐鲁书社，2008年版，第395页。

③《济南市之新建设》,《山东民国日报》1929年9月23日，第5版。

续表

路名	原有数目（盏）	残坏数目（盏）	电压不符数目（盏）	增装数目（盏）	备考
纬一路	24	5		22	
纬二路	11	6		22	
斜马路	1	2		7	
小纬二路	11	7	2	11	
纬三路	14	1	5	19	
纬四路	10	2	6	11	
小纬四路	6			12	
万字巷	2			9	
小纬五路	5				
纬五路	6		5		
小纬六路	6				
发祥街	1				
纬六路	10	2	4		
纬七路	10	5			
纬八路	8	2			
纬九路	1	1			
纬十路	1	1			
总计	287	93	59	600	

资料来源：济南市政府秘书处：《济南市市政月刊》，1929年第1卷第3期，第182—184页。

1930年后，省府门前与城区、商埠各主要路口和繁华街道，均相继安装吊灯或部分小弯灯，全市有路灯1 866盏。[①]1933年，市工务局开始整理商

① 济南市政府秘书处：《济南市市政月刊》，1930年第3卷第1期，第103页。

埠、城关一带路灯，新装商埠路灯157盏，修理商埠路灯1 035盏、城关路灯365盏。[①]至1934年，市区有路灯2 715盏。[②]1935年，商埠路灯另设专线，较宽的马路一律改装吊灯，并改用大灯泡，光照度增大。然而，城里因街道狭窄仍用小弯灯照明。

与此同时，工务局开始整顿路灯设施，并在东门大街、县西巷、舜井街、鞭指巷及经一路至经三路、纬一路至纬三路等53条街道上新装路灯889盏，同时拆除了一部分不安全路灯。[③]1937年，因政局动荡不稳，政府资金短缺，无力进行市政设施的维护，致使市内路灯减少到1 700余盏，灯泡40—60瓦，式样一律是小弯灯，附于木电杆上（没有路灯专用杆）。由于电力不足，灯光非常暗淡，主要大街依赖商店门面灯照明。[④]

（二）路灯管理

路灯事业，初期由济南电灯公司经营管理，此后隶属于济南市政府工务局。1935年由电业公司直接管理。市政府成立之后，对市政建设工作大力整顿，1929年派员检查商埠各马路及城关各街，发现"公用电灯，尚觉缺少，殊感不便，拟加以整顿，将残缺之电泡补齐，再按各街情形，另外添设"。[⑤]同时，令公安局局长徐朝桐饬员检查商埠第四分局辖境各路灯损坏情况，并缮具灯数地点清单，饬工修理，以利交通。[⑥]9月5日，工务局就商埠二区路灯修理情况回复如下：

呈为呈复事案奉

钧府训字第二六六号令，开为令行事，案据公安局呈称商埠二区各路电灯损坏，急待修理，以利交通一案，除原文有案邀免全录外，尾开合行抄发清单，令仰该局遵照迅速派工查勘，本别修理，以利交通，是为只要。切切。此令附发清单一纸，等因奉此，遵即派工照单查勘修理计共电

① 济南市政府秘书处：《济南市政府市政月刊》，1934年第8卷第7期，第95页。

② 济南市史志编纂委员会编，张福山主编：《济南市志》第2册，中华书局，1997年版，第81页。

③ 济南市史志编纂委员会编，张福山主编：《济南市志》第2册，中华书局，1997年版，第81页。

④ 济南市志编纂委员会：《济南市志资料》（第四辑），1983年，第142页。

⑤ 济南市政府秘书处：《济南市市政月刊》，1929年第1卷第1期，第9页。

⑥ 济南市政府秘书处：《济南市市政月刊》，1929年第1卷第1期，第80页。

灯27盏，一律改换新泡，业于九月三日照单安设完毕，理合备文呈请。[①]

鉴核备案谨呈

市长阮

代理工务局局长项致中　　中华民国十八年九月五日

令人遗憾的是，各街道公用电灯损失居多，灯球损坏者固有，而被匪人偷换、盗窃者尤多。为此，政府采取灯球外书以红色标记，俾易识别，并在周围罩以铁丝网，以防盗窃。更由职局绘具各区安装路灯地点详图，并标明盏数，函送公安局，请其转发各分局，并饬所属负责认真保护，如此办理既易着手实行，庶可减少偷窃。但所用铁丝网价值估计每盏约需洋六分，城关商埠路灯共计750盏，需洋45元，本市此项用款拟在临时事业费第三项电灯消耗费项下动支。[②]随着城头马路的开辟，每届夏令，游人众多。1933年8月，市政府声称"惟该处前装电灯，均已损坏。不但与行人不便，且恐有宵小乘机滋事。饬令工务局迅速装设电灯，以便行人，而保治安"，经工务局派员勘估，共装一百烛光灯球16个，五十烛光灯球72个。[③]随着商埠经济的繁荣，政府极为重视市政公用事业建设，1934年11月派员查验修补后商埠、城关一带路灯状况，其呈报："路灯虽已装齐，而灯丝烧断及不亮者，仍属不少，应速照数补齐。惟查本市公用路灯线，均由高压线接下，距离既近，最易烧坏灯丝，如将公用路灯线改用专线，即无损坏之虞，亦可免灯光忽明忽暗之弊。"[④]次年，商埠路灯情况依旧很糟，残缺不全甚多，为求彻底整顿，力维治安。政府特规定商埠各路公用电灯，归济南电气公司修理。嗣后，各路公用电灯，如有损坏，准其更换，倘有遗失，即着该管公安分局赔偿，至商埠各路公用电灯，所需岁修用款，即行停发。[⑤]至此，济南市路灯管理权责发生重大变化，实施建设与管理相分离，以提高综合管理效能，这是市政管理体制

① 济南市政府秘书处：《济南市市政月刊》，1929年第1卷第2期，第118页。

② 济南市政府秘书处：《济南市市政月刊》，1930年第2卷第3期，第89—90页。

③《修装城头马路电灯》，济南市政府编辑室：《济南市政周刊》，载《山东民国日报》，1933年8月26日。

④ 济南市政府秘书处：《济南市政府市政月刊》，1934年8卷第11期，第86—87页。

⑤ 济南市政府秘书处：《济南市政府市政月刊》，1935年第9卷第7期，第75页。

的一大突破。

济南各街巷路灯向系由商民设置，惟因摊款不易，路灯损坏者亦多，迭经与电气委员会交涉，议决各街路灯概行免费，所有路灯损坏者，由电气公司重行添置，至各商号住户门灯一律照半价收费，并彻夜不熄，以利行人，而便交通。[①]此后，为维持交通治安需要，济南市公署相继又对各重要街道路灯分别修理，建设局局长王次伯预估需工料等费4 058.35元，并呈送修理路灯预算表及地点调查表（表4-8）。

表4-8　第一次修理济南市（乡区除外）路灯预算表

名称	数量	单位	单价	总价	备考
十六号电线	3 531	码	0.4	1 412.4	
瓷壶	1 141	个	0.13	1 71.15	附带螺丝钉
十四号头线	235	斤	4	940	
百瓦灯泡	237	个	0.9	213.3	
松下牌电门	227	个	0.9	205.3	
灯头	56	个	1.4	78.4	
大口铁灯罩	42	个	2.5	105	
十二寸弯铁把	34	个	1	34	
六寸胶布	20	盘	2	40	
人工	80	名	4	320	
小计				3 318	
木板门	2.4	平方米	45	108	高2.4米、宽1米
玻璃窗	1.2	平方米	35	43	高1.3米、宽0.8米
电楼顶	12.96	平方米	30	388.8	工料在内
小计				339.8	
总计				4 058.33	

资料来源：济南市财政局：《关于动支路灯修理费的报告》（附预算表）（1942年），济南市档案馆藏，档号：j076-001-0313-054。

① 山东省会警察局编：《山东省会警察概况》，1937年，第150页。

在调查维修路灯的同时，当局也开始着手调查增加路灯事宜。为维护地方治安，便利行旅起见，公安局局长李钺“前令各区分区酌量在各街添设路灯，以防宵小。各分局奉令后，即着手调查。各街何处应行添设，或应增加修理，俾便进行。现已调查竣事，闻济南全市划分十三区，共再应添设四百余盏。刻已通知电灯公司，着手进行”。[①]随着时局的每况愈下，当局对关系治安之路灯事业，更为重视，要求各商号及住户等所设门灯，均应彻夜不熄，便利警士观察。其称：“商居各户往往于夜间熄灭门灯或将门灯撤销，节减小费，以致宵小乘隙窃发，危害地方。特重申前令，凡商居各户对于门灯一项已设者，自应通宵达旦，至未设或已设而撤销者，亟应迅速装修，务使烛照无遗，奸究无从藏匿，籍保公共之安宁。”[②]与之相随，商埠各处路灯，率多损坏，黑暗不明，匪独行人不便，且于维持治安亦有妨碍，当局饬电气公司速为整理修补，尤以乐源门及普利门桥头电灯关系市容，更须随时注意整饬，以期格外光明。[③]对于新筑交通要道，同样注意装设路灯。由杆石桥经齐鲁大学至南围门道路，交通日紧，甚为重要。惟以尚无路灯，对于晚间行旅及公共安全，似有未便。省府饬电气公司装设由杆石桥至南围门一带路灯，以便交通而维治安。[④]同样，山东省会警察局长赵广培也曾“谕饬所属劝导商民、住户在街巷黑暗之处架设路灯，而免宵小辈潜行滋扰”。然而，电汽公司以商民架设之路灯多有危险，公司已有规定路灯办法，即派员将北小门里、锦屏街劝导商民架设之路灯剪去。赵局长据报后，以此项路灯与治安关系为重，特函该公司，凡经劝导商民所安之路灯非危者，可暂保留，倘已剪去之易生危险之路灯，电气公司应亟为建设。[⑤]

五、道路绿化

道路绿化是城市绿化重要的组成部分，它不仅美化市容，而且能保护、

①《公安局催令各街添设路灯》,《山东民国日报》1929年11月8日，第6版。

② 济南市政府秘书处：《济南市政府市政月刊》，1936年第10卷第11期，第223页。

③ 济南市政府秘书处：《济南市政府市政月刊》，1937年11卷第2期，第132页。

④ 济南市政府秘书处：《济南市政府市政月刊》，1937年11卷第2期，第160页。

⑤《各街巷路灯》,《济南日报》1937年7月18日，第4版。

改善道路，甚至有利于城市环境等方面的改善。而路树是城市绿化的骨架，是道路绿化的主要组成部分，反映出城市街道的面貌和地方特色，在美化市容、街景的同时，还起到绿荫、防尘、防风、防空气污染、减轻交通噪音的效果。[①]所以，近代国内各大城市都十分注重路树工作，不断推进城市环境风貌建设工作。作为山东省会坐落地的济南也是如此。

（一）路树栽植

济南市各路向来缺少树木，为美化道路，改进市容市貌，1915年开始在济历路栽种刺槐、柳树。1929年，市政府开始筹备种植路树，并“拟选购津浦铁路苗圃洋槐三千株，分植各路两旁，如不敷用，再由他处购买。饬员分别调查商埠经纬各马路应种株数及栽种地点，并请胶济铁路路树管理员李君，代为估计筹备应栽植之洋槐费用，若植4 700株，栽种工作约需费三百余元，至树栽价值，须视其大小而定，如用对径二寸以上者，每株约需洋五六角”。[②]根据1929年行政计划书大纲关于路树一项，定于1930年春先就商埠开始栽植，经分别调查商埠经纬各路，除繁盛商区铺户门前雨搭占用之人行便道不计外，约可栽植4 700株，此项路树以洋槐为宜，且须用径一寸半至三寸之幼树，故价值较昂，经调查多处价目，每株平均四角，共计树价1 880元，每株栽植工价及运费约一角二分，计需洋564元，合洋2 444元，此项用款拟由职局十八年度临时预算第一项第二目岁修费内留用。再查洋槐须于植树节前木未萌芽时栽植，方易成活，现在植树期近，此项路树急须先购，俾不误栽种之期。[③]至此，商埠地区19条道路上均已栽种上刺槐。[④]到1933年，济南市内街道共栽植行道树14 000株。[⑤]

在“新生活运动”推动下，1934年，省政府十分注重济南市的植树运动，专门成立以工务局局长兼任委员的养林委员会，并拨付千元运费及灌溉

① 北京市市政设计院：《城市道路设计手册》（下册），中国建筑工业出版社，1986年版，第824页。

② 济南市政府秘书处：《济南市市政月刊》，1930年第2卷第2期，第123页。

③ 济南市政府秘书处：《济南市市政月刊》，1930年第2卷第3期，第88页。

④ 济南市史志编纂委员会编，张福山主编：《济南市志》第2册，中华书局，1997年版，第216页。

⑤ 济南市政府秘书处：《济南市政府市政月刊》，1934年第8卷第10期，第85页。

费，也在一定程度上推动了济南路树栽植工作。期间，“曾由实业厅发给市府树苗10万株，分令各自治区普遍栽植，每区并给洋50元作为灌溉费用，本年因省苗圃树苗缺乏，省府特拨市区植树费1 300元，令由市府分发各区备用，所需树苗即以此款购置，本市十自治区，每区得洋百元，由各该区自行负责筹植，并明令规定各区所植树株枯损四分之一者，区长及助理严即受撤职处分，其余三百元由市府及工务局负责在千佛山马路两旁及市内各街道栽植行道树”。[①]至1934年10月，济南市路树栽植取得了丰硕战果。黄河遥堤植柳1 516株、杨树37 901株、榆树9 168株、槐树2 000株，商埠义地植榆树3 500株，引河岸植榆2 000株、杨树2 500株，辛庄马路植榆1 000株、杨树400株，新汽车路植杨1 400株，忠烈祠西植杨1 200株，张庄马路植榆4 000株，五三路植柏杨3 000株、柳树500株，济泺路植杨2 365株，东圩门外各路植杨8 000株。其成活率为黄河遥堤柳树成活864株、杨树成活5 176株、榆树成活2 266株、槐树成活300株，商埠义地榆树成活1 025株，引河岸榆树成活561株、杨树成活119株，辛庄马路榆树成活118株、杨树未成活，新汽车路杨树成活128株，忠烈祠西杨树成活31株，张庄马路榆树成活1 642株，五三路杨树成活1 633株、柳树成活280株，济泺路杨树成活262株，东圩门外杨树成活2 219株。[②]可见，在政府力推下，济南的路树栽植工作逐步发展，但因养林委员会为临时拼凑机构，其成员多为兼任，对于树木栽种、护养事宜，仅是依靠各区出夫办理，缺乏专门的护理队伍，致使路树成活率较低。1935年，济南市路树栽植工作继续扩展，在五三路两旁（自官扎营引河桥至泺口普安门，长7里）、金牛山路两旁（自五三路至金牛山南，长2里）、龙洞路两旁（自花园庄北口至甸柳庄西，长5里）等交通道路上，每距五公尺，栽植苗龄四年柳树（高度一丈五尺）一株，共栽植2 920株。[③]至此，济南市有34条道路，栽植了12 022株路树，主要分布在商埠区和各交通干道，其中经纬各路占了61.8%。（表4-9）

① 《本市内普遍植树》，《山东民国日报》1934年3月26日，第5版。

② 济南市政府秘书处：《济南市政府市政月刊》，1934年第8卷第10期，第85页。

③ 济南市政府秘书处：《济南市政府市政月刊》，1935年第9卷第6期，第165页。

表4-9　济南市路树调查表（1935年6月）

路名	株数	路名	株数
经一路	285	经二路	385
经三路	324	经四路	509
经五路	253	经六路	393
经七路	256	纬一路	164
纬二路	207	小纬二路	102
纬三路	192	纬四路	51
小纬四路	54	纬五路	135
小纬五路	3	纬六路	218
小纬六路	88	纬七路	181
纬八路	127	纬九路	97
纬十路	9	斜马路	24
麟祥南街	18	辛庄路	290
张庄南路	657	张庄北路	1 264
千佛山路	1 250	运动场路	215
黄台路	249	龙洞路	89
五三路	2 516	金牛山路	334
济泺路	862	桑园路	221
合计	12 022		

资料来源：济南市政府秘书处：《济南市政府市政月刊》，1935年第9卷第8期，第93—94页。

随着城市路树工作的日臻发展，1935年10月，山东省颁布《栽植行道树暂行办法》十二条，规定“沿路两侧除河川、山岭不能植树者外，均各植树一行，其距离以十市尺至十五市尺为准；树苗以直径一市寸，高度七市尺至十市尺为合格；树苗由各该县政府筹备，在每一段内须栽同种树株；沿道两侧系公地者，由各该县政府栽植之，此项树株即归县有；沿道两侧系民地者，由各该县政府划定道段责成各地主自行栽植之，此项树株即归地主私有；各段应栽之树株及栽植日期，由县政府划定，并监督栽植之；行道树栽植后，所有保护、浇培等事项，应由县政府或各地主负责办理，如有枯损应改补植”[①]。遵照《济南市栽植行道树暂行办法》，工务局派员勘查各路行道树，发现商埠行道树缺额颇多，加之连年改修路面，补栽尚少，故市府谕令“修成各重要街道，补栽干径二英寸以上，高二公尺五十公分，保活三年之洋槐树二千株，又已成活及新补栽各树，共计6 075株，均须加以整理，分别修剪树枝，扎包枝头，刷抹树干等”[②]。

此后，政府和市民极为注重美化环境，认为“路树可以调节气候，增进美观，与市民之健康，市容之修整，关系甚巨”。经派员调查各路路树历年枯萎者1 840株，除龙洞路枯死杨树80株，及市立中学枯死果树5株，原系栽植人包栽成活者，仍饬原栽人补栽，不再计入外，应于1937年补栽者1 750株。又据五三公园管理员陈睿呈请在金牛山东北两麓栽植本省名产蔬果梨桃等树共700株，以资点缀，而便游人。[③]不仅如此，还有市民有李叔衡、宋星源等呈请除去马路枯树，重栽新树，其称“东圩门外至黄台桥有前清末年建筑马路一条，两旁遍植柳杨各树至今已阅数十年之久，树均枯死大半，不惟受风雨之摧折，并以供贫民之偷盗，而于观瞻上亦受莫大之影响。民等思之再四，拟请铲除变价一半呈缴。均署藉补要公一半，民等专款储邮生息，以备来年施种新树。不惟可以裕国家，亦可以壮观瞻”[④]。到1940年，市区行道树有3 000株左右。同年，在经一路至经五路补植3 300多株，成活378株。[⑤]1941年，《济南市三十年度林业计划》刊载，估衣市街及东西南三乡道路宽阔，拟春季栽植行道树株，以利行人，并补植商埠各经路及济历路行道树，本市苗

---

① 济南市政府秘书处：《济南市政府市政月刊》，1935年第9卷第10期，第60—61页。

② 济南市政府秘书处：《济南市政府市政月刊》，1936年第10卷第2期，第166页。

③ 济南市政府秘书处：《济南市政府市政月刊》，1937年11卷第2期，第93页。

④ 李叔衡等：《为除去马路旁枯树的呈》（1939年10月11日），济南市档案馆藏，档号：j076-001-0532-018。

⑤ 济南市史志编纂委员会编，张福山主编：《济南市志》第2册，中华书局，1997年版，第216页。

圃起出之侧柏树苗六千株分配各乡区无价领栽。[①]其后，重补路树5 084株，当时市区28条街道栽行道树8 000株左右，其中10%是杨树、柳树，90%是刺槐。[②]

（二）路树管理

管理路树是巩固绿化成果、美化道路景观的有效手段。市政府成立初期，因各项规章制度尚不健全，损坏路树之事时有发生。据省建设厅小清河工程局呈报，边家庄闸附近隙地所植树株，被人伤毁40余株，建设厅除饬公安局严缉案犯究办，并补植外，还布告附近民众，务须爱护树株。倘有任意伐折者，定行严惩。[③]同时，建设厅还根据视察员李冠熙呈“胶县地主自备树苗移植，当催栽急迫之际，多有砍伐柳枝，插植路旁伪作植树”情事，恐他县亦有同病者，通令各县认真查验，以谋林政之发展。其原文录称“兹据本厅视察员李冠熙呈，查胶县栽植行道树办法，系由地主自备树苗，分别移植。当县府派员催栽急迫之际，多有砍伐柳枝，遍插路旁，伪作植树以此了事，被职查出，当即告知该县县长周竹生，分别究办，现已彻底栽植，恐他县亦有同病者，请通令各县严加查验，以杜流弊而维林政，等情，据此，除分令外，合行令仰该县长严加查验，以杜流弊。并仰督察所属切实认真办理，不得稍涉疏忽”[④]。

不啻如此，建设厅还于1934年6月以保护行道树暂行办法，呈请省政府通令各县遵照，每县颁发十五张，凡负保护责任机关，饬县各发一张，张贴办公室内，随时注意，如不敷分配，应即照抄给发，行道树沿路地主亦应一体传谕知照，俟年终考成，定依照规定办法严格执行。[⑤]次年，颁布《山东省保护行道树暂行办法》九条、《山东省全省河道植树护堤办法》十六条。1937年继而颁发《山东省各路行道树及林场树株修剪办法》十一条，使路树管理

① 伪济南市公署秘书处：《济南市政公报》，1941年第1卷第5期，第14页。

② 济南市史志编纂委员会编，张福山主编：《济南市志》第2册，中华书局，1997年版，第216页。

③《建厅布告保护边庄闸附近树株》，《山东民国日报》1934年4月22日，第5版。

④《建厅通令各县认真查验栽植行道树》，《山东民国日报》1934年4月26日，第5版。

⑤《建设厅通令保护行道树》，《山东民国日报》1934年6月18日，第 5版。

的各项制度逐步完备起来。济南沦陷后，树木毁坏极甚，盗伐损害，日益剧烈，又因疏于管理，虫类蔓延，危害亦巨。于是1941年，济南市公署对原有的《济南市管理路树暂行规则》进行修订，对栽植、修剪、保护、毁坏惩罚作了具体规定。①至此，济南行道树管理专章确立，打破了历来随同林木共同管理的定制。

济南市管理路树暂行规则

第一条：本市路树之管理，除依华北政务委员会及本省法令外，悉依照本规则之规定办理。

第二条：凡本市内道路两旁，均应酌量植树，其距离以十二尺至十八市尺为准，其他相当地点亦得植树。

第三条：路树栽植时，期定为每年三、四两月。

第四条：路树修剪时期定为每年十月至十二月，若有妨碍者，随时修剪之。

第五条：由本署建设局每月派人赴各道路巡查一次，遇有枯死或损坏者，应于雨季或来年春季补植。

第六条：商民对于路树须一体爱护，不得有左列情事：

一、不得在路树及支柱盘留牲畜或其他物件

二、不得在路树上猎捕鸟类

三、不得在路树上及其附近燃火或抛掷引火物

四、不得摇晃路树

五、不得在路树上刺字、剥削树皮或其他类似情事

六、不得以污水积物或其他妨碍路树滋长等物倾倒于路树池内

第七条：违犯前条规定不听禁阻者，得酌量情形，每株处以一元以上五元以下之罚金

第八条：有下列情事之一者，每株得处以五元以上二十元以下之

① 伪济南市公署：《管理路树暂行规则》（1941年），济南市档案馆藏，档号：j076-001-0278-008。

罚金。

一、因第六条各事项之一，而损坏路树或其附属物者

二、砍伐或攀折路树者

三、拔取路树之支柱者

四、擅自迁移路树

五、毁坏树池者

第九条：凡关于违警各事而涉及本规则者，除由本署酌量情前形照本规则处罚外，并得函请省会警察署，按照违警科罚。

第十条：因过失损坏路树或其附属物者，须按损坏程度估价赔偿。

第十一条：凡欲迁移路树者，须呈经本署核准，由建设局派工迁移。

第十二条：本规则如有未尽事宜，得随时呈请修正之。

第十三条：本规则自呈准公布之日施行。[①]

与之相随，济南当局转发《山东省保护树株办法》《山东省督促防除森林害虫办法》，将原有推广林业章程等单行章则五种酌加修正，训令济南市自治区联会、农会、商会遵照，以期设法保护路树。[②]后又因其在稠人广众之中，较之普通林木颇为重要，管理方法必须格外周密，方足以护持其发育，避免摧折，遂于1942年3月2日对其管理暂行规则进行修订，其第二条规定“凡本市内道路两旁，均应酌量植树，其距离以十市尺至十五市尺为准，其他相当地点亦得植树”；第三条规定“路树栽植时，期定为每年二月下旬至三月上旬”；第四条规定“路树修剪时期定为每年十一月至十二月，若有妨碍者，随时修剪之”。[③]遵循上述规则，当局加大对行道树的管护力度，依法查处不合规定之行为。1937年3月1日，财政局、工务局据理驳斥“市民夏淑君呈为林树成材，伐除换栽新树”情事，据调查称“该处树木，既非该夏氏私有，且树在黄河救生大堤两旁，关乎泺口及乐山居民生命。况大堤现

① 伪济南市公署：《管理路树暂行规则》（1941年），济南市档案馆藏，档号：j076-001-0278-008。

② 伪济南市公署秘书处：《济南市政公报》，1941年第1卷第10期，第32页。

③ 伪济南市公署秘书处：《济南市政公报》，1942年第2卷第6期，第51页。

为汽车干路，更须注重保护。此栽树之救生堤，并不在政府许可领区之内，新栽尚无不可，自难准其剪伐。除通知遵照外，并令该管区公所仰即遵照临时保护为要”。[①]

众所周知，欲求美化都市，须先栽植行道树，但徒行栽植，苟不妥加保护抚育，亦难期圆满之效。况行道树在济市人口众多，行人络绎之侧，难免常被摇撼，故此，济南市公署对行道树的保护甚为备至。一是广泛宣传普及，力求商民周知遵办。1942年3月23日布告宣称“各路新植树株，多有损坏折断情事，当系无知之徒，任意攀折摇撼所致。亟应派员随时严查，并令商会、区联会通知各商号住户，对于门前行道树，一体加意爱护，负责灌溉，务使成活，如有移居，并须点交后来住户，遇有枯死，即责令补栽。倘有损毁情事，定行照章罚办，绝不姑宽”。[②]二是时常派员巡查管控，纠正不良行为。林业技术员郝松岭签称：3月24日上午，在凤麟街南端路西新栽植之白桐，下午即有三株被人折断，出此举者，或系无知之徒。若不取缔，则愚民必谓当局不加注意，愈演愈甚。破坏林业之进展，当无底止。除将树干涂刷保护外，拟请转饬函省会警察署，对于行道树切实保护，方免朝举夕废之情事。除出示保护，并分令商会及区联合会转知沿马路商号住户，对于门前行道树，随时灌溉，负责保护外，即希查照转令各分署饬警切实保。[③]三是推行“绿化运动周”，务求取得实效。在此期间所栽树株，统归政府管理。遇有天气亢旱，风日俱烈之时，各路行道树要特别注意，务勤灌溉，培植整理，以期整齐发育。[④]同时，每值春季植树时期，分别派员督饬举办济南地方植树节，对路旁树株更是不惜巨款，每年栽植。据查有甫经栽植，即被损坏情事，似任意妄为，殊堪痛恨。为此布告全市居民切实遵照，务各仰其主旨，广为栽植，并对路旁树株一体严加保护，以期达到生产目的。[⑤]四是制发商

① 济南市政府秘书处：《济南市政月刊》，1937年11卷第3期，第145页。

② 伪济南市公署秘书处：《济南市政公报》，1942年第2卷第6期，第53页。

③ 伪济南市公署秘书处：《济南市政公报》，1942年第3卷第6期，第21页。

④ 伪济南市公署秘书处：《济南市政公报》，1942年第2卷第8期，第29—30页。

⑤ 伪济南市公署秘书处：《济南市政公报》，1943年第3卷第7期，第31页。

民保护行道树注意事项，严加管理保护。商埠一带，行人众多，行道树栽植以后，应饬所在商号于树干周围设栏保护，其不在商号门前者，则由公署自置，原有大树枝条于未发芽前迅速修剪，并雇佣行道树长工两名，随时浇灌整理。济市商民保护行道树注意事项：各商民门前新栽之行道树，限于4月底前一律设置木栏（材料：木条或竹竿；高度：三尺半至四尺），严加保护；如遇旱期，随时灌溉；如被摇歪，或根部发生空隙，立即填土扶正捣实之；倘有依傍木栏，或摇撼树干者，立即阻止；凡有损毁树皮树枝、树池及木栏者，得报告警察，依违警罚法惩罚之；凡有妨害树株生长：如系绳、挂物或凉棚等情事，由本署巡视人员指示，应随即取缔之；因保护不力，致树死亡者，由该商民补栽（补期由本署定之）。①

第二节　城市交通工具的管理

一、车辆登记与检验

（一）登记

车辆登记是公共交通管理最为基础的工作，它直接关系到车捐征收、司机考验等工作。为此，市政府依据《济南市管理汽车暂行规定》《济南市小车管理规定》《济南市管理人力车暂行规则》等规则，对各种车辆实施登记，如《济南市管理人力车暂行规则》第六条规定凡人力车无论营业或自用，均应赴财政局登记车主之姓名、籍贯、职业、住址或车厂名称地址，制造厂之名称，自用或营业。第七条规定人力车登记后即领取牌照，营业车应缴车牌费三角，捐照费五分；自用车应缴车牌费六角，捐照费五分。第八条规定营业车捐照每半年更换一次，自用车捐照每一年更换一次，如有遗失及损坏时，应申请补领或换领，仍须照章缴费。第九条规定人力车转让时，由受让人偕

① 伪济南市公署秘书处：《济南市政公报》，1943年第3卷第8期，第47—48页。

同出让人赴财政局声请重新登记。第十条规定人力车变更第六条所列各款时，应于五日内赴财政局申请登记。第十一条规定自用车不得兼为营业，如有请改营业者，应先行申请登记。1929年10月12日，市政府首先从人力车着手进行注册、检查，每日由公安、财政、工务三局，酌派干员，前往市府大院内，检查各人力车，发给注册证。迄至20日，已注册者，固属不少，但济南市人力车，共三万余辆，除注册之两万余辆外，尚有数千辆未得注册。市府原定于20日截止注册，但以未得注册者尚有如此之多，故决定延期至10月底，始行截止，逾期仍不注册者，定予严惩。①

与此同时，阮肇昌市长命财政、工务两局，依据《济南市管理汽车暂行规则》，根据"第七条规定凡汽车及机器脚踏车经检验后，应由车主或车行持验讫证赴财政局登记，车主之姓名、籍贯、职业、住址或车行之名称、地址或机关名称；司机人之姓名、籍贯、住址及司机人执照之号数；制造厂之名称；车类（篷车或轿式车）；车之载重及乘客位数。第八条规定汽车及机器脚踏车登记后即领取牌照，应缴牌照费：汽车分自用、营业、长途三种，每车钉号牌二面，收号牌费五元，捐照费二角；机器脚踏车钉号牌一面，收号牌费一元，捐照费二角。第九条规定号牌捐照如有遗失或损坏时应即补领或换领，仍照章缴费，但捐照每半年更换一次。第十条规定车辆变动第七条所列各款时，应于五日内赴财政局声请重新登记"。②要求所有本市汽车限期登记，皆须向市府缴捐领照。捐数分二元、四元、十元、十二元、二十元五种，每辆外加号牌费五元。司机皆须经市府考验发给及格执照，始准驶车。每人于报名时，并缴试验费一元。③不啻如此，市财政局还派员随时稽查尚未登记车辆，"济南市财政局以市内汽车，近顷多有未经领牌纳捐，私自行驶，或悬挂试车纸牌，希图蒙混者，经该局派员严查，分别惩罚，并饬车主，如有尚未登记车辆，务须从速遵章办理，免于罚则"。④

---

①《人力车注册展期》，《山东民国日报》1929年10月20日，第6版。

② 济南市政府秘书处编：《济南市市政月刊》，1929年第2期，第42页。

③《汽车登记》，《山东民国日报》1929年10月21日，第5版。

④《财政局派员查车》，《济南日报》1936年8月23日，第4版。

1931年，因城市交通日臻发展，市政府对各种车辆暂行规则进行修正，其登记事项有所增加。如人力车管理规则增加“营业车牌须钉在护轮板上左前方，自用车牌须钉于车座后下方，如有遗失或损坏者，应随时缴价补领；营业人力车夫须穿着号坎，自用人力车夫须穿着号褂，此项号坎、号褂每年发给两次，由各车主于冬夏两季备价向财政局承领，其价额按市价临时规定之”。脚踏车登记事项增加“号牌须钉在车座后面，如有遗失或损坏，应随时缴价补领”。[①]此后，登记事项持续进行，到1936年，新注册车辆4 666辆，载重、营业、自用汽车72辆；脚踏车最多，达4 555辆；[②]大车、马车、轿车逐渐减少，甚或消失于市面。自用、营业两项人力车前经奉令移归省会公安局办理登明。1938年，日伪济南市公署颁发《管理汽车暂行规则》《管理脚踏车暂行规则》等车辆管理规则，登记事项更加具体细化。如其登记规定“汽车牌应于车座下方前后两端各钉一面，机器脚踏车应钉于车身后端”，[③]并紧跟时势发展，对脚踏车实行“营业、自用脚踏车、市内军警及公务机关公用脚踏车、市内各级学校学生自用脚踏车”等进行分类登记，[④]藉以作为纳捐凭证。

（二）检验

车辆作为交通工具，其构造之坚固与否，均与市民安全有着直接关系，故当局订定管理规则检验车体，以增进交通安全。同时，车捐是城市捐税收入的主要来源之一，检验车辆是登记纳捐的前提。济南市政府成立以来，汽车事业发达，各商汽车多未领照登记，以致难统计，影响城市捐税收入，且司机技术参差不齐，行至街上时屡有车辆相撞、撞人之事。仅《济南日报》在10月份、11月份刊载的事故就有3次，如1929年10月26日“猛不及防，两汽车相撞肇祸”，1929年11月9日“大车下之幼鬼”。为此，济南市政府根据有关

① 济南市财政局编：《济南市财政局二十、二十一两年度业务报告》，1933年，第106页、113页。

② 济南市政府秘书处编：《济南市政府市政月刊》，1936年第10卷第3期，第294页。

③ 伪济南市公署：《管理汽车暂行规则》（1938年），济南市档案馆藏，档号：j076-001-0533-004。

④ 伪济南市公署：《管理脚踏车暂行规则》（1938年），济南市档案馆藏，档号：j076-001-0266-034。

各项车辆管理规章，从1929年起，进行各种车辆检验工作。10月21日，开始检验汽车，依据《济南市管理汽车暂行规则》第三条规定，汽车、机器脚踏车须经工务局施以检验，其检验事项有：制动机之装置、车灯及方向标、发声器（应传闻至一百米）、车棚及各部、减声器、发动机速率表、开闭器电汽等装置、发动机号数、汽缸数、马力等。第四条规定，汽车、机器脚踏车经检验后认为合格者，由工务局发给验讫证，持赴财政局登记、领取拍照。第五条规定，汽车、机器脚踏车经验收后，每届一年复验一次，但遇必要时，得由检验员或警察随时随地检查之；第六条规定，凡在制造厂内新出之车或外埠购来之新车，欲在本市试验行使者，应先报由工务局施以检验，领取临时通行证，准试车（在试车时不得装载乘客及货物）试车费每日每辆五角。[①]据此，当月检验汽车10辆、脚踏车105辆、人力车30辆。[②]检验工作伊始之年度，所检之汽车，尚不满百辆（仅77辆），其不遵令候验者，自必甚多。基于此，市政府函请财政局会衔布告，凡未经检验之车，限期速来候验，否则由公安局照章执行，以重功令。[③]1930年检验工作持续进行，并根据济南市政府第146号训令，议决将普通车由工务、财政局继续检验，军用车由总指挥部核示。遵照济市管理汽车暂行规则第二、第三、第四、第五及第十一条之规定，10月15日至10月31日在工务局检验有牌、无牌、自用及营业各汽车及机器脚踏车，其无照之司机亦一并考验。各车检验合格后，即持验讫证赴财政局登记。[④]

随后，1935年检验合格汽车64辆，脚踏车2 889辆，人力车926辆，骡马大车68辆，各种地排车27辆，单双轮小车8辆。[⑤]机械、半机械交通工具均增长较快，脚踏车增长势头迅猛，较检验之初增加了近2 000辆，传统交通工具数量不断下降。1936年，工务局长张鸿文以本市各汽车及电摩自行车，按章

① 济南市政府秘书处编：《济南市市政月刊》，1929年第2期，第40—41页。

② 济南市政府秘书处编：《济南市市政月刊》，1930年第2期，第25—26页。

③ 济南市政府秘书处编：《济南市市政月刊》，1929年第3期，第10页。

④ 济南市政府秘书处编：《济南市市政月刊》，1930年第2期，第88页。

⑤ 济南市政府秘书处编：《济南市政府周年工作报告》，1935年，第10页。

每年均须检验，以免发生危险，该局现又按照往例，施行检验，除军用汽车按照军部办法外，凡营业汽车及自用电摩自行车，均须受警察随时之检验，并奉市政府令，限期调查汽车数目。[①]此后，财政局、工务局派员晤商实施办法，拟议“各种汽车及机器脚踏车，无论旧有新置，一律即日报请工务局检验，经检验合格者，填列调查表，编订号码，发给验讫证二纸，由车主持赴财政局稽征处呈验登记，经该处核明后，加盖戳记，发还一纸，其余一纸存储备查，并发给验讫证，所载种类及所编号码相同之新制车牌征收捐费，如无验讫证者，不予核发号牌；自此次检验领牌之后，车主如有变更，亦须声报工务局更正登记，给证二纸，然后持赴稽征处陈明注册，再由该处分于登记证盖戳存还。其车辆倘有停止使用者，须至稽征处声请退捐，缴还号牌，由该处将所缴号牌，存备发给其他同类之车辆，并填具通知单，送工务局查照。此项退捐汽车，将来恢复使用时，应重新检验，领牌缴捐，一依新车手续办理”。[②]次年，省会警察局以人力车登记办理完竣，便开始检验车辆，换发新式车牌，其布告原文录后。

案查人力车登记，限本月底办理完竣，再由本局检验车辆，换发新式车牌，前经布告周知。兹查人力车登记，现已满期，定于六月一日在本局前院空场，检验营业人力车，并发给车牌，先由城内一区起，俟城内一区所辖境内营业人力车检验完毕，发给车牌后，再由电话传知其他各分局，依次检验。至自用人力车应予免验，由各自用车夫持登记证来局领取车牌，除饬各分局知照外，合行布告仰各人力车夫一体遵照，切切此布。[③]

局长　赵广培

因市政府检验稽查的不断努力，至1937年，汽车每年检验从最初的77辆逐渐增加到后来的150余辆，脚踏车从12 000余辆逐步增加到18 000辆，畜

① 《工务局开始检验本市汽车及电摩自行车》，《济南日报》1936年5月12日，第4版。

② 济南市政府秘书处：《济南市政府政月刊》，1936年第10卷第12期，第172—173页。

③ 《警局检验人力车，发新车牌》，《山东民国日报》1937年6月1日，第8版。

力大车500余辆，大地排车300余辆，小地排车2 000余辆。[①]济南市公署成立后，继续施行车辆检验工作，但因受战事影响，检验成效不甚理想，1938年济南市建设局仅检验车辆59辆。[②]

二、车辆装置与行停

（一）装置

1. 车辆构件管理

车辆装置与交通安全、城市市容、市民生活等关系密切，除了进行前述的车辆检验外，对于车辆装置，当局也拟定诸多管理措施。一是改良轮瓦。噪声污染是人们生活中的“公害”之一，影响着人们身体健康和生活质量，而其中交通噪声便是较为普遍的形式。1921年，商埠纬二路一带，“来往小车甚多，车轮有唧唧唧之声，实于交通有碍”，商埠商会决定，对于行走有唧唧唧之声的车轮，“亦逐渐令其改良”。[③]随着商埠商业的繁荣，往来车量频次的增多，1924年，商埠商会董事李元善反映，“本埠小车往来马路，声振耳鼓，于各号电话既发生障碍，于市人言语更淆乱听闻，妨害公益”，且“本埠大车轮瓦牢而锐，运量稍重立即深入各路沟渠麟次”。[④]针对这种情况，商埠商会建议将大车“所用轮瓦一律改为平宽”。同样，当局也严厉禁止人力车装置木质响轴，如“警察厅禁止人力小车用木质响轴，曾经迭次布告，均须修改在案。兹有车夫郑兆海等，公呈警厅，又请免禁等情。闻昨奉批云：呈悉，查小车禁用响轴，迭据中外人民请求，并经商会函请禁止，系属历任通令严禁之案，碍难变更前议，仰仍遵愿迭次布告，勿再妄渎”[⑤]。

此后，当局继续推进瓦轮更换工作，但效果并不理想。1934年6月，据

① 济南市志编纂委员会编：《济南市志资料　第四辑》，1983年，第141—142页。

② 伪济南市公署秘书室编：《济南市公署二十七年工作报告》，1939年，第217—218页。

③《商埠商会复英商公会遥同商埠各警署讨论二马路取缔小车贩商等办法》，济南市档案馆藏《济南商埠商会档案全宗》，临77-4-12，1921—1922年。

④《商埠商会呈请省长饬警厅告谕车户改良轮瓦由》，济南市档案馆藏《济南商埠商会档案全宗》，临77-7-25，1923—1924年。

⑤《车夫请免改车轴——警厅批驳未准》，《济南日报》1926年12月13日，第7版。

济南市工务局局长张鸿文呈称：“黄家桥东盛祥车铺、菜市庄和顺车铺、车站街裕聚成车铺、东围子外街福盛车铺、长盛街长顺车铺、全盛永车铺、东门大街永盛车铺等七家车铺，以所借款项，造成宽轮，积存难以销售，致还款困难。而大车换轮之期已逾一月，窄轮车仍复满街行使。”[①]究其原因，市内行驶之窄轮车，多系冒充外来车，纳五日捐在市内行驶。此与《济南市取缔窄轮车辆暂行办法》第十三条关系莫大，其规定“自本办法施行三个月后（1934年2月），市内未换轮之车辆，须加收月捐两倍之规定（加收月捐捐额：大车、轿车、地排车均三元，小地排车九角，小车三角），而五日捐较廉（五日捐票，大车三角，小车五分。捐票六张，即可使用一月，较加捐之月捐为少，况不出车时，又可不报五日捐）”。车夫见有机可钻，即已避重就轻，希图取巧，所有窄轮车辆相率缴纳五日捐，蒙混行驶。对此，当局发文强调“请除商埠西部，规定暂准外来窄轮车行驶地带，仅售五日捐票于外来车辆外，其余城关、商埠各处一律实行禁止窄轮车通行，亦不售五日捐票。倘在商埠西部，于售捐票时，如查明系市内窄轮车辆，冒纳五日捐，即不售予，并强制其换轮，而市外窄轮车辆私自窜入禁止窄轮区域，立按取缔窄轮暂行办法第十五条之规定，从重处罚”。[②]除强制自费更换外，政府还采用贷款形式帮助畜力车、地排车更换其轮瓦。畜力车、地排车车轮是木轮，轮外箍以凹形铁瓦，轮宽5—6厘米，全车重量达2吨之多，行驶中压力都集中在着地点，面积不到15平方厘米，滚动转弯损坏路面最为剧烈。馆驿街为运货要道，每天通过此类车2 000余辆，其新修碎石路面，仅半年时间，就被车辆倾轧的到处大坑，每个坑直径从0.5米至1.6米，深度从0.1米至0.2米。为了根除窄轮凹瓦破坏路面，政府于1933年贷款给车户，限期改换宽10—15厘米的宽轮平瓦。[③]

二是设置灯、铃，预防交通事故的发生。随着市面的日臻繁荣，各项车辆杂沓喧闹、行驶驰骤，缺少车灯、警铃，不仅妨碍交通，且易发生危险，

---

① 济南市政府秘书处：《济南市政府市政月刊》，1934年第8卷第7期，第54页。

② 济南市政府秘书处：《济南市政府市政月刊》，1934年第8卷第7期，第55—56页。

③ 济南市志编纂委员会编：《济南市志资料　第四辑》，1983年，第114页。

亟应整饬预防。1930年，济南市公安局令各分局切实遵照人力车管理规则，要求“人力车夜间行车必须燃灯，一车不得乘坐二人，以及未及成年之幼童不准拉车”。并指出，“人力车辆仍有不遵前项规则情事，殊属藐玩，极应重申前令以防危险而重人道，并转饬岗巡等警，于此项车辆注意取缔”。[①]同时，也要求“人力车于天未破晓揽坐均须燃灯”。[②]关于人力车的这种装置，我们可以在孟庆筑《那个年代：回忆旧济南》的著述中窥见一斑：“济南那时候的洋车有两种，一种是在街头讲价上车的普通洋车；另一种叫‘包月车’，就是有钱人家长期包坐的洋车。这种车多数是很新的车，车棚齐全，装饰也好看。有的在车杆上装有一个用手捏的或用手按的喇叭，用红绿绸子裹着很漂亮；有的在脚垫板下装有两个铜铃铛，坐车人用脚一踩铃铛就‘叮当、叮当’的响；多数还在车的两旁装有玻璃罩子的煤油或电石车灯。”[③]与此同时，公安局也开始查禁脚踏车、自行车不设灯铃情况，以求划一管理。公安局向省政府秘书处、总部副官处、各厅秘书处、市各机关呈称，“窃查关于脚踏车之行驶，曾订有管理规则，其第三条第三项规定脚踏车须备置警铃及车灯，又第十一条第一项及第十项内载，一车不得乘坐二人，幼童不得在繁盛街市乘车等。近查此项车辆仍多未设灯铃及幼童驾车乘坐二人等情事，不仅妨碍交通，且易发生危险，除再通令各分局认真取缔，并布告商民遵办外，其余军政党各机关公用自行车为数尚多，亦应装设灯铃”。[④]

另外，装设车灯、警铃也是纠察市容、维护公共秩序的重要工作内容之一。如1934年济南市政府发布“整饬车辆”消息，称“本市缘近有一般好奇之徒，故于车上装设怪异铃号，及至夜间不按车灯，并任意过加速度，以致街市行人惊慌不安，即于乘车方面，亦至危险。查车铃车灯，以及限制行驶，早经规定实行，乃日久玩生，自非重申前令。严加取缔，不足以肃市

① 济南市政府秘书处：《济南市市政月刊》，1930年第1期，第71—72页。

②《济南市政府周年工作报告纲目》（1933年9月9日—1934年9月9日），济南市政府编辑室：《济南市政周刊》，载《山东民国日报》1934年9月8日。

③ 孟庆筑：《那个年代：回忆旧济南》，济南：黄河出版社，1996年，第4页。

④ 济南市政府秘书处：《济南市市政月刊》，1930年第1期，第72页。

容，特令工务、财政两局于查验车辆时，对于奇异铃号及不按灯之各项车辆严加取缔，并令公安局对于奇异铃号，并夜间不按车灯以及行驶过速之各项车辆，严加取缔，并布告周知，倘有违反，即由长警予以查扣”。[①]随后，市长闻承烈、省政府主席韩复榘谕令济南市组织临时纠察组，督察人行道及各种车辆装置是否完备，尤其要求脚踏车一律须白昼按铃，夜晚按灯，并特谕由省会公安局转饬各分局官长警士一体认真纠察，遇有无灯铃之脚踏车，着即扣留，人车并送公安局总局，不服取缔者，解送总指挥部军法处讯办，以免妨害公共秩序。[②]1936年，公安总局长赵广培以各自行车者，每于晚行驶马路，多不点灯，故易生危险，下令各警士严行取缔。6月5日，西门城内三区分驻所查获夜间未燃灯者40余辆，并带局罚办。[③]伴随着各公安局长、警士对于取缔无灯、无铃之自行车者的努力，近日以来，无灯、无铃之车已渐少。[④]

三是添置保护设施，以利交通。人力车分为自用、营业两种，为免除坐客危险起见，1935年8月14日，公安局责成各车户于车身后尾添设铁撑。然此项设置，如令办理者固属有之，而观望未设者仍属不少。在此省会繁盛区域，各人力车往来驰驶，如无铁撑以支持之，稍有冲突即行后张，不惟于交通上发生阻碍，且于乘客生命安全有重大关系。限于9月10日以前，无论营业、自用各车，均须添设铁撑，以昭划一，违则禁止通行。[⑤]同样，随着交通工具的日臻发展，汽车数量日益增加，惟各地方道路修筑，尚未完善，一遇雨雪，汽车行驶其上，泥水四溅，行人多受阻害。为行路整洁起见，公安局要求在道路泥泞之时，各种汽车应于轮旁配置挡泥器，以利行人。[⑥]

2. 车牌管理

车辆号牌相当于车辆的“身份证”，是区别于其他车辆的重要手段之一，为交通事故追查车主提供方便。济南市各种车辆一向由财政局制发车牌，藉

① 《市府整饬车辆》，《山东民国日报》1934年6月6日，第5版。

② 《韩主席令公安局整饬公共秩序》，《山东民国日报》1934年12月31日，第 9版。

③ 《零讯》，《济南日报》1936年6月6日，第4版。

④ 《公安局整理车夫号坎》，《济南日报》1936年6月16日，第4版。

⑤ 济南市政府秘书处：《济南市政府市政月刊》，1935年第9卷第9期，第77页。

⑥ 济南市政府秘书处：《济南市政府市政月刊》，1936年第10卷第3期，第126页。

便征捐。1935年因《济南市管理人力车规则》对于各局职权分配少欠适当，施行管理亦多困难，嗣及关于人力车制发牌照事项，改由公安局管理。[①]1940年改由省会警察署制备，送交财政局代发。1942年复将人力车牌由警察署直接制发，其余仍由财政局代发。[②]1943年起，汽车、人力车、脚踏车三项，由省会警察署直接制发，大车、轿车、马车、地排车、小车等牌一概仍照旧案，由省会警察署制备，送交财政局代发。[③]总的来看，车牌管理呈现出以下特点：

一是车牌设计、编码管理。如1929年公安局变更营业汽车号码，声明“汽车号牌前经本局规定，分为蓝绿两种，自用车牌系绿色，营业车牌系蓝色，且各标明自用、营业字样，号码概自一号编起。然据车商呈以自用、营业车牌号码相同，倘生事故，恐颜色未经辨清，责任难分，请另编号码。业经呈准将自用车牌与营业车牌同用一号顺次编列，以昭慎重”[④]。1930年秋，军用车辆纷纷索取车牌，又添红色车牌一项。[⑤]1932年，公安局继续对汽车车牌进行议改，其布告中称“前奉市政府令，汽车车牌同样号码，夜间行驶不易辨认，将同号车牌分别换发，并指定自用、营业车牌概用绿色，合编号码制发。本局以恐车牌同色，易滋混淆，呈复请予分别，奉令着遵前令办理，当饬事务股赶遵制备，用资核发”[⑥]。并要求“人力车须将车牌钉在右边扶手板上”[⑦]。4月，市政会议据公安局提议，济南市军用、自用、营业三种汽车牌号码相同，恐生意外，拟请将同号车牌另行制发，议决“军用车牌由总指挥部制发，自用、营业车牌合编号码，由财政局制发”[⑧]。1936年，公安局、

① 济南市政府秘书处：《济南市政府市政月刊》，1935年第9卷第5期，第90页。

② 济南市财政局：《为拨自行制发车牌征收车捐的提案》（附征收地排车、马车、小车、大车、轿车、人力车捐规则）（1942），济南市档案馆藏，档号：j076-001-0278-037。

③ 济南市公署秘书处：《济南市政公报》，1942年第3卷第3期，第38页。

④ 济南市政府秘书处编：《济南市市政月刊》，1929年第3期，第218页。

⑤ 济南市财政局编：《济南市财政局二十、二十一两年度业务报告》，1933年，第64页。

⑥《遵令制造汽车牌》，济南市政府编辑室：《济南市政周刊》，载《山东民国日报》1932年6月4日。

⑦《济南市政府周年工作报告纲目》（1933年9月9日—1934年9月9日），济南市政府编辑室：《济南市政周刊》，载《山东民国日报》1934年9月8日。

⑧ 济南市财政局编：《济南市财政局二十、二十一两年度业务报告》，1933年，第64页。

工务局继续整饬济南市汽车，将自用及营业各汽车进行精详统计，并更换车牌，以昭划一。[①]

二是更换安装新式车牌。济南市自1929年8月登记核发车牌，时逾几载，车牌号码剥蚀不清，市政府准备另行制发。间有新出车辆，均令随时登记，其损毁者，即令将原牌缴销。[②]车牌实施初期，相关管理较为混乱，即使同类车辆悬挂车牌也不尽相同。1936年，济南市公安局准财政局函，转饬各自行车车主，速行更换新制之车牌，以资划一。[③]趁此时机，当局以免追缴脚踏车欠捐为吸引，实现了脚踏车换发新牌，[④]为后续征捐提供依据。同时，对在山东省汽车路管理局登记之各项汽车，而在济南市行驶者，其规定“须将汽车路管理局所给证照号牌，还至稽征处领取小型号牌，呈缴捐费，毋庸另请检验。再领有旧号牌之各种汽车及机器脚踏车，领取新号牌时，应将旧牌随同缴销，而检验换牌，亦应明定限期，逾限者禁止通行”。[⑤]而此时正值军事委员会实施统计全国各种汽车数量，筹备划一全国汽车号牌式样之际，济南市政府遂指令，1937年1月1日至1937年1月31日，为检验发牌之期。[⑥]值得注意的是，部分车牌因长时间使用，损坏磨损严重，甚至有的已无法识别。山东全省汽车路管理局以“该局所辖官商车辆，悬挂之八角形蓝白两色车牌，为时已久，或自损坏。现特另制白黄两色长方形车牌，定于2月1日官商车辆须一律更换新制车牌，所有八角形旧车牌即行作废。又省会警察局现亦令，市区内所有自用、营业各种汽车车牌一律更换”。[⑦]省会警察局又以人力车登记各分局办理完竣，遂着手检验车辆换发新式车牌。不仅如此，市政府还根据民政厅建议，将公务人员脚踏车纳入统一管理中，“脚踏车行驶轻便，市府及各机关公务员，用以代步者，见其多，往往见有无灯铃及车牌运动之车辆，

---

①《本市汽车将更换车牌》，《济南日报》1936年12月24日，第4版。

② 济南市财政局编：《济南市财政局二十、二十一两年度业务报告》，1933年，第65页。

③《零讯》，《济南日报》1936年11月10日，第4版。

④ 济南市政府秘书处：《济南市政府市政月刊》，1936年第10卷第11期，第164—165页。

⑤ 济南市政府秘书处：《济南市政府市政月刊》，1936年第10卷第12期，第173页。

⑥ 济南市政府秘书处：《济南市政府市政月刊》，1937年11卷第1期，第178页。

⑦《新制车牌定期更换》，《济南日报》1937年1月28日，第4版。

在街市任意行使，不独有违定章，亦日甚为危险，各市民固应恪遵规定，分别购领，公务人员尤当切实遵行，以资提倡，除转饬公安局严行取缔外，请转令各机关协助维持等情”。[①]

三是取缔无车牌者车辆。1936年，济南市财政局以市内汽车，近顷多有未经领牌纳捐，私自行驶，或悬挂试车纸牌，希图蒙混者，经该局派员严查，分别惩罚，并饬车主。[②]如1937年，济南市同顺汽车行有货车一辆，未挂车牌竟在市内行驶。由济南市政府查明该汽车无牌行驶，有违定章，拟处罚金十元，以儆顽视。[③]日伪时期，济南市各项车辆因预制各牌运转稽迟，以致未能如期换迄。为此，饬令各分署从速派警，严密取缔，遇有无牌车辆勒令来署领牌纳捐，始准通行，以免奸人混迹，而便结束牌价。[④]此外，省会公安局对查验自行车牌不遗余力，各分局驻所所扣留无车牌之自行车堆排甚多，各界乘验自行车者莫不从速购牌，昨闻之机关方面亦有被扣者。[⑤]

（二）行停

1. 行车

对于各种车辆的行停，初期尚无定章，仅靠警察路上指挥。1921年，“商埠一带，华洋辐辏，商贾云集，汽车驰驶，络绎不绝”，人力小车任意往来，极有与汽车相撞的可能。为防止与汽车相撞，警察厅令“人力小车均按照警长指挥左侧通行，分道行驶”。[⑥]1929年济南市出台各种车辆暂行规则，成为车辆行驶的业内标准。如《济南市管理人力车暂行规则》，其第四章“通行规则”十五条规定，“车辆通行应随带捐照；应受警察之指挥；车夫年龄在十八岁以下或五十岁以上者概不能拉车；身体羸弱或患病者概不准拉车；凡赤背赤足或衣服不蔽体者概不准拉车；行车须靠左边，不得在人行便道通行；车铃无必要时不得乱鸣；夜间行车必须燃灯；转弯及繁盛地方不得快行及两车

① 《公务员所乘脚踏车——应照定章安装车牌及制动机》，《济南日报》1937年1月24日，第4版。

② 《财政局派员查车》，《济南日报》1936年8月23日，第4版。

③ 《零讯》，《济南日报》1937年5月19日，第4版。

④ 伪济南市政公署秘书处：《济南市政公报》，1941年第1卷第11期，第15页。

⑤ 《本市自行车无车牌者均被警察扣留》，《济南日报》1936年12月30日，第4版。

⑥ 《省会警察厅公函》，济南市档案馆藏《济南商埠商会档案全宗》，临77-4-12，1921—1922年。

并行；空车不得在冲街久停；在停车场中须顺序排列；一车不准载乘客二人，但十岁以下者不在此限；不得争揽客座及有侮慢、讹索情事；乘客有非常事故（如疾病暴死之类）或形迹可疑及携带违禁物品者，应即报告警察；乘客遗留物件，应即送交警察保存招领”[①]。为贯彻执行此项规则，济南市迭经明定章程，并饬各分局遵办。“现查城埠各处往来人力车辆并排驰驱者有之，不分上下道行走者有之，又有脚踏、自行车设置叫铃及电灯者，固多而未设置者亦属不少，以致危险迭出，有碍交通，拟请通令各分局饬知岗巡各警，严行取缔。据此查各种车辆之设置及行使之限制，早经本局定有专章令行各分局取缔，并出示饬遵。仰各车户、车夫等一体凛遵。”[②]

同时，当局还适时发布相关行驶要求。当局对厂商自用运货汽车行驶作出相应规定。1936年8月27日，成丰面粉公司备有自用运货汽车六辆，其余各厂商均无此项汽车。为资求识别明显，公安局制就白布小旗六面，其上标明山东省会公安局制发成丰面粉公司第某号自用运货汽车等字样，令饬转发应用，凡无此项旗帜而运货行驶乡区者，饬属严予取缔。[③]济南市公署时期，甚至规定“人力车，凡无客人乘坐者，一律不准在市内通行”。[④]日伪时期，济南市公署颁布《管理道路暂行规则》，规定道路上行驶除遵照警察署规定外，还须遵照第三条规定“（1）牲畜及所驾之车辆，须由车轮石上行驶，无车轮石者，应在马路左旁通行，但有警察官特别指示者，不在此限；（2）桥上陡坡及转弯急剧之道路与市街内道路（皆设指示牌书明），禁止车马疾驰；（3）凡道路有步道、车马道之区别者，步道上除小儿车及其类似之轻便车外，牛马诸车不得随便挽入；（4）载重车不得行经沟盖石上；（5）凡在市街搬运物品者，须有适当之装置，以防坠落飞散或漏出之虞，关于竹木及其他物件对于行人能发生危害者，搬运时亦须有预防之装置；（6）凡在街道上因不得已，将车辆或其他物件存置时，应移置路旁以免妨碍交通，但夜间在路

① 济南市政府秘书处编:《济南市市政月刊》，1929年第2期，第38—39页。

② 济南市政府秘书处编:《济南市市政月刊》，1929年第1期，第119页。

③ 济南市政府秘书处编:《济南市政府市政月刊》，1936年第10卷第11期，第220页。

④ 山东省会警察局编:《山东省会警察概况》，1937年，第150页。

旁放置巨大物件之时，须报告警察署加以预防危险之装置，并点燃标灯”。第四条规定“凡搬运下列物品时，须于七日前呈请本署会同警察署许可，并指定路线。（1）物品连同车辆重逾五吨者；（2）物品过于巨大，高度在五公尺以上或长度在八公尺以上者；（3）物品有爆发性或危险性者”。[①]

对于载重车辆，从开始的限制载重量到后来的禁止通行冲要路段。1926年，济南当局就曾声明：“济南马路，因受经费支挤影响，极不坚固。所有装运车辆，漫无限制，以致各处路口，均凹凸不平，随修随坏，实为市政上极大障碍。市政厅有鉴于此，因规定切实办法，大车、地排车最多重量不得逾千斤，车轮宽数不得窄至二寸五分以下。小车最多重量不得逾六百斤，车轮宽数不得窄至二寸五分以下。违者从严处罚”。[②]1930年，对于载重车辆管理更为严格，市内部分冲要路段开始禁止通行，由此引发了济南市搬运工会整理委员会的抗议上诉。其呈诉称“济南市搬运工会整理委员会向承办本市暨津胶两路搬运工作，自军事发生伊始，该两路货车停运，因而全体会员失业困乏已达极点，刻间货车已通，而近又有经二路暨普利门迎仙桥、麟祥门等处之岗警，不准通行地排车，以致城内西关各处货物无法运送，非但会员生活无法维持，即城内等处商业亦大受影响，且岗警恐压毁道路，故禁止通行，何插有外国之旗帜者，即畅行无禁，为此陈明。请速行交涉，准予通行，以利工作而维生活”。[③]地排车向以“载重最巨，车轮又窄，损坏路面甚于他种车辆”而诟病于政府，故当局此前曾按照定章严饬一律限期更换宽轮，并限制载重及车夫人数办法。1933年，当局以“秋冬以来棉花上市，各车贪图多装货物，因之人数及重量均逾规定甚多，以致经行各路线毁坏甚速，现在公币支绌，既不能充分翻修，惟有重申前禁，凡旧式窄轮排车，车夫不得逾五人（连后推者在内），载重不得过一千公斤（二千市斤），藉以保

① 伪济南市公署：《济南市公署管理道路暂行规则》（1941年），济南市档案馆藏，档号：j076-001-0278-007。

②《限制载重大车——预防压坏马道》，《济南日报》1926年12月17日，第7版。

③ 济南市搬运业公会：《为经二路及普利门迎仙桥等处岗警不准通行地排车的呈》（1930年10月11日），济南市档案馆藏，档号：j076-001-0141-006。

护路面，而免屡坏屡修之繁费。倘有违犯，一经查得，定将车辆没收充公，当即函请公安局饬警注意，并令行搬公会办饬各车主遵办”[①]回应。随着市区各重要地点马路街道先后修补整理完竣，当局加大了对载重车辆的检查，发现“时有装载过重物品，在各街路任意行驶，以致各路易于损毁，殊于便利交通大有关系，值此地方财政困难之际，亟应注意保护。昨特函请省会公安局转令所属饬各警士加以注意，嗣后凡有装载过重地排车辆，在各重要街道行驶，应即禁止，以维路政”[②]。1934年，再次强调“车轮须用平面瓦轮”，地排车载重在三千五百斤（两吨）以内的车轮须宽十五公分；地排车载重在两千斤（一吨又四分之一）以内的车轮须宽十一公分；大车、轿车、小车的车轮都须宽八公分；宽度不足的旧车轮可以加包宽瓦；凡车轮制造不合规定的，不能在本市行驶。[③]1937年，济南市工程局以本市各马路业已完竣翻修，惟地排车运输货物重量多逾定章，致路基易受损坏，特将管理地排车暂行规则第三条加以修正，“对大号、小号地排车夫人数与载重，重加规定”，[④]以此来杜绝装载过重，破坏路面情形。伪济南市公署时期，为整理出入公署人力车等纵横凌乱、毫无秩序之状况，秘书处总务科制定《济南市公署处理人力车及脚踏车暂行办法》，其要求“凡本署各处局职员雇有包月车者，须由各该处局庶务股开列车夫名单，送交总务科庶务股备查，并发给臂章，以资识别；人力车夫不听本署守卫指挥者、赤足赤背衣服不蔽身体者、不带臂章者不得进入本署；本署职员乘坐人力车时，凡未佩戴臂章者，不得勒令人力车出入本署；凡来署骑脚踏车者，均须在本署门外下车后，推车进署”。[⑤]

2. 停车

规范车辆停放亦是维护交通秩序的措施之一。对于市内四处游走的车辆

①《取缔窄地排车多载货物》，济南市政府编辑室：《济南市政周刊》，《山东民国日报》1933年2月11日。

②《载重车辆禁止在各重要马路通衢行驶》，《山东民国日报》1933年2月15日，第5版。

③罗滕霄著，济南市图书馆整理：《济南大观》，济南：齐鲁书社，2011年版，第98页。

④《保护马路，工务局限制重量地排车行驶》，《济南日报》1937年6月13日，第4版。

⑤伪济南市公署秘书处总务科：《为检发处理人力车、脚踏车暂行办法及车夫臂章的函》（附办法）（1941年），济南市档案馆藏，档号：j076-001-0307-021。

指定停歇处，如“近查各人力车夫多有不按照指定地点随意停车，亦有未成年幼童拉人力车为生者，于交通、人道均有妨碍，除饬各分局严行取缔外，布告各人力车夫一体周知，勿得故违定章，致于究罚”。[①]然而，对于市内长途汽车站则设定固定停车区，以便监管。《公安局行政计划大纲》指出，“长途汽车往来坐客甚多，现无停车站，听其自由停车，所有违禁物品之输送，以及匪类之潜迹，均难觉察。兹拟择定相当地点，设立停车站，每届汽车到站时，派员查验以免疏漏”[②]。鉴于“每值星期一总理纪念周”汽车、人力车拥挤状况，1935年3月18日，公安局拟定汽车、人力车停放及分行路线临时办法，并安设汽车、人力车临时停放标志，训令沿线岗巡各警注意指挥，而利交通。其缮具《参加纪念周各机关汽车、人力车停放及分行路线临时办法》规定，“（1）汽车停放处所：各机关汽车应停放于进德会门前或纬五路道旁。（2）汽车行驶路线：各机关汽车开行时，应由纬五路向北，行至经六路，如系向东行者，须经小纬四路向北至经四路分道。如系向西行者即由经六路向西至小纬六路分道。（3）人力车停放处所：各机关人力车由东来者，应停于进德会以东经七路道旁；由西来者应停于进德会以西经七路道旁。至进德会门前及纬五路两旁，概不准停放。（4）人力车行驶路线：各机关人力车，凡系向东行者，应由经七路向东行驶或由经七路至斜马路东口分道；如系向西行者，由经七路向西至小纬六路分道”[③]。关于人力车停放事宜，虽屡经规定，但收效甚微。1936年1月，“济南市民众往来，多有不按规定行走，且洋车随意停放，秩序太乱”[④]。鉴于此，公安局严加取缔，并转饬所属认真施行。

停车线，用以标明车辆停止之范围，对于交通安全关系甚重。山东省会警察署以市内街道窄狭，各种车辆停车场所亟应整理，以期交通调顺，将市

① 济南市政府秘书处：《济南市市政月刊》，1929年第1期，第118页。

② 济南市政府秘书处：《济南市市政月刊》，1929年第1期，第47页。

③ 济南市政府秘书处编：《济南市政府市政月刊》，1935年第9卷第4期，第78—79页。

④ 济南市政府秘书处编：《济南市政府市政月刊》，1936年第10卷第2期，第136页。

内各行驶公共汽车路线停车场分别设置停车线，以免挽越。[①]此项停车线，于1942年12月以白色油漆敷划，旋因行人车辆践轧，雨雪尘埃掩蔽，殆已不可辨识。为注重交通起见，1943年2月20日至25日，再行敷划，[②]计有院前街、西门月城、估衣市街、普利门外、经二路纬一路口、纬三路口、纬四路口、纬五路口、纬六路口、纬八路口、纬十路口、纬十二路口、经三路纬二路口、纬五路口、纬十路口15处，[③]并要求在油漆未干之前，避免行人践踏，俾得尽量干燥，以期耐久。

第三节　城市交通从业人员的管理

一、司机服装管理与训练检验

（一）司机服装管理

民国时期对人力车夫的“工装”管理着力最多。1931年2月7日，修订后的《济南市管理人力车暂行规则》第十条规定，“营业人力车夫须穿着号坎，自用人力车夫须穿着号褂，此项号坎、号褂每年发给两次，由各车主于冬夏两季备价向财政局承领，其价额按市价临时规定之”，并且规定“人力车通行时，车夫须穿号坎号褂”。[④]自此，当局开始制发人力车夫号坎号褂，俾便识别。1932年，当局因人力车夫号坎号褂均各破烂不堪，并且应按定章每年制发两次，前因呈请未准，故未再行制发。现在迭奉令饬整顿，不分公私应用，将人力车夫破旧不堪及新车未领之号坎号褂一律补发，按值核实收费。[⑤]

① 伪济南市公署秘书处：《济南市政公报》，1942年第2卷第11期，第5页。

② 伪济南市公署秘书处：《济南市政公报》，1943年第3卷第5期，第17—18页。

③ 伪济南市公署秘书处：《济南市政公报》，1943年第3卷第6期，第16页。

④ 济南市财政局编：《济南市财政局二十、二十一两年度业务报告》，1933年，第43页。

⑤《提议制发车夫号坎号褂》，济南市政府编辑室：《济南市政周刊》，《山东民国日报》1932年9月24日。

其后的1935年，为持续加强对人力车的管理，重新制发人力车夫号衣号坎，实行自用人力车夫和营业人力车夫分别穿不同着装。如“查本市人力车，约有一万余辆，如不着用号衣，以致乘客遗物车上，或其他事件发生，无从追询。特规定本市现有自用人力车夫制办号褂，营业人力车夫制办号坎，各人力车夫均已遵照限期一律备价购用，倘有过期仍不穿用者，即阻止其通行。计发自用人力车号褂1 077件。营业人力车号坎12 392件。以利行旅，而肃观瞻”①。次年，当局因人力车夫号坎号衣遗失者亦有，破烂者亦有，甚至有的车夫号坎破烂不堪，实属有碍观瞻。遂特令各人力车夫，凡号坎号衣破烂者，均须即日更换，带原车赴各公安局更换，号坎每件四角，号衣每件六角。②当局对从事汽车运输人员的着装也进行明确规定。如“山东省汽车路管理局，以行驶各路之商人汽车，为招揽货物，在其广告招牌、图章、车辆标志等上冠用‘该局某段’字样，为防名义混淆，会经布告严予取缔。同时，为求彻底整顿起见，管理局除对商车乱用字样严加取缔外，对振业等货运汽车公司司机及押车人员服装进行整理，发给白底黑字臂章，令各司机押车人员披带，并在衣领左旁披带铜制‘商’字，右旁披带公司名称，以便易于识别”③。

（二）司机训练检验

驾驶人体格技术之优劣，与市民安全有着直接关系，当局对于汽车司机亦加以详密考验。1929年，市长阮肇昌在《怎样建设新济南市》中提出“推广汽车事业，考验汽车司机人”等举措，并制定《济南市管理汽车暂行规则》，其中第十一条规定“凡年在二十岁以上五十岁以下，四肢健全、耳目聪明、无神经病者，得应汽车司机人之考验”；第十三条规定“司机人之考验范围：轻便车之驾驶、载重汽车之驾驶、公共长途汽车之驾驶和机器脚踏车之驾驶”；第十四条规定“考验事项：检验体格、驾驶技能、行使规定和机器构造及功用”；第十五条规定“考验合格者应取具殷实铺保，由工务局发给司机

① 济南市政府秘书处编：《济南市政府周年工作报告》，1935年，第17页。

②《公安局整理车夫号坎》，《济南日报》1936年6月16日，第4版。

③《汽车路管理局整顿商车——司机押车员须披带领章》，《济南日报》1929年7月26日，第2版。

人执照，并收执照费四元”；第十六条规定“司机人执照不得转借”；第十七条规定“领有司机人执照者，如改驾他种车辆，仍应照章另行报考合格后，另发执照”；第十八条规定“司机人遗失执照时应赴工务局申请补发新照，仍应照章缴纳照费”。①同年，济南市政府第1290号指令，批准林华汽车行经理庄林庭“添设营业汽车，开驶修理练习班”，②此开济南市私立营业汽车练习班先河。济南市考验汽车司机，于1929年10月开始，至1929年12月底止，共计考验合格者85人，不合格者3人。1930年前两个月共考验司机9人，③10月，考验汽车司机16人。④1932年，修正私立育民汽车传习所简章、修正林华汽车行附设营业汽车、开驶修理练习班简章。⑤同时，工务局发布“修改管理汽车暂行规则，并定期考验司机”，其布告如下：

为布告事照得，汽车司机之驾驶动关行人之安危，东西各国无不严定标准，逐年考试，所以考查其技术之进退，人数之增减，亦所以杜绝冒替之流弊也。本局上届考验汽车司机屈指又及一年，现为审重驾驶技能起见，陈明意见。拟将本市管理汽车暂行规则第十四条第十五条酌加修改，提经市府第四十八次市政会议议决修正通过，并定于十月二十六日至十一月五日为考验汽车司机日期。凡本市无照之汽车司机及执照满期者，均须在此考验期内亲驾车辆来局，听候考验。此后凡无照在市内驾车及执照逾期者，一经查获，定按照本规则第三十四条之规定，由公安局从重处罚。兹将本规则第四章司机人之考验各条文附开于后，仰各遵照办理。⑥

局长　张鸿文

民国十九年十月二十六日

遵照《济南市管理汽车暂行规则》的相关规定，由工务局职司考验，

① 济南市政府秘书处编：《济南市市政月刊》，1929年第2期，第42—43页。

②《汽车登记》，《山东民国日报》1929年10月21日，第5版。

③ 济南市政府秘书处编：《济南市市政月刊》，1930年第2期，第105页。

④ 济南市政府秘书处编：《济南市市政月刊》，1930年第2期，第26页。

⑤ 济南市政府秘书处编：《济南市政府工作报告》，1932年，第11页。

⑥ 济南市政府秘书处编：《济南市市政月刊》，1930年第2期，第89—90页。

凡关司机之体格、技术、经验，非经考验合格，不准贸然充任，及格者发给执照，每照收费四元，考验费一元，其自外埠购来或新出汽车，在本市试驶者，发给试车证，每辆每天收试车费五角，1929年和1930年，曾准缴市库银425元，厥后未准续缴，近年亦殊寥寥，1931年收24元，1932年收40元。[①]此后，司机考验费一直毫无起色，1933年考验汽车司机执照费44元，1934年考验汽车司机执照费34元。[②]此时，济南市汽车司机考验，系按照《济南市管理汽车暂行规则》第四章之规则办理，关于体格方面，须有普通之健全状态而无神经病者为合格；器官方面，则以视力表测验其目力，兼考其听力，每一年重行考验一次，并无须经医生之规定。[③]据此，1935年考验汽车司机10名，1936年上半年考验汽车司机7名。[④]从中不难发现，工务局考验汽车司机呈逐年增长趋势，并且这些司机主要分布在联运公司、汽车车行及政府机构中，所开汽车均为国外进口。至此，考验汽车司机从初期的80余人，到后来逐年考试，发给执照，至1937年共发出合格执照260余张。[⑤]

二、交通事故与违规处罚

（一）交通事故

民国时期，交通事故频发。为此，各省都相继出台了应对交通事故的法规，山东省于1935年10月制定《山东全省汽车路管理局汽车伤人处理暂行规则》，规定汽车伤人分由于汽车司机人之过失、由于被伤人之疏忽和由于被伤人之故意三种情况。其中汽车司机人之过失包括汽车驶出车道幅以外者，汽车倒退而不鸣喇叭以示警者，汽车于下急坡或转急弯之处而不鸣喇叭以示警者，汽车经过人民通行之交叉路而不鸣喇叭以示警者和前面有人与汽车同向进行而不鸣喇叭以示警者；被伤人自己之疏忽包括行走车道闻汽车喇叭警号

① 济南市财政局编：《济南市财政局二十、二十一两年度业务报告》，1933年，第89页。

② 济南市政府秘书处编：《济南市政府市政月刊》，1936年第10卷第7.8合期刊，第193页。

③ 济南市政府秘书处编：《济南市政府市政月刊 》，1934年第8卷第10期，第31页。

④ 济南市政府秘书处编：《济南市政府周年工作报告》，1935年，第10页。

⑤ 济南市志编纂委员会编：《济南市志资料　第四辑》，1983年，第142页。

而不急赶路侧避让者，横过交叉路闻汽车喇叭警号而不急赶路侧避让者，与汽车相向行而左右奔避不定者，于汽车行动时上车或下车者及在车站内围观阻塞车路，闻汽车喇叭警号而不急行避让者；被伤人自己之故意包括行走于车道间汽车喇叭连次警号而不避让者，见汽车行驶突至车前阻挡者，于汽车已鸣喇叭警号，驶入交叉路时而竟然横过者，在汽车侧或汽车车前故为游戏而竞跑者和其他籍汽车自杀者。济南市遵照省令，按照相关条款对道路交通事故进行处理，从构成交通系统的基本要素人、车、路的角度来看，近代济南城市道路交通事故主要有以下两类：

1. 车辆间的交通事故

此类交通事故主要是指车辆与车辆碰撞的事故，包括汽车与汽车、自行车与人力车、汽车与人力车、自行车与自行车、大车与小车、自行车与小车等交通工具之间发生的碰撞、刮擦、翻车、坠车等。近代中国，尤其是一些内陆城市，人畜力车与半动力车辆之间的事故，成为威胁城市道路安全的主要事故类型，近代济南亦是如此。1936年仅《济南日报》《山东民国日报》报道的交通事故就有18次（表4-10），统计中不难发现：（1）正面碰撞、侧面碰撞及追尾碰撞是车辆发生交通事故时的典型形式，并且其多发生在穿行交叉路口或前车突然制动减速等情况下。由于碰撞、车辆行驶速度不同，其损失程度各异。其实，汽车因车速过快而肇祸早已司空见惯，市政府成立之初曾对当时比较重大的交通事故进行详细报道。如1929年10月26日的《山东民国日报》以“猛不及防，两汽车相撞肇祸”为题，报载“总指挥部军医处汽车与宴台宾馆汽车，均因马力过足，躲避不及，致使两车相撞，并将岗警撞倒身亡，车前钢条亦被碰断”。（2）从道路交通事故表现出来的现场特征及事故状态来看，道路交通事故有多车事故、伴有次生危害事故，1936年发生的次生危害事故约占29.4%，不仅有第三方车辆受损和物损事故，更有伤人事故。行人和路边摊贩常常是无辜受害者群体，有关此类的情形屡见不鲜。诸如1936年5月16日早十时，有联青社数人，雇佣利和汽车行之一百二十七号棚车，拟赴津浦车站，行至大马路市政府门前时，忽有马贯之自用二百一十号汽车，由后面疾驶而至，司机一时不慎，撞于利和汽车之右轴，因撞力甚大，致将该车冲出马路，正撞于行人王春江身上，当即倒地，头部及左臂受伤甚重，血流路上。同样的情况发生在本月的二十五日午后二时许，南城墙根街中间，有一李某，在此出摊售卖煮豆腐，尚有一半未售出，斯时一行人欲购食豆腐，李只顾照料，适两边来一人力车拉座东行，行至该处时，因道途甚狭，被一骑自行车者，撞于人力车上，致将李某之摊拐倒，锅破豆腐流于地上，三人大起交涉，李令其二人赔偿，二人又互相推诿，只顾争执，终不能解决，后经人调解，由骑自行车者及人力车夫按价摊款赔偿，骑车者出资二成，人力车夫出资一成，一场风波始行解决。

表4-10　1936年济南市交通工具之间发生的事故统计表

报道交通事故标题	发生车辆	发生时间	发生地点	事故程度	处理方法
小车夫推石送货，中途被撞	汽车与小车	1936年3月31日	南城门外	车杆折断	双方各不让步，乃备文送往法院办理
汽车撞于人力车上	汽车与人力车	1936年3月30日	普利街中间	车杆车轮撞坏	司机修理所坏之处了结
碎零消息	自行车与人力车	1936年4月4日	普利街西首	乘客鸟笼撞坏	出洋赔偿
简讯消息	汽车与人力车	1936年4月28日	东关大街	人力车杆撞断，坐客受伤甚重	带局讯办
讯零消息	自行车与自行车	1936年5月2日	二大马路纬一路西	两车均受损	自行和解
小车夫祸从天降，足被轧伤	大车与小车	1936年5月10日	大槐树附近	足部扎伤轮上，足踝受伤甚重	扣留大车，带局办理
零碎消息	自行车与小车	1936年5月14日	二大马路新市场东	车载红瓦摔破	双方大起交涉，后归警局了结
两汽车相撞，波及行人	汽车与汽车	1936年5月16日	大马路市政府门前	两车相撞，并撞伤行人	肇祸汽车司机扣留带局，以案关伤害，送往法院办理

续表

报道交通事故标题	发生车辆	发生时间	发生地点	事故程度	处理方法
两车相撞，波及小贩	自行车与人力车	1936年5月25日	南城墙根街中间	人力车受损，摊贩物品散落	经人调解，赔偿摊贩
运货大车轧伤幼童	汽车与人力车	1936年6月6日	天桥路北	人力车受损，乘客受伤	司机被拘送官府
学徒外出收账，车轮下丧命	人力车与自行车	1936年7月18日	三大马路纬二路	将学徒撞入大车下身亡	带局法办
讯零消息	自行车与自行车	1936年8月18日	经七路小纬二路	两车碰撞受损	行人调解散去
两车相撞演成伤害	汽车与自行车、人力车	1936年8月23日	三大马路纬二路	两车相撞波及其他车辆	带往警局审办
讯零消息	汽车与拉水车	1936年9月3日	七大马路纬一路间	拉水车被撞倒	自行协商解决
讯零消息	两运货大车	1936年9月16日	天桥北丹凤街南口	两车均受损	两司机报警局理论
讯零消息	汽车与人力车	1936年10月4日	小纬二路	车杆损坏	自行协商解决
两车夫相戏招祸	人力车与人力车	1936年10月24日	司里街中间	头撞石晕倒	经人调处，支付药费
讯零消息	人力车与自行车	1936年11月17日	经二路纬三路以西	自行车段为两截，骑车人受微伤	自行协商解决

资料来源：笔者根据1936年《济南日报》和《山东民国日报》整理。

2. 车辆与行人之间的交通事故。

此类事故是最为普通的道路交通事故，近代济南城市道路窄狭，人车混行，加之交通法规匮乏，行人毫无安全意识，伤人之事常有发生。其实早在汽车初兴之时，更是由于上述问题的存在，交通事故就时常成为各类报纸的“常客”。济南市政厅时期，有66号汽车在齐鲁大学文理科楼轧伤学生冯雁忱等情事，因解决不善，就屡登报端，其称“昨晚六点半钟，该校在医科大礼堂文神医女生四团体，开一全体大会。先请曹仲植主席，次请学员安英堃报告冯君遇害情形，并举出八人作全体代表，一致进行，非达到圆满目的不止云”。不啻如此，济南市政府成立初期的1933年，《山东民国日报》在其2月15日和2月16日第五版醒目位置以《南圩门外汽车轧死行人》《汽车又肇事，仍在南圩门外》为标题进行报道。即便是在《山东全省汽车路管理局汽车伤人处理暂行规则》出台后的1936年，济南市内发生的车辆与行人间的交通事故还达24次（表4-11）之多，并且道路交叉口是潜在事故发生的重点范围，西门外大街、经纬各大马路、津浦铁路旁、普利门外及魏家庄西首等地成为交通事故的多发点。

表4-11　1936年济南市交通工具与行人之间发生的事故统计表

报道交通事故标题	发生车辆	发生时间	发生地点	事故程度	处理方法
讯零消息	自行车与行人	1936年3月31日	西门大街布政司街南口	少妇撞倒	自行协商解决
桥头惊驴，少妇被撞堕水	驴车与行人	1936年4月4日	新西门外周公祠前	毛驴忽然惊，将卢氏撞入水中	双方和解未成，备文送往法院办理
胶路北关桥上轧毙行人	火车与行人	1936年4月4日	北关胶济路以东大铁桥	伤势过重旋即毙命	赴济地检察处报案，派员前往验尸
小学生早起入校，街头遇灾	自行车与行人	1936年5月4日	二大马路新市场门外	学生撞倒，血流满面	带局讯问，备文送往法院办理
煤矿小工失业来济，被车扎伤	地排车与行人	1936年5月6日	小纬一路以南	左脚上压过，成为肉泥	肇祸者三人带局，转送法院讯办
撞伤行人，乘机逃逸	大车与行人	1936年5月11日	津浦铁路旁	行人撞倒，手部受伤甚重	由检察处提起，公诉缉拿逃犯
母女闲游，街头遇灾星，惨被扎伤	大车与行人	1936年5月12日	三大马路纬二路以南	母女血流不止	带往警局，讯明后派警送往法院办理

续表

报道交通事故标题	发生车辆	发生时间	发生地点	事故程度	处理方法
运麦汽车，撞伤老叟	汽车与行人	1936年5月14日	津浦车站以东西桥洞下	被撞倒，腿部受伤甚重	案关伤害，送往法院办理
魏长柱被轧身死	地排车与行人	1936年5月19日	纬北路	魏某因伤势过重，医治无效死亡	赴法院具状，将石连城等控告，请求法办
玉凤街头游玩被车扎伤	汽车与行人	1936年5月24日	丹凤街天桥里	头被撞破，左脚踝亦被轧碎	将司机带至乡公安分局
讯零消息	自行车与行人	1936年6月2日	魏家庄东口以西	将小孩撞倒，衣服扯破，头腿部均受伤	经行人调停，出洋二元
汽车肇祸，判令养伤	汽车与行人	1936年6月15日	官扎营街	幼女腿部受伤	诉讼开庭审理
讯零消息	汽车与行人	1936年6月15日	城头马路附近	众人争相躲避	嗣后可禁其通行
讯零消息	自行车与行人	1936年7月17日	普利门外	桃流满地，损毁甚多	经人调解令其车人，资赔偿了结
载重汽车轧伤苦力	汽车与行人	1936年7月23日	泺口下关码头	车轮轧伤苦力腿部	案关伤害，派警送法院
市虎伤人	汽车与行人	1936年7月23日	院前街	扎伤左腿甚重	带局讯办
摩托车撞伤老叟	摩托车与行人	1936年8月20日	民康里以东	头部受伤不省人事	带局讯办，到法院起诉
丰年载重汽车轧死幼女	汽车与行人	1936年9月15日	二大马路新市场北门	因闪躲未及，致被该汽车轧死	缉拿乘隙潜逃司机
讯零消息	人力车与行人	1936年10月20日	魏家庄西首	撞于腿部	经警士劝解始散
宝丰汽车撞伤行人	汽车与行人	1936年10月31日	经二路纬四路路口	被撞甚重，不能言语	带局讯办

续表

报道交通事故标题	发生车辆	发生时间	发生地点	事故程度	处理方法
讯零消息	自行车与行人	1936年11月23日	芙蓉街南口	将一夫人撞倒，幸未受伤	该人道歉了结
垃圾汽车轧死行人	汽车与行人	1936年11月27日	太平路天后宫以西	金汁夫死于非命	带局罚办
津浦宾馆汽车撞伤行人	汽车与行人	1936年12月7日	估衣市街北	足部轧伤	带局讯办，赔偿药费
载重汽车轧伤童子	汽车与行人	1936年12月29日	魏家庄西口	左腿受伤	将车扣留，带局讯办

资料来源：笔者根据1936年《济南日报》和《山东民国日报》整理。

总的来看，上述两类交通事故的发生原因，超速行驶，未保持恰当车距等违章行为固然有之，更严重的是，当时济南城市道路是在不同时期分别规划修建，其整体规划欠缺，致使城市道路网络系统极不划一，街道横七竖八，窄宽不一，许多街道各居一端、互不衔接，甚至是相互交叉卡口，形成丁字路、堵头路、断头路，以致无路可通。加之，城市交通法规尚不健全，市民交通安全意识不强等，致使交通事故时有发生。从以上交通事故的处理来看，除伤情较重、或致死案、或双方交涉协商无果，备文送往法院办理外，其他的一般交通事故基本上是以经济赔偿解决。但对由于汽车司机之过失伤人者的赔偿办法，基本上按照《山东全省汽车路管理局汽车伤人处理暂行规则》执行，对受轻微伤者给五元以下之医药费；受重伤者除给五十元以下之医药费外，另给两百元以下之赡养费；因伤致死者，除给予五十元以下之医药费外，另外给三百元以下之埋葬费；致死者给予四百元之埋葬费。同时，对由于被伤人之疏忽及故意而致伤或因伤致死者，酌量情形给予一元以上三百元以下之抚恤金。[①]然而，交通事故中肇事逃逸时有发生，《山东全省汽车路管理局汽车伤人处理暂行规则》中尚未涉及，在具体事故的处理中也

① 济南市政府秘书处：《济南市政府市政月刊》，1935年第9卷第12期，第108页。

仅是“由检察处提起公诉，警察缉拿逃犯”。如1936年9月16日《济南日报》以“丰年载重汽车轧死幼女，司机乘隙潜逃”刊载：“有丰年面粉公司三十九号载重汽车一辆，满载麦子，由西东行，在二大马路新市场北门附近，适有住皖新街门牌二号高得胜之女高小金，年方六岁，由青莲阁门前往南行走，因闪躲未及，致被该汽车轧死。该车司机见已肇祸，遂即下车乘隙潜逃，该管警局除报城检察处派员运尸外，并查缉该司机云”。①

除此之外，交通拥堵也是诱发交通事故的原因之一。为此，路警常于人流量较大之地维持秩序，消除易发生交通事故的潜在因素。济南为胶济铁路和津浦铁路交会之地，商旅往来频繁，《济南日报》记载：“胶济津浦两车站，每至客车到站时，即有多数人力车夫向前抢座，该路警为维持秩序起见，凡有车夫抢座者，即用武驱逐。”②不仅如此，重大节日、纪念日及传统节日活动因人车流量较大，也常常是交通拥堵发生之时，交通事故更是易发。1928年的元宵节“天气骤冷，寒风逼人，各处灯彩，因冷故，半皆畏缩未出，以故今年灯彩，骤形减少。昨日晚七点余钟，有某师所玩之□，行至青年会以西，人山人海火爆齐鸣，正玩得高兴，适有一汽车飞至，该处岗警令靠后，玩灯者不听，两下人大起口角，玩灯者即掏出手枪，连放数枪，幸未伤人。因枪声与爆声相杂，看灯者，亦不知其所以，故未警扰。该处警士，见玩灯者放枪扰乱秩序，即鸣警笛，立聚警察十余人，向前弹压。玩灯者见势不妙，纷纷向华丰楼后而走”。

从上可以看出，道路交通事故极易造成的车毁物损、人员伤亡及经济损失等严重问题，与战争、疾病、灾害一样，严重地威胁着人类的生命财产安全。法国学者曾说过：“汽车不管何时、何地，不管是敌人还是朋友，只要是在道路上都有可能被运动着的汽车撞死、撞伤的危险。”

（二）违规处罚

交通违规是驾驶人违犯交通安全法及交通管理规定的行为。交通违规

---

①《丰年载重汽车轧死幼女，司机乘隙潜逃》，《济南日报》1936年9月16日，第4版。

②《碎零》，《济南日报》1936年4月9日，第4版。

与交通工具相生相伴，表现类型多样繁杂。民国以后，交通工具尤其是汽车肇祸严重威胁着民众的生命财产安全。针对此种情况，济南当局加大了对车辆违规的处罚力度，以尽可能地减少交通隐患。1929年2月5日，当局制定了《济南市管理人力车暂行规定》，对于交通违规行为采取了严予取缔，其中对于“人力车应行禁止各项”曾迭次通告，规定“凡年在十八岁以下或五十岁以上拉车者；未穿号坎号褂或所穿号坎号褂破烂不堪在市内拉车者；夜间拉车不点灯者；行车不靠左边走者；二人乘坐一车者（幼童不在此限）；停车照指定场所或当街争揽客座者”等均为违法行为，处以一角以上三元以下之罚金。①1931年2月7日修正后的《济南市管理人力车暂行规则》除继续实施违规处罚外，还增加了“人力车夫须穿号坎号褂，违者处以二元以下之罚金”。②此后，当局对于取缔“未成年之幼童拉人力车”查察甚严。1937年2月9日，《济南市市政月刊》载：“一般贫民，迫于生计，仍复蹈旧辙，因其年龄未成，体力不充，以致肇生事端者，已数见不鲜，不但于幼童身体发育大受影响，且于乘客亦多危险，自应严行取缔。”③

汽车是交通肇祸的主要工具，对其违规行为和处罚的规定则更为详细严厉。1929年，当局制定的《济南市管理汽车暂行规则》就规定“晚间行驶必须燃灯，至繁盛地方，应将灯光缩小，并不得使用探远灯光；繁盛地方行车速度每小时不得超过十二公里或八英里，但消防车不在此限；车辆应靠左侧通行，转弯及交叉路口处应先鸣警号，并不准快行；车辆行驶时应服从警察指挥行驶方向；在繁盛地方、狭小道路不准久停；两车不准并行，如遇越过前车应先鸣警号，循前车右方驶过，但在繁盛地方或狭路不准超越前车。如有违者，处以一元以上十元以下之罚金”④。1931年2月7日修正后的《济南市管理汽车暂行规则》持续秉承前述罚则。1942年，日伪当局公布修订后的《济南市公署管理汽车暂行规则》，其“通行规则”中明确了警察指挥汽车手

① 济南市政府秘书处编：《济南市政府市政月刊》，1936年第10卷第11期，第235页。

② 济南市财政局编：《济南市财政局二十、二十一两年度业务报告》，1933年，第107页。

③ 济南市政府秘书处编：《济南市政府市政月刊》，1937年11卷第3期，第149页。

④ 济南市政府秘书处编：《济南市市政月刊》，1929年第2期，第47页。

势，需用“右手”，并增加“司机人开车手势”，如有司机不遵者，处一元以上十元以下之罚金。[①]

除违背通行规则处罚外，当局对部分车主趁机索价，扰乱市场秩序，也进行了监管处罚。如第十五届华北运动会期间，人力车曾创下“收费最高纪录”，据《第十五届华北运动会总报告》称“南圩门外济南著名千佛山麓下的华北运动会运动场，从城里坐洋车到会场去，不过一毛或一毛五。自从华北运动会开幕，从城里到会场来往洋车络绎不绝，求过于供，车夫乘机加价，来往价目非三毛或四毛不可，一般观众，忍痛受敲，初来济南的运动员或外方参观的来宾，昧于地情，更大敲特敲，有从南圩门里到大明湖畔，费至八毛或一元者，实开济南洋车价的新纪录”[②]。的确，人力车夫日渐增多，其中良莠不齐。有鉴于此，济南市长陈维新任职时，曾就车夫随意勒索车资，发生纠纷等情事，会同省会公安局拟具规定车资官价，但未能实现。1934年，公安局长王恺如以“该项事宜有规定价目之必要”，重提旧案，正规定起止地点及固定价目。如能实行，乘车客人与车夫既无用先行讲价，而车夫等亦可免互相竞争，一举数得，各方实属便利。[③]但此后不久，人力车夫又称“天气极热，午间城埠行人甚少，生意受影响甚多”，遂将人力车价上涨甚多。如此，当局与人力车夫不断博弈，车价问题反反复复，终未妥善解决。

① 伪济南市公署：《济南市公署管理汽车暂行规则》（1942年），济南市档案馆藏，档号：j076-001-0266-010。

②《洋车价新记录》，《第十五届华北运动会总报告》，1931年5月，第111页。

③《济南规定人力车夫价目》，《市政评论》，1934年第2卷第8期，第23页。

第四节　车捐征收

一、车捐规章与捐率厘定

1904年，济南市政当局首先修成了从东关至黄台车站的东关马路，同时征收马路车捐，以作养路之用。历城县制定的《马路收捐简章》，规定了各种车辆纳捐的数目，其中纳捐最多的是西洋马车和中国轿车，双套车月纳捐京钱4 000文，偶行一日160文；单套车减半收捐。人力车月纳捐300文至600文不等。纳捐最少者为骡马驴驮，月捐京钱100文，偶行一日2文至4文。[①]然而，随着时局的变动，政府的更迭，车捐征收机关也随之变化，直到济南市政府时期，车捐征收才趋向稳定，当局针对“济市车辆情形，极为复杂。车之种类不下十数种，而其尤困难者，他市有何种车，即有何种车行，车有归宿稽查易明，本市因种种特殊情形，车行几于无有，车辆散处无稽，最易偷漏，其关系大者，尤恐匪人混迹，影响治安”，[②]令财政局会同公安、工务两局分别加以整理，按照所有权限，共同厘定章则，制定《济南市管理人力车暂行规则》《济南市管理汽车暂行规则》《济南市管理大车轿车暂行规则》《济南市管理脚踏车暂行规则》等各项车辆管理规章，其车辆牌照费、车捐、捐照费（表4–12）如下：

表4–12　济南市政府征收车捐税及办理注册登记收费表

事项	征收捐率	执照费	备考
人力车捐	营业车车牌费三角，每月纳捐二角；自用车车牌费六角，每季纳捐一元	捐照费均五分	营业车捐照每半年更换一次；自用车捐照每一年更换一次

①《商务局转据王令等禀筹办马路车捐简章收捐数目并借拨经费详》，见《山东故抄选》，清抄本，山东省图书馆藏。

② 济南市政府秘书处：《济南市市政月刊》，1929年第1期，第41页。

续表

事项	征收捐率	执照费	备考
汽车	轻便自用营业长途汽车号牌一面收费五元；机器脚踏车号牌一面收费一元；轻便自用汽车每月纳捐二元、轻便营业汽车每月纳捐四元、载重汽车每月纳捐十元、公共汽车每月纳捐十二元、长途汽车每月纳捐二十元、机器脚踏车每月纳捐二元	各种汽车均纳捐照费二角	轻便、载重、公共、长途四种汽车捐率均系按照建设厅征收规则所定数目十分之一收费，公用者免捐、所收捐率概系商办
小车	号牌费一角，月捐一角，五日捐五分	捐照费五分	捐照每年更换一次
轿车 大车	号牌费二角，月捐一元 五日捐三角	捐照费一角	捐照每年更换一次
地排车	号牌费二角，月捐一元	捐照费一角	捐照每年更换一次
马车	号牌费四角，月捐一元	捐照费一角	捐照每年更换一次
脚踏车	号牌费三角，每季缴捐六角		

资料来源：济南市政府秘书处：《济南市市政月刊》，1930年第3期，第117—119页。

此后，各项车捐捐率基本保持不变，1934年12月，济南市以人力车捐等迹近细杂，亟应废除，以纾民困，经呈省政府第363次政务会议议决照准，“惟本市岁入预算小车捐一项向月捐及五日捐两种，人力车捐亦分自用、营业二项，业经布告上项各捐，统于本年（1934）12月1日起一律停止征收”。（表4-13）[①]至此，实施已久的大明湖船捐、小车捐、人力车捐、地排车捐、小地排车捐等五项捐税被取缔。1935年1月14日，牟平县第三区清泉寨村立小学教员段劲莬呈请划一脚踏车牌捐，使领到一地方之车牌，即可以行全省，以利交通。山东省政府财字第7906号训令，按照民政厅前定各县公安局管理脚踏车暂行规程第五条一、二两项，及第七条之规定，除执照费五分，车牌费三角及执照每年更换或补领换领照章缴费外，准不再额外收费，凡领到一

①《废除各项杂捐》，济南市政府编辑室：《济南市政周刊》，载《山东民国日报》1934年12月8日。

地方车牌之脚踏车，即可通行山东全省，不另缴捐，以昭便利。[①]此举更是催发脚踏车捐率的改订，为后来的脚踏车由季捐改为年捐扫除了障碍。

表4-13　1934年济南市各种车辆数目及捐率表

车辆种类	数量（辆）	捐率（元）
营业汽车	47	月捐每辆四元
自用汽车	75	月捐每辆二元
马车	37	月捐每辆一元
营业人力车	11 421	月捐每辆二角
自用人力车	471	季捐每辆一元
脚踏车	5 100	季捐每辆六角
大地排车	331	月捐每辆一元
小地排车	181	月捐每辆三角
大车	700	月捐每辆一元
小车	4 500	月捐每辆一角
轿车	1	月捐一元

资料来源：罗滕霄著，济南市图书馆整理：《济南大观》，齐鲁书社，2011年版，第98页。

其后，开始对捐率重新厘定，“查税则捐率，须求公允，不应畸重畸轻。本市大车、轿车及脚踏车捐等，比较烟台、龙口各地，多寡不齐。既在同一省境之内，而担负不均，自应谋取划一，以示平衡。前经奉令，分将捐率从新厘定，计大车、轿车各减原捐三分之二，脚踏车减捐二分之一，业于本年3月1日布告施行”[②]。实际上，就是将大车月捐改为每季收捐一元，五日捐改为一角。[③]紧接着，市财政局奉山东省财政厅训令，将济南市脚踏车季捐

① 济南市政府秘书处：《济南市政府市政月刊》，1935年第9卷第2期，第58页。

②《整理捐税》，济南市政府秘书处编：《济南市政府周年工作报告》，1935年，第10页。

③ 济南市政府秘书处：《济南市政府市政月刊》，1935年第9卷第4期，127页。

六角改为每年收捐一元二角，并于3月1日实行。[①]为谋求同前定脚踏车、大车捐率划一管理，轿车捐也开始减轻，所有轿车将月捐一元改为季捐一元，五日捐三角改为一角，惟现值年度瞬届终了，为便于核计起见，自1935年开始，即本年7月1日一律施行。[②]1936年8月17日，因脚踏车欠捐，无法催缴，拟每年换发号牌，杜绝偷漏，并修正济南市管理脚踏车暂行规则。其第四条规定“凡脚踏车登记后，应按左列规定领取号牌，缴纳捐款。（1）号牌每年度换领一次，并按制备价目，核实缴费，如有遗失或损坏时，应即缴价补领。（2）旧有登记车辆，每年度缴纳捐款一元二角，限在年度开始三个月内，一次缴清。（3）新换车辆，在每年十二月三十一日以前登记者，征收年捐一元二角，在每年一月一日以后登记者，征收半年捐款六角，但不得故延登记，希图取巧”。其第五条规定“市内各机关公用脚踏车经本机关书面证明检验登记后，得免收捐，但须按照年度缴纳价款，换领号牌，其工商业及一切民众团体，不在此限”。其第六条规定“市内各级学校学生自用脚踏车经本校书面证明登记检验登记后，减半收捐，但须按照年度缴纳价款换领号牌，原规则第五条至第八条迟推为第七条至第十条，又原规则第六条第二项，‘凡违背第五条之规定者’一语应修正为‘凡违背第七条之规定者’”。[③]

日伪市政公署成立之初，本着“复兴百业，繁荣经济”的目的，承袭市政府时期的旧制，仅对脚踏车、汽车、马车征收捐税，1938年开始拟定各项车捐征收规则，并于1938年11月对各类车辆一律开始征捐，12月颁布《济南市公署征收人力车捐暂行规则》《济南市公署征收大、轿车捐暂行规则》《济南市公署征收小车捐暂行规则》等捐税管理办法，并规定除自用汽车捐率改为四元外，其余车捐均照增，大小车五日捐应收数加二成。[④]1939年，济南市公署又以冠冕堂皇之理由增加捐率（表4-14），“查本市各种车捐在去岁开

①《脚踏车等改订捐率》，济南市政府编辑室：《济南市政周刊》，载《山东民国日报》1935年3月23日。

② 济南市政府秘书处：《济南市政府市政月刊》，1935年第9卷第7期，第43页。

③ 济南市政府秘书处：《济南市政府市政月刊》，1936年第10卷第10期，第120页。

④ 伪山东省公署：《第99次、第98次省政会议纪录》（修正车捐捐率、赈衣分配）（1938年12月），济南市档案馆藏，档号：j076-001-0277-015。

征伊始，因事变之后市面凋敝，对于捐率特暂定轻规，仍寓体恤民艰之意。现在本市已臻繁荣，各种车辆营业状况较之去岁发达，奚止倍徙，若仍照旧征捐，似歉过轻，加以本市正在亟谋复兴，需用浩繁支出，既巨收入，亦须设法增加，方可措置裕。拟自二十九年一月份起，将各种车捐捐率酌予增益”。[①]

表4-14　修正各种车捐捐率一览表

种类	原捐率（元）	拟增捐率（元）	备考
脚踏车	每年1.2	每年2.4	学生脚踏车半捐
营业人力车	每月0.2	每月0.3	
自用人力车	每月0.2	每季1.2	
营业汽车	每月4	每月6	
自用汽车	每月2	每月6	小型及机器脚踏车半捐
载重汽车	每月10	每月12	
小地排车	每月0.3	每月0.6	
大地排车	每月1	每月1.2	
大车	每月1	每月1.2	
小车	每月0.1	每月0.15	
马车	每月1	每月1.2	

资料来源：济南市财政局：《请公决修正车捐捐率的提案》（附表）（1939年9月20日），济南市档案馆藏，档号：j076-001-0316-044。

从上表可以看出，修正的各项车捐捐率都有着明显的增加，甚至有的是成倍增长，营业人力车捐虽然征收方式发生了变化，但其捐率增加了两倍。此后，伪济南市公署为论说现行捐率的合理性，选择了省内沿海城市、省外

① 伪济南市财政局：《请公决修正车捐捐率的提案》（附表）（1939年9月20日），济南市档案馆藏，档号：j076-001-0316-044。

大城市及沿海城市的捐率与内陆的济南进行比较（表4-15），以企彰显济南的现行捐率较轻。

表4-15 1939年各都市现行捐率比较表（车捐之部）

车类＼城市	青岛	烟台	天津	北京	上海	哈尔滨	新京	大连
营业汽车	84	48	72	160	112	100	60	56
自用汽车	68	48	36	160	96	120	120	86
货物汽车	100	72		160	168	100	60	56
马车	22		12	32	48	21.6	30	
大车			18					
小车	4.8		3.6		4.8			
大地排车			18		36	14		
小地排车	8.4				9.6			
脚踏车	6	2	1	3	2	2	3.6	4.5
营业人力车	12	2.4	12	7.2	9.6	5	6	5.4
自用人力车	12	6	12	4	16	8	10	7

资料来源：伪济南市公署秘书处：《济南市政概要》，1940年，第33—34页。

济南车捐，除大小车五日捐由各区警察署代为征收外，其余各种车捐均归财政局征收。早经规定捐率公布施行，迄今已经数载，1940年又将各项规则酌量修正，除大小车五日捐仍照旧额征捐外，其余一律照原定捐率，按季征捐。为此，财政局签称："本市征收各种车捐，除脚踏车向按年捐，汽车系分季纳捐外，其余各种车辆均系按月征捐。惟缴捐人积习相沿，每至月终始来缴纳，人多拥挤，往往等候终日，既费时间，亦感不便。近查京津各大都市征收车捐均系按季征捐，纳捐人既免每月往返之劳，征收工作亦收敏捷之效，官民两便，裨益良多。本市各种车捐拟自三十年度起，除脚踏车、汽车仍按以前办法办理外，所有马车、大车、小车、人力车、地排车等按照各都市成案，一律按四季征捐，捐率均仍照旧。”[①]1941年起，济南市财政局对马车、大车、小车、人力车、地排车等一律按四季征捐，其捐率照旧。

原有的依牌征捐之法，因分属不同的机构，往返周折，制备需时，于事务之进行诸多延误，车捐征收亦受影响。1943年度起，财政局征收车捐，另行制发捐讫证。惟此项捐讫证系每年发给一次，所有原定月捐、季捐之规定，已与实际不符，亟应一律改为年捐，以符手续，并修正征收各种车捐暂行规则，其捐率仍旧不变。[②]案经第333次省政会议议决：季捐改为年捐，罚则仍用原条文；自用车捐率与营业车同，自1943年起；车辆转让，另行登记时，不收任何费用。各种征收规则加以修正，经第339次省政会议议决：各项规则内，均增添一条“凡在济南市公署纳捐各车辆，须经省会警察署车体检查合格后，方得报捐”修正令饬施行。即自1943年度起，市内各种车辆一律按年捐征收，所有应换车牌，除汽车、人力车、脚踏车三项，由省会警察署直接制发，本署征收车捐，另行发给捐讫证，脚踏车发给年度带，以资证明，而便稽查外。其他如大车、轿车、马车、地排车、小车等牌一概照旧，由省会警察署制备，送交本署代发，惟须先经省会警察署车体检验后，始准缴捐领牌。[③]车捐捐率征收规则的变化，更加有利于当局快速敛财。此后，因济南市粮价飞涨，劳动阶级生计困难，当局遂宣布自本年6月1日起，将人力车、小车、大小地排车及小车五日捐暂行停征，一俟各车夫营业稍见发展，生计较裕时，再行开征。[④]

二、车捐统计

1929年管理各种车辆暂行规则颁布之初，车捐征收情形良好，且呈现逐月增加趋势。据济南市市政府统计，1929年7月份，各项车辆月捐1 555.3

---

① 伪济南市财政局：《关于拟自1941年度起马车大车小车人力车地排车等一律按四季征捐的提案》（附各规则）（1940年），济南市档案馆藏，档号：j076-001-0314-044。

② 伪济南市财政局：《为拨自行制发车牌征收车捐的提案》（附征收地排车、马车、小车、大车、轿车、人力车捐规则）（1942），济南市档案馆藏，档号：j076-001-0278-037。

③ 伪济南市公署秘书处：《济南市政公报》，1942年第3卷第3期，第37—38页。

④ 伪济南市公署秘书处：《济南市政公报》，1942年第3卷第8期，第41—42页。

元，[①]8月份，各项车辆月捐1 754.8元，比七月份增加199.5元；[②]9月份，各项车辆月捐2 653元。[③]随着政局的稳定，车辆的增多，商业的繁荣，1930年车捐收入持续增加，一月份3 445.8元、五月份3 103.5、六月份2 361.2元、七月3 622.93元、九月份3 418.31元、十月7 434.07元。[④]

一直以来，车船征捐均悉循旧规，惟车辆种类繁多，情形亦较为复杂。自1930年以来，财政局会同公安、工务两局，分别整饬车辆，其中尤以汽车、脚踏车、人力车、地排车四种发生事项为多，故市政府开始对各项车辆进行重行登记、换发车牌，以期掌握各项车辆的实际数目，藉以实现整体划一管理。据《济南市财政局二十、二十一两年度业务报告》统计，1932年济市各类车辆达到了8 193辆，较1931年（7 268辆）增长了12.7%，[⑤]自然各项车捐也随之增加，无论是每月捐税收，还是年度捐税收入，都呈现出递增趋势，较1931年年度捐税增加了4.3%。从1929年至1934年各项车捐收入（表4–16）不难发现，不同类型车辆捐税收入极不均衡，轿车、马车、大小地排车在整个捐税总量中所占比重较小，甚至有的还呈现下降趋势；人力车捐、五日大小车捐收入最高，超过了总量的60%以上；半机械化交通工具捐税呈现出明显的增加趋势，从另一个侧面也彰显出新式交通工具的强劲发展势头。

表4–16　济南市政府各项车捐收入比较表（1929年至1934年）

年度 / 数目 / 类别	1929年	1930年	1931年	1932年	1933年	1934年	备考
大车月捐	6 865	2 376	5 415	6 887	6 772	4 871.46	
小车月捐	2 666.4	2 940	3 045.1	2 758.5	2 224.2	888	
脚踏车捐	1 816.2	2 146.8	4 412.6	5 096.4	5 603.4	5 725.6	
地排车捐	1 535	1 634	1 987.8	1 888	1 931.5	800	

①《济南市政府七月份收入》，《山东民国日报》1929年9月2日，第7版。

②《济南市政府八月份收入》，《山东民国日报》1929年9月6日，第7版。

③ 济南市政府秘书处：《济南市市政月刊》，1929年第2期，第175页。

④ 济南市政府秘书处：《济南市市政月刊》1930年第1期，第105—113页，第2期，第127—132页。

⑤ 济南市财政局编：《济南市财政局二十、二十一两年度业务报告》，1933年，第64—68页整理。

续表

数目 年度 类别	1929年	1930年	1931年	1932年	1933年	1934年	备考
小地排车捐				339.6	478.35	175.5	
营业人力车捐	19 843.5	20 083.6	20 923.2	21 312.8	22 185	7 836.5	
自用人力车捐			717	690	657	281	
大车五日捐	15 392.13	24 772.1	30 981.15	31 891.32	38 271.8	26 620.38	
轿车五日捐						244.08	
小车五日捐	5 318.24	7 781.84	6 715.72	6 212.28	7 747.16	3 024.28	

资料来源：济南市政府秘书处：《济南市市政统计》，1936年，第191页。

1934年12月，随着市政府废除小车捐、人力车捐、大小地排车捐，本年度车捐除脚踏车捐、汽车捐持续增加外，其余车捐均呈现出下降走势（表4-17）。此外，本年度财政局布告称："营业人力车捐，向系按月照额征收，惟时屈炎夏，车夫营业萧条，生活维艰，所有七、八两月份月捐，会经减半征收。"[①]此举也是导致车捐收入下降的因素之一。

表4-17　1934年度各项车捐统计表

车辆类型	车捐数（元）
大车五日捐	26 620.38
营业人力车捐	7 836.5
脚踏车捐	5 725.6
大车捐	4 871.46
汽车捐	4 716
小车五日捐	3 024.28
小车捐	833

① 济南市政府秘书处：《济南市政府市政月刊》，1934年第8卷第7期，第85—86页。

续表

车辆类型	车捐数（元）
地排车捐	800
马车捐	305
自用人力车捐	281
轿车五日捐	244
小地排车捐	175.5
轿车捐	8
合计	55 530.8

资料来源：济南市政府秘书处：《济南市市政统计》，1936年，第217页。

此后，各项车捐收入继续递减，特别是脚踏车捐征收困难，无法催缴，致使当局以换发号牌手段来杜绝偷漏。但是脚踏车更换新牌，事经数月，遵办者尚居少数。为此，当局为便利商民缴捐起见，一面在财政局处照常办理，一面分于东门、南门及普利门三处临时指派人员，就近征收车捐，换发号牌。①然而，结果还是不甚好转，1935年车捐收入仅有46 530.9元，比1934年减少了8 999.9元。总的来看，市政府时期车捐收入在整个市财政收入中所占比重较大，且形成了较为明显的分水岭（表4-18）。1934年以前车捐收入逐年递增，其最高峰时期竟占财政收入的11.7%；反而观之，1934年以后车捐收入开始走下滑路，到1936年甚至仅占财政收入的3.4%。

表4-18　济南市车捐所占财政收入比重表（1929年至1936年）

年度	1931年	1932年	1933年	1934年	1935年	1936年
车捐数（元）	77 301.5	80 634.9	89 801.9	55 530.8	46 530.9	24 191.9
财政收入（元）	800 719.65	717 051.06	766 194.44	771 053.47	679 440.31	703 215.16
车捐所占比重	9.7%	11.3%	11.7%	7.2%	6.9%	3.4%

资料来源：济南市政府秘书处：《济南市市政月刊》，1936年第10卷第7.8合

① 济南市政府秘书处：《济南市政府市政月刊》，1937年11卷第2期，第183页。

期刊，第190—191页；济南市财政局编：《济南市财政局业务报告》，1936年，第374页；济南市财政局编：《济南市财政局二十、二十一两年度业务报告》，1933年，第344页；济南市政府秘书处：《济南市政月刊》，1936年第10卷第2期至1937年第11卷第1期，计算1936年车捐。

1937年因日军不断向济南推进，致使政府无暇顾及城市管理，车捐征收处于混乱状态。1937年12月，济南失陷，1938年伪济南市公署成立，同年五月车捐开始恢复征收，当月为2 331.6元、六月1 213.2元、七月2 092.4元、八月888.4元、九月640.8元、十月1 542.8元、十一月7 274.48元、十二月6 436.24元，全年共征收22 399.92元。[①]可以看出，自11月份起，车捐收入开始大幅度提高，这恰是济南市公署开始全面恢复征收各项车捐带来的成效，从1939年开始，车捐收入达到了90 766.48元，[②]开始超过市政府时期最高车捐收入（1933年89 801.9元），增加了964.58元，并且这种形势在后续的统治时期持续高涨，1939年增长率达到了68.3%，1940年增长率达到了58.3%（表4-19）。1941年车捐收入160 216.15元，全年财政收入2 307 004.28元，车捐所占比重为6.95%，[③]由上可见，自日伪公署成立以来，其对中国人民的极端剥削、掠夺程度不断加重，成为经济掠夺最为鲜活的表现形式之一（表4-20）。此后，日伪公署继续对车辆征收高额捐税，1942年4月至12月，车捐收入达到1 649 588.07元，[④]1943年3月至5月，车捐收入有691 573.65元，[⑤]与以前日伪政府时期的同时间比较，都有所增长，并且远远超过了济南市政府时期，1943年三个月的收入甚至比市政府时期六年（1931年至1936年）的车捐总收入373 991.9元。

① 伪济南市公署秘书处编：《济南市公署二十七年工作报告》，1939年，第199页。

② 伪济南市公署：《济南市捐税收入调查表》（1939年），济南市档案馆藏，档号：j076-001-0299-006。

③ 伪济南市公署秘书室编：《济南市公署三十年统计专刊》，1941年，第31页。

④ 伪济南市公署秘书处：《济南市政公报》，1942年第2卷第7期至1942年第3卷第3期，汇总计算而来。

⑤ 伪济南市公署秘书处：《济南市政公报》，1943年第3卷第6期至第8期，第37页、35页、59页汇总计算而来。

表4-19　济南市公署1939年与1940年逐月车捐费统计表

月份	实收数（元）	实收数（元）	月份	实收数（元）	实收数（元）
一月份	8 140.68	18 473.64	七月份	5 861.24	10 919.9
二月份	4 522.24	8 646.3	八月份	5 260.10	7 715.75
三月份	10 716.44	16 076.81	九月份	5 389.88	11 795.2
四月份	8 621.46	12 852.52	十月份	7 662.32	12 263.2
五月份	9 578.38	11 276.13	十一月份	9 166.02	12 462
六月份	6 773.38	9 013.9	十二月份	9 074.34	10 052.8
合计	1939年收入90 766.48元；1940年收入143 683.23元				

资料来源：（伪）济南市公署秘书室编：《济南市公署二十八年统计专刊》，1940年，第43页；北京中国联合准备银行总行：《中外经济统计汇报》，1941年，第3卷，第4页。

表4-20　各项捐费历年征收状况一览表

科目 年度	1938年度 五月至十二月	1939年度	1940年度	1941年度	开征时间
车捐	22 399.92	90 766.48	143 683.23	160 216.15	1938年11月
财政收入数	663 184.65	821 683.43	1 287 611.03	2 307 004.28	
车捐所占比重	3.4%	11.1%	11.2%	6.95%	

资料来源：（伪）济南市公署秘书处编：《济南市概要》，1942年，第38页；（伪）济南市公署秘书室编：《济南市公署三十年统计专刊》，1941年，第34页。

三、减（免）捐与漏捐处罚

济南当局在进行征捐的同时，也会因各种因素的影响，实行主动减捐或免捐情事，以资体恤之意。长久以来，夏季减捐或者免捐几成惯例，1929年山东省政府给财政局的训令同样传递减捐信息，“前据公安局呈请拟将八、九两月份人力车捐减半征收等情到府，当经据情转呈。兹奉山东省政府指令第1351号开呈悉，据称该市公安局呈请拟将八、九两月份人力车捐减半征收一案，业经本府第八次委员常会议决七、八两月准免收半数等，因仰即转，饬遵照办理。”[①]同样，1932年济南市财政局又颁布减捐法令，“本市财政局前以每年七、八两月，市内营业人力车捐减半征收，藉惠劳工，现转瞬又届减征之期，特具呈市政府，请示可否援案办理，该局兹奉市政府指令，准予照半，当即令行稽征处遵照，并布告各车户一体知照云”。[②]此外，面对生计压力，车夫群体会诉求减免捐。“当夏日炎酷之时，林省长为感念劳工起见，曾饬警厅将八、九两月洋车月捐概免，以资体恤。盖闻有洋车夫杨有贵等十余人，昨又具呈警厅，谓时届严冬，苦工生活较诸夏日尤难，恳将十二月及明年一月车捐免征。”[③]同样，联运公司遵惯例向建设厅也表达免捐诉求，其称：“为营业亏赔，请求免征车捐二年，以资维持。”建设厅据呈后，以“该公司据称营业亏赔，请继免车捐等情。业据汽车路管理局查复，该公司所呈确系实情，应准继免车捐半年”[④]。

城市各项税收关系市政至为重要，收入稍有短绌，市政即受影响。因此，当局对延宕捐税和漏捐行为进行严厉处罚。市政府成立初期，就颁布《济南市财政局各项捐费漏捐处罚暂行规则》，其中第四条至第八条规定各项车辆漏捐：各种车辆以每月一日至十五日为缴捐期限，如逾限在半月以内者加征半数，逾期在半月以外一月以内者加倍征收，一月以外者以漏捐论处，以二倍至五倍之罚金；各种车辆如有未经报领牌照竟在市内行驶者，一经查获除补缴月捐外，并处以五倍以上二十倍以下之罚金；凡漏捐之车辆悔悟自白声请补缴者，按第五第六两条折半处罚；凡四乡临时往来之车辆不适用此规则，如确系本市车辆假托外来希图蒙混者，仍适用之。[⑤]因五日捐规定之捐率较月捐为轻，部分车夫为避重就轻，常每购五日捐票以取巧，并有转相借用月捐车牌，或伪造车牌，希图规避者。如1936年“济南市财政局

---

① 济南市政府秘书处：《济南市市政月刊》，1929年第1期，第78页。

②《夏季人力车捐准照半价征收》，《山东民国日报》1932年6月30日，第 5版。

③《洋车夫仍恳免捐——谓冬令生计尤难》，《济南日报》1926年12月6日，第7版。

④《零讯》，《济南日报》1936年7月15日，第4版。

⑤ 济南市政府秘书处：《济南市市政月刊》，1929年第2期，第50—51页。

以市内汽车，近顷多有未经领牌纳捐，私自行驶，或悬挂试车纸牌，希图蒙混者，经该局派员严查，分别惩罚，并饬车主，如有尚未登记车辆，务须从速遵章办理，免于罚则云”。[①]伪市公署时期，继续对漏捐行为进行打击处罚，规定“大车、轿车未经纳捐私在市内行驶者，除饬补缴正捐外，并按月捐数加倍处罚；人力车未纳车捐私在市内行驶者，处以一元以上五元以下之罚金”等。[②]

不仅如此，为保障车捐的及时征收，除派员稽查外，还提前布告商民周知，“本局长奉令主持本市财政，负有整理之责，值兹新旧交替之际，诚恐有无知商民，对于应纳捐税，有迟回观望，希图延缓情事，殊于市政前途窒碍良多，各商民既在市区以内，即负有纳税义务。本局长职责所在，断不容狡黠之流，故意延宕，妨害进行。除加派稽查员认真查催外，合行布告全市商民，一体周知，对于应纳捐费各款，务各遵照向章，如额缴纳，不得稍存观望，致于处罚”。[③]并且，会同公安局饬令岗警随时稽查，力争遏漏而维捐政，“查各项车捐，为本市重要收入，向承贵局所属分局饬令岗警随时稽查，藉免偷漏。而裕捐收办理颇著成效。近据各稽查员报告，时有车户延不报捐，希图避免情事。若不严加考察，实于收入前途大有妨碍，等语。查各项车捐数目，既属零星，车户复极散漫，自非加紧盘查，不足以重捐收，除由敝局布告各商民，对于应纳各款，照章按时交纳外，相应函请贵局查照，希即饬令所属各分局，转饬岗警认真稽查，倘有偷漏情事，立即照章处罚”。[④]之后，漏捐罚款有所减轻，“漏捐罚款所以征刁狡而维税收，然非故违章则，向不轻言议处，良以本市收入，均非大宗，而各种车捐及屠验费等，又胥关劳工生活，本局职司经征，督饬考核，夙持严格，匿漏情事，本不多见，继或偶尔发生，但使情有可原，忍绳以法，1932年1月先后奉市政府令、以奉主席代电，及省政府第六零五号训令，严戒滥罚，并饬嗣后非经呈奉省政府核

①《财政局派员查车》，《济南日报》1936年8月23日，第4版。

② 伪济南市公署秘书室编：《济南市公署二十七年工作报告》，1939年，第66页、68页。

③ 济南市政府秘书处：《济南市市政月刊》，1930年第1期，第65页。

④ 济南市政府秘书处：《济南市市政月刊》，1930年第1期，第66—67页。

准，不得轻易罚办，各等因，自应恪遵，用副列宪体恤商民之旨，而罚金收入愈以减少”[①]。并且惩处匿漏也比较重视策略，“本市广袤数十里，市民数十万，各项税捐，款目不一，而稽查员司不过三五人，巡行督察，势难周遍，以致狡黠者取巧匿漏，时有所获。凡此案件，均经随时分别情节轻重，严予申斥，责令补捐，或呈准酌处罚金，以资惩戒，而重税收”。[②]济南市公署时期，对于漏捐罚款执行的更为严厉，“本市经征各项捐费款目零星手续烦琐，稽查稍有未周，偷漏在所难免。迭经本署加派稽查人员认真稽查，并规定查获漏捐脚踏车提奖办法，商由警察局随时协助，共计查获漏捐脚踏车2 412辆，匿报房捐案三起，漏缴教育附捐案二起，共征解五成罚款洋1 305.5元”[③]。

与之相随，历届当局对征捐人员行为均作出明确规定，注意发挥商民监督作用，确保工作人员廉洁、奉公。1930年9月，赵作霖局长上任伊始，其布告称“照得革命官吏，首要廉洁，况本局职司经征，综揽全市度支，一举一动，不特责任重要，极易动人观听，故凡经征税捐，悉必依照定章，丝毫不苟，涓滴归公，所有从前陋规恶习，亟应严厉剔除，以肃官箴。本局长莅任伊始，对于整饬局务，清釐税捐，早已具有决心。如有本局及所属稽征处员司，营私舞弊，额外浮收，抑或巧设名目在外招摇，准各纳捐商民，来局指名告发，一经查明属实，数目无论多寡，定必从严撤惩，断不徇情袒护，除随时派员严密查究外，为此布告全市商民人等，一体咸知”[④]。1941年3月，伪济南市公署更是以布告行文形式进行广泛宣传，其强调“惟值兹改革伊始，深恐经征人员有浮收勒索情事，极应严加禁止，以杜弊端。合将各种车捐捐率照录于后，布仰全市商民一体周知，务各遵照后开捐率照章纳捐。倘有征收人员浮收勒索情事，应即指控来署，一经查实定行依法惩办，决不宽贷”[⑤]。

---

① 济南市财政局编：《济南市财政局二十、二十一两年度业务报告》，1933年，第80页。

② 济南市政府秘书处编：《济南市政府周年工作报告》，1935年第10页。

③ 伪济南市公署秘书室编：《济南市公署二十七年工作报告》，1939年，第201页。

④ 济南市政府秘书处编：《济南市市政月刊》，1930年第1期，第66页。

⑤ 伪济南市公署秘书处：《济南市政公报》，1941年第1卷第5期，第61—62页。

第五章 开埠后济南城市交通与城市发展 ≫

第一节 城市交通与城市空间拓展

城市交通对城市形态和空间变化的影响是巨大的，它对城市形态的生成、发展以及演进都起着很重要的作用。如果说事物的发展规律是以点带线、以线带面，城市的发展也是一样的，通过交通系统对城市活动的联系和支持，城市由点到线再到面而逐步成形。[①]城市空间亦是城市形态中最具活力的代表。

一、旧城的变化

济南古城区由古济南府城和府城东、西、南关厢组成。历经历下古城堡、秦汉历城县城、魏晋南北朝双子城、齐州州城和济南府城发展演变而来。宋徽宗政和六年，齐州升为济南府，是为府治之始。元朝时，因大、

① 何玉宏：《汽车社会与城市交通》，上海：上海三联书店，2012年，第257页。

小清河漕运发达，济南府地位更加重要，使城区规模不断扩大，这时的府城还是土城。明代，济南府城有了较大发展，府城的大小形状及周围城垣，已有较详细的描述记载。洪武四年（1371），济南府城开始砌以砧石，成为砧石城。其时城池规模，《山东通志》载："内外甃砧石，周一十二丈，高三丈二尺，阔五丈。门四，东曰齐川门，西曰泺源门，南曰舜田门，北曰汇波门。"[①]这是济南府城定型的开始。之后，明代统治者又先后5次重修城垣，城上不仅建有城楼，还设置了垛口、炮楼，城内官衙更是交错罗列。《历乘》记载："县宇之内，地不满数弓，房不过数椽，窄狭莫是，过者先是无延宾之地。"[②]值得注意的是，其时城内也有了较繁华的工商业。自此，济南城市的规模基本上确定下来。

清代，统治者为巩固统治，维护封建堡垒，对府城的建设、维护也极为重视。曾数次重修府城，据《济南府志》载："城之高益增，敌台续添八座，砖陂城凸出城外，一面附城，三面向外，各有炮眼，可射可铳。"[③]因至清中叶道光年间，社会安定，济南府城虽进行枝节修建，但其城垣周围基本上无变化。与此同时，关厢附近民舍住房和一般市面房屋有显著增加。《续修历城县志》记载："其西诸柚，傍挹趵水，直瞭黄岗民廛错列，群波环萦。"[④]可见，旧城区已扩大到府城以外的关厢地带。清咸丰年间，济南地方官绅为抵御捻军，巩固其封建统治，于济南府城外东、西、南关厢修筑土圩。同治四年（1865），将土圩改为石圩。至此，济南古城的城市格局形成。

开埠后，胶济铁路的建成通车，城市商贸繁荣，城墙逐渐成为限制城市空间发展的障碍，打破城市原有封闭空间格局，推动近代济南城市空间的扩展转型势在必行。旧城区因场域有限，各功能区形态定型已久，旧城区空间变化的阶段性明显，主要表现在城门的拆除、新辟及城头马路等公共设施的建设。

---

①［明］《山东通志》卷四《疆域》。

②［明］《历乘》卷五《建置考》。

③［道光］《济南府志》卷八《城池》。

④《续修历城县志》卷四《地域考》。

（一）晚清济南旧城空间的转型（1904—1911）

1906年，因修建经二路，开辟普利门，中有墙垛，并加宽柴家巷，名曰普利街，成为连接旧城区与商埠间的冲要路段，向东连接估衣市街，直达西门，通往城内繁华大道；向西出普利门，过普利桥，直通商埠内最繁华的东西主干道经二路。位置同样重要的西关估衣市街，又成为连接旧城区与普利街的必由之路，是济南市第一条柏油马路。随着济南商业的繁荣，人口的增加，商埠与城内的交通往来日益频繁，车马途塞司空见惯，极不利于商贸的往来。为解决交通阻塞问题，改变旧城区与商埠间的交通状况，1909年，在旧城区新开辟四门，西南坤顺门、西北乾健门、东北艮吉门、东南巽利门。之后，为继续加强旧城的对外交通，1910年开辟新健门，以便利于齐鲁大学的修建。由此，济南旧城城市空间逐渐由封闭转向开放。

（二）民国济南旧城空间的发展（1912—1945）

1916年为辟经四路开辟麟祥门。伴随着胶济铁路、津浦铁路两条路线贸易的日渐发达，商埠市场既距城远，其城厢街巷又极狭窄的状况，市内贸易交通殊感不便。为此，济南市政府于1917年提议仿天津模式，将济南城垣概行撤去，修筑马路三道：（一）自东南圩外起点，直贯城之中心，经院前大街而达普利门外；（二）由胶济东站经青龙街穿西北门，以抵西站；（三）从南圩门迤逦正觉寺街而及杆石桥外。[①]1929年，民众体育场至东门、南门一带道路，不仅路途远，且粪土堆积、砾石崎岖，极为污秽，无论卫生、行路均感有极大不便，遂计划将东南围子角改巽子台，开辟围墙门，另行建筑马路，南抵体育场，北至太平街，西至佛山街，以求清洁平坦。[②]1930年开辟中山门，并拆除普利门中妨碍交通之墙垛。

韩复榘任山东省政府主席期间（1930—1937），为利于经济的发展，加强城里与四关厢的联系，解决车马拥挤的问题，将内城的泺源（西门）、齐川（东门）、历山（南门）三门拆除，建房屋，拓宽马路。1930年，市工务局

① 《济南拆城修马路之计划书》，《大公报》（天津版）1917年3月30日，第3版。

② 济南市政府秘书处：《济南市市政月刊》，1929年第1卷第1期，第18页。

查勘以备开放小北门，以利交通。其称“小北门外木桥仅余桥墩，其桥梁、桥板栏均已无存，桥翅墙子亦已损坏，所存无几。又查门内土路宽仅四公尺，且中段太洼，恐有续水之患，应一并修垫，拟展宽为五公尺，并酌加垫高城门门扇两面”[①]。嗣后，为减轻西门大街、院西大街的交通拥挤状况，韩复榘曾令建设厅与济南市工务局计划拆除北城，沟通大明湖与小清河之水，通行小汽艇，嗣以工程浩大，遂将从（老）东门向北经北城墙转回向南至西门范围内的城墙辟为城上马路。其办法为在城墙上面修路，通行汽车，城墙垛口拆除，仅留女墙，高一公尺，拆下之砖用以改修内面高七十八公尺之围墙，以防汽车之出轨。在大西门、西北城角、汇波门、大东门四处各修马道一条，以便汽车上下，并于相当地点添修人行道。汇波楼（即北门楼）重新修葺，各炮台上修建亭子，以供游息。计自大东门至大西门一段，由大东门向南转西往北至大西门一段，共长七千余公尺。将来鹊华烟雨、明湖风光，绕城一周便可尽收眼底。[②]关于此项情形，（美）鲍德威在《中国的城市变迁：1890—1949年山东济南的政治和发展》中这样描述：“最引人注目的公共事业，是对1928年在济南‘五三事变’中被破坏城门的拆移。铺好的机动车道从城门口穿过，改善了入城条件，城内主干道路面也铺设完毕。但几乎所有的副道，还是仅能走一辆马车或洋车。主要的城墙保存完好，并且得到了大范围的修补。城墙顶上为游人修建了城顶环城马路，其宽度可通行一辆汽车。”[③]此后的1930年，济南市着手划定市界，全市划分十区，各区以序号命名，其中第一区、第二区、第三区、第四区为旧城区，每区又划分十坊。（图5-1）1936年，济南市区面积达到7.1万平方公里（表5-1），其中旧城区面积2 673平方公里，占全市面积的15%。

① 济南市政府秘书处：《济南市市政月刊》，1930年第2卷第3期，第89页。

②《济南拆除城墙改筑马路》，《道路月刊》1931年第33卷第1期，第78页。

③［美］鲍德威著，张汉等译：《中国的城市变迁：1890—1949年山东济南的政治和发展》，北京：北京大学出版社，第173页。

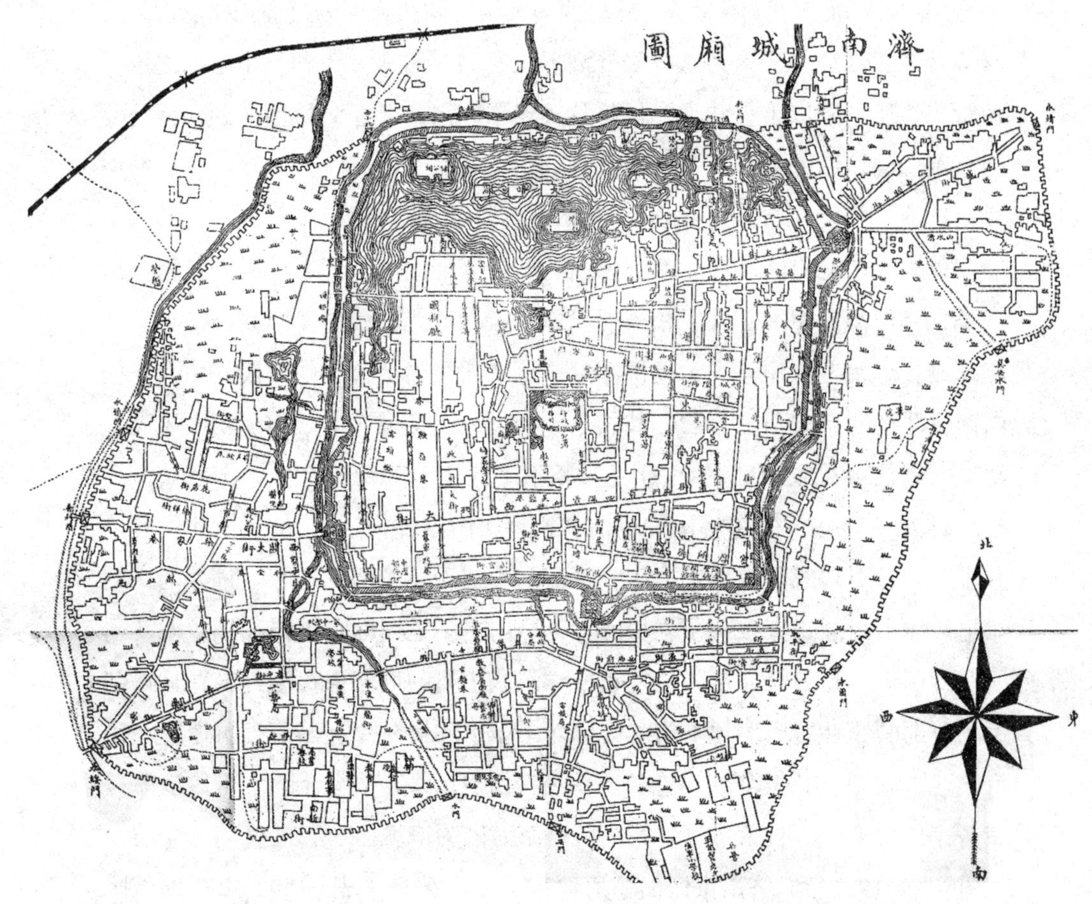

图5-1　济南城厢图（1933年）

资料来源：济南市房地产管理局编志办公室：《济南市房地产志资料》（第一辑），1983年，附页。

表5-1　济南市各自治区面积百分比

区别	第一区	第二区	第三区	第四区	第五区	第六区	第七区	第八区	第九区	第十区	合计
各区面积	689	375	675	934	831	893	534	21 503	27 705	16 651	71 048
百分比	0.97%	0.63%	0.94%	1.31%	1.17%	1.26%	0.75%	30.37%	39.87%	21.13%	100%

资料来源：济南市政府秘书处：《济南市市政统计》，1936年，第260页。

随着城市商业的繁盛，旧城区与商埠区的联系更加紧密，1931年至1933年，为缓解西门、南门、东门的交通拥堵，相继拆除了三个月城和内外城门，月城马路从7米展宽到18米，拆卸的砖石改修了路两旁的市楼，并修建了馆驿街拱沟和各市立小学的部分房屋。东南城角上的文昌阁，1931年拆除，修建了省气象测候所。[①]“五三惨案”期间，济南旧城遭到严重毁坏。日本帝国主义炮毁了永镇、永绥两个围门的门楼，炸毁大东门（即齐川门）城楼、西北城角炮台、大西门城楼、旧东门内楼、汇波桥及角楼城墙一段，并炸毁黄河铁路桥及党家庄沙河桥等重要交通设施。[②]“七七事变”后，为防御日军飞机轰炸，把部分城墙下部挖空，作为防空洞。

二、商埠区的形成与拓展

（一）商埠区的形成

1904年，济南自开商埠，由此拉开了济南城区西进的序幕。其时奏文主要强调济南的地理区位优势，特别是胶济铁路的通车，使商货运输至为便利，并为此勘定商埠界址和面积。商埠规划的主干道分经纬路，经路是从经一向南排至经七，沿胶济铁路平行排列。纬路从纬一向西排至纬十，与经路垂直。从商埠区内部经纬主干道的修建可以看出，津浦铁路和胶济铁路是支撑济南旧城区和商埠区的杠杆，商埠区内的经纬各路及商埠空间格局设计显现出较强的依附“铁路走向性”特征，甚至可以说是铁路成为城市发展的轴

① 济南市志编纂委员会编：《济南市志资料　第四辑》，1983年版，第46—47页。

② 济南市房地产管理局编志办公室：《济南市房地产志资料》（第一辑），1983年，第60页。

线。自然，道路之间的分割区就成为商民的聚集区。《续修历城县志》记载："西关向为商务繁盛之区，圩门以外如官驿街、丁家涯，自昔居民甚众，近更毗连商埠，游民萃集，东自迎仙桥以西至十王殿，南自杆石桥以北至麟祥门，以胶济、津浦两站左近，商民时寻隙地，增建庐舍，星罗棋布，俨成市肆。"[①]不仅如此，道路网的规划还照顾了旧城区和对外交通路线的衔接。如经一路东与迎仙桥的永镇门，西和通齐河大道相接；经七路东与永绥门（现杆石桥），西与泰安、长清大道相连。

正是因道路网的走向和间距的关系，所有街坊均为大小不等的矩形式样，每个矩形街坊面积在三至六公顷左右，矩形四边可以安排临街房舍，适于商业、店铺之用，无形之间划分了功能街区，有利于市面的繁荣。除此之外，胶济铁路、津浦铁路车站、货场、机车厂等附属设施也都在商埠界西北面建成，进一步拉动了商埠区的西进速度。商埠区的形成使济南的城市空间突破了旧城区的单一模式，出现了旧城区与商埠区并行前进的格局，城市空间发生了前所未有的巨变。

（二）商埠区空间的拓展

1. 商埠区的三次展界

济南商埠开设后，中外商民租地者日众，工商业日趋发达，致使原有的商埠界限不敷使用，自然外扩趋势日甚一日。道德街、大槐树、北岗子、官扎营、顺河街等处，商民自由修建铺房，开张营业现象也日益增多。加之，1906年农业专门学校建于东郊七里堡北，1907年辛庄营垣和铁路大厂（现济南机车修理厂）又在商埠西建起。它们的总面积已相当于原商埠面积的三分之二，并有继续外扩之势。有鉴于此，当局在民国初年就曾有拓展商埠界限之议。1916年，商埠局拟收回商埠界外之毗连土地，扩充界址，其称"商埠界址与民地犬牙交错之处甚多，其毗连马路者尤为不便，又如五里沟、三里庄均在埠内之中心点，腐败现象夹杂其中，殊损观瞻。推历年来未予收回之

① 转引自陆敏：《论历史时期济南城市的空间拓展》，载徐北文，李永祥主编：《济南文史论丛初编》，济南出版社，2003年版，第383页。

故，或不无别有为难情形，然日久任其自然，匪特参差卑陋有碍埠政。他日商务发达，地价愈昂，收买更难，且虑有暗售洋商，别生交涉之弊。按商埠租建章程第十节，有日后商务繁盛，原定界址不敷居用，可体察情形，酌量展拓之语……所有收回地价本在原定界址以外，不妨略从优厚，将来放租亦可准此加增，而于埠政可收整齐划一之效，且可预杜外人意外交涉”[①]。嗣后，于1918年、1926年，经济南市政厅两次呈准拓展商埠。首次先将东界的普利门以西沿顺河街一线到纬一路拓界为商埠租地。其次将清泉街以西，馆驿街以南、皖新街、凤翔街等展为埠地。这时商埠租地已增至3 700余亩。[②]1918年、1926年的两次商埠拓展（图5-2），其道路走向、街坊形态均是承袭商埠区沿铁路线的布局模式，并且商埠与圩城间的区域逐渐连成一片，沿主干道区域成为商埠的主要发展轴线，给城市空间形态的发展带来极大的影响，使商埠区由最初的带状向长方形演进。济南沦陷后，日本帝国主义为实行“以战养战”的政策和实现长期占领中国的野心，加强其掠夺，根据商业发展和居民发展的需要，日伪华北建设总署济南工程局对商埠做了第三次拓展，将三里庄、五里沟、魏家庄、官扎营、南大槐树、北大槐树、北坦、营市街等处自然村的土地征用为商埠用地，即将圩城、旧商埠、东西部工业区基本上连接起来，至此商埠面积增至9 140余亩。[③]

① 《济南商埠局拟扩充界址》,《大公报》（天津版）1916年1月13日，第7版。

② 济南市房地产管理局编志办公室:《济南市房地产志资料》（第一辑），1983年，第32页。

③ 赵永革，王亚男:《百年城市变迁》，北京：中国经济出版社，2000年，第319页。

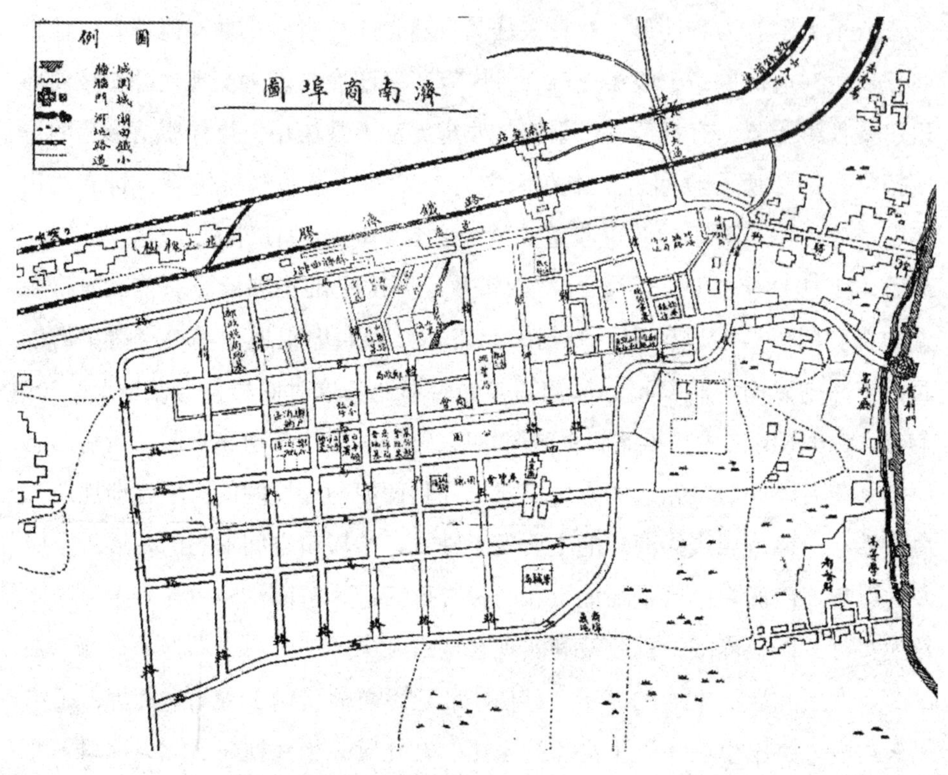

图5-2　济南商埠图（1927年）

资料来源：济南市房地产管理局编志办公室：《济南市房地产志资料》（第一辑），1983年，附页。

2. 北商埠的规划

济南自开辟商埠以后，由于商业繁荣，胶济铁路线以北，泺口以南片区，市民在大道两旁自建了不少铺房和住房，逐渐和商埠地区衔接起来。[①]此举无形之间为商埠区的北拓奠定了基础。同时，为便于津浦铁路、胶济铁路和黄河、小清河的联运，1916年，市政厅开始动议开辟南北商埠展界，并于1925年开始征地工作，对于开辟北商埠的动机，《商埠向北展界理由》中强调："泺口为济南之重镇，是黄河上下游输入、输出品的重要中转站，但济泺之间素乏交通设备，往来为泥途荒地所阻，不能连为一气，水陆交通互助之

① 严薇青，张昆河等：《济南地名漫话》，济南：山东友谊书社，1988年，第118页。

效用不能最大发挥。若将济泺之间辟为市街，筑成马路，水陆交通因而即可沟通一气。且小清河适居黄河、铁道之间，更足以助工商各业之发展。若按照计划，由闸子庄挑挖引河，导小清河之水向南环绕周行界内，复于林家桥归入正河，此种水运交通于货物运输亦极利便。恐不数年，荒芜之地即变为工厂林立之区。”[①]从上述中不难发现，开辟北商埠的理由中“交通”因素是至为重要的条件，从某种程度上甚至可以说，便利的交通运输条件造就了北商埠的规划布局。此后，济南修建了自成丰桥到泺口的一条新公路——义威路（现在济泺路），使商埠区到北部的泺口交通更加便利。

1925年，张宗昌确立了在山东的统治，随即考虑在市区北部开辟北商埠。初期规划设想北商埠范围：北起泺口镇原圩子墙外，南至丹凤街、官扎营，东沿津浦铁路，西到无影山、黄家屯和毕家洼。以南起天桥，北到泺口的义威路为干路，两旁挖掘“U”字形引河（现在工商河），辅以南北路11条，东西路18条，依旧采用棋盘式的网状道路。[②]这些街道的走向和宽度，《商埠北展界计划》如此描述：“旧埠界内马路大致经路宽五丈，纬路宽三丈六尺，当时所定东西路宽于南北路，或因旧城在商埠之东，由城至商埠系东西向，交通较繁，故如是规定。但南北路一律窄于东西路计划不免过于板滞，此次计划不论方向只以关系轻重分别宽窄。拟于治引河外岸修宽大马路一条，一端在闸子庄过小清河，向西北延长，以通泺口码头；一端在林家桥与已修之济泺路相交向东绕通泺口南门。在闸子庄、林家桥之间于埠界中间修南北宽大马路一条，北端直通泺口南门，南端直达官扎营，藉天桥以通旧商埠；向东南则过津浦、胶济两路涵洞，经馆驿街以通城内，再于引河之东南、西南各接修大马路一段，由东南之路向东过津浦涵洞以通城内，由西南之路向西经大槐树以通旧埠……除上述各路拟定为宽度七丈外，其余界内之路均无须过宽。”[③]

① 赵晓林：《故纸中的老济南》，济南：济南出版社，2009年，第20—21页。

② 孟宁：《近代济南城市空间转型及发展研究》（1904—1948），西安建筑科技大学，2009年硕士学位论文，第52页。

③ 赵晓林：《故纸中的老济南》，济南：济南出版社，2009年，第21—22页。

因这一地区地势低洼，夏秋之际经常积水，引河遂于1926年完成挖掘，即解决存在已久的积水问题，又连通了小清河，便利了水路运输，使小型木船可直达成丰桥。1927年，小清河上修建了义威桥（现名济泺桥），大大缩短了由济南北商埠到泺口的路程，促进了泺口的发展。到1932年，泺口镇居民约5 000户，大小商号100余家，年交易总值500余万元。[①]1928年北伐军进军山东，张宗昌逃走，不久日本侵略者制造了震惊中外的“五三惨案”，建设北商埠的规划也全部停顿。1929年7月，济南市政府成立。为了适应城市的发展，又提出“南北展界”问题，首先开展翻修马路、整理沟渠、修理桥梁等工务工作，并着手调查全市交通状况，绘制全市发展经过图、全市现状图、全市设计区域图、全市分区计划图、全市重要道路图、水陆交通联络图等。[②]其继任者持续推进道路交通建设，并规划北商埠，使城市基础设施和城市空间获得较大发展。同时，为明确市县界线，曾先后四次进行市县划界。

第一次是1930年7月，省会公安局会同历城县政府合组划界委员会共同办理，并在市区周围立界石十九号。东到七里堡、殷家小庄、马家庄、燕翅山一带，南到羊头峪、六里山一带，西到王官庄、刘长山一带，北到泺口，全市划分为10个区，城内2个区，城关2个区，商埠3个区，郊区3个区。（表5-2）[③]

表5-2　济南市市区各区范围（1930年）

区名	轮廓	界线
第一区	城内东部包括省政府	
第二区	城内西部	鹊华桥、西更道、舜井街以西
第三区	东关及朝山街以东	
第四区	西关及朝山街以西	

① 济南市地名协会编:《济南地名琐话》，济南：济南出版社，2013年，第244页。

② 济南市政府秘书处:《济南市市政月刊》，1929年第1卷第2期，第6—7页。

③ 济南市志编纂委员会编:《济南市志资料　第四辑》，1983年，第108页。

续表

区名	轮廓	界线
第五区	商埠东部	北坛、刘家庄、西围濠以西，南上山庄以北，纬二路以东，小纬一路以南
第六区	商埠中部	纬二路以西，岔路街以北，纬六路以东，胶济车站和原市府以南
第七区	商埠西部	纬六路以西，五里牌坊以北，纬十一路以东，经一路以南
第八区	西南郊	七号市界、残废院、南围门、五里牌坊、纬十一路、西义合庄、铁路工厂以西，小清河、黄岗、官扎营以南，任家山口、大饮马庄、清河桥以东，八号至十五号市界以北
第九区	西北郊	津浦铁路以西，北泺口、黄河以南，西义和庄、成丰桥、黄岗和小清河以北，十九号至二十三号市界以东
第十区	东郊	七号市界、南围门、东围墙、津浦路以东，黄河和一号、二号市界以南，二号至七号市界以西

资料来源：济南市志编纂委员会编：《济南市志资料　第四辑》，1983年，第109—110页。

第二次是1931年7月，因第一次划界后历城县政府以市区过大，有碍县政进行为由，经省府批准将市区缩小，由划界委员会复勘并改小市区范围，立界石二十六号（表5-3）。济南市政府于1931年7月1日将市区范围与二十六号界石所在地址一并布告周知。

第三次是1932年9月，因历城县政府以所辖长清县境内之邱家庄、赵庄、萧屯、周官屯等四村被新划市区隔离县境，管理不便，经省府批准，划入市区。但原竖界石未变。

第四次是1933年1月，因周官屯以东以北之长清县属各村民众因与市属四村，插花相间，请归市属。经省府批准，市县会勘，将前竖第十九号至二十三号五个界石两移。

表5-3　1930年界石位置

界石号	所在地	附注
1	姬家庄东北500米	
2	前王尔庄东200米	
3	七里堡东北600米	
4	殷家小庄东北160米	
5	马家庄东100米	
6	燕翅山、政法学院之间	马家庄南偏西约1 500米
7	羊头峪水库	
8	千佛山南麓、坟山东头	8-12号界石成一东西直线
9	六里山南	马鞍山主峰以南920米
10	梁家庄南750米	
11	刘长山南	在山尖以南450米
12	王官庄西南150米	
13	袁柳庄西南15米	
14	西红庙南120米	
15	任家山口	
16	西朱家庄西偏南1 000米	
17	老飞机场四五连桥西旁	
18	大饮马庄西头	
19	中赵庄南偏东1 000米大坝上	
20	中赵庄西南400米	
21	小周官屯西南100米	
22	裴家庄西偏北250米大道旁	
23	邱家庄西160米大坝上	黄河以河中心为界
24	北泺口西北150米大路上	
25	北泺口正北偏西1 000米公路旁	
26	纸坊庄东，北张家庄正北，对岸河边	

资料来源：济南市志编纂委员会编：《济南市志资料　第四辑》，1983年，第108—109页。

至此，济南市区东西长度平均约15公里，南北长度约11.5公里，面积为173平方公里。[①]然而，1930年4月爆发的蒋、冯、阎中原大战，致使阮肇昌建设新济南的计划破产。此后，陈维新继任济南市市长，专门成立了济南市政

① 济南市房产管理局编志办公室：《济南市房地产志资料》第三辑，1985年版，第12—13页。

府设计委员会，司职规划模范村市。1932年，按照铁道部有各省设立模范市之建议，济南市政府迭经筹议，拟就南北商埠原定南北展界内，分别建立市村以资发展，而省民建两厅亦有请辟北商埠为模范市区，呈经第109次政务会议议决，细勘两界形势。南展界以山为屏，空气清洁，风景宜人，为天然优美住宅区域，拟开辟为模范村；北展界当黄河、小清河、津浦、胶济，水陆交通之重，运输便利，为国内工商业最优之场所，拟即辟为模范市。如此分别建筑各得其宜，经技术专员等拟定计划，交由市设计委员会详细讨论，俟议决后，即呈请核示施行。[①]此后，济南市继续对城市建设进行规划，1935年曾计划把市中心区安排在北商埠，并改名为模范区，其区划范围南自天桥，北到泺口，东自津浦铁路，西至黄家屯、袁家庄。以五三路（原义威路）为中心干路，其东设纵路2条，其西设纵路5条，小清河以南，设横路12条，以北设横路4条。成丰桥、济泺桥中间设一椭圆形的地区作为市政府，长径350米，短径250米，各方面所来马路，都围绕椭圆作为转盘；转盘的四隅，放射出4条斜路，各与五三路成为25度左右之角。其主要路线交口，金牛山为公园区，无影山为采石区，林家桥、凤凰山间为住宅区，工商河圈内、市府四周为商业区，黄家屯、无影山之间为住宅区，工商河南段、成丰桥两旁为码头区，韩家窑、官扎营一带为小工商业区，学校区则穿插于各区之间。[②]此种设计以棋盘、放射兼用，有时参以弧线布局。值得注意的是，北商埠道路的命名不再囿于老商埠“经纬”命名的圈子，开始以其他国家的国名和城市名来命名。[③]然而，因种种原因，此项规划设计最终也是一纸空文。以上北商埠两个阶段的规划，因时局动荡，时办时停，进展缓慢。1937年日军占领济南后，伪济南市公署放弃原北商埠计划，并将成丰桥以北、济泺桥以南的地区，开辟为北郊工业区。同时，进行了南郊新市区的规划和开发。[④]

① 济南市政府秘书处编：《济南市政府工作报告》，1932年，第9页。

② 济南市志编纂委员会编：《济南市志资料　第四辑》，1983年，第111页。

③ 魏敬群：《民国时期的北商埠与南商埠》，《齐鲁晚报》2014年1月21日，第B14—B15版。

④ 曹洪涛，刘金声：《中国近现代城市的发展》，北京：中国城市出版社，1998年，第211页。

3. 南郊新市区的形成

济南沦陷后，日本帝国主义为推行其殖民政策，于1939年将齐鲁大学以西、经七路以南、岔路街以东、四里山以北范围规划为南郊新市区，由日本人单独聚居，时称南商埠，与北商埠遥相对应，进一步拓展了济南商埠的空间。南郊新市区道路网规划多系与地理坐标相同的方格网状，自然形成矩形街坊，但一般面积不大，其规划的东西走向道路基本上是“经”路的延展，并用堂皇的“兴亚”命名；南北走向的道路同样是冠以堂皇的“新民”命名。并且，确定以兴亚大路、兴亚北二路和新民大路为主要干道，兴亚大路原规划宽度80米，后改为50米。新民大路宽50米，兴亚北二路宽30米，其余路宽均在35米以下。[①]南郊新市区的建设使城市道路得以继续向南延展，契合了商埠区的道路结构，续推了济南的城市空间发展。然而，随着抗战后期日本在战场上的失利，南郊新市区的建设设想最终也未能实现。

4. 东、西部工业区的规划

1941年，日伪济南市公署复爰照前案，继续办理北商埠土地收放事宜。但因黄河改道，泺口黄河码头失去作用，北商埠北端区位优势下降，一时发展不易，故将北商埠北界向南收缩。为此，成立济南市北部都市建设办事处，负责土地收放工作。1942年，日伪济南市公署发价征用土地，形成了济南北郊工业区东部与西部，简称东、西部工业区，其办理机关由济南市北部都市建设办事处负责。东部工业区占用了原北商埠的南端，即成丰桥以北，北园路西头，汽车总厂东西路以南；西边界以工商河内侧为度，东至津浦路，共征用土地1 637.24亩。西部工业区在纬十二路北头东侧万盛街东头以西，南临津浦路正线，北至九号线路（堤口路通飞机场段）以北，共征用土地1 352.22亩。两处工业区征用土地达2 989.46亩。[②]

东部工业区东部的南北主干道是天津线路（今济泺路），南起铁道天桥，北到泺口，以此为中轴线，与北商埠完全一致。其东西侧的工商河岸留

① 济南市史志编纂委员会编：《济南市志》（第二册），北京：中华书局，1997年，第21页。

② 济南市房地产管理局编志办公室：《济南市房地产志资料》（第一辑），1983年，第38页。

有沿河道，成丰桥的北侧留有码头地一段，便于小木船靠岸装卸货物。由码头向北，东西向的道路网有9号线路（今堤口路）、28号线路（今北园路）等。西部工业区的主干道以5号线路（今纬十二路）与9号线路（堤口路西段）的交叉点为中心向东发展，同时规划了南北道路网。东、西部工业区均采用方格棋盘式布局模式。根据道路网的规划，1943年开始标价放租，东、西工业区共划分27个地段，其中西部12个地段，东部15个地段。①

综上所述，不难发现，济南自1904年开埠规划至1945年抗战胜利的40余年中，城市空间的演化无不与城市交通密切交织，并且城市交通牵引、推动城市空间发展的特征鲜明。从最初铁路线成为商埠选址的决定因素之一，到商埠区的三次展界，"沿铁路线模式"始终都是济南城市空间生长轴线。与此相契合，商埠区内的主干线，诸如一大马路、二大马路等，又成为若干片内的新生长点，吸附了周边资源成为繁华的功能区。另外，南北商埠展区、南郊新市区、东西部工业区及历次展界规划中，首倡的大事就是道路网的规划建设，其采用的纵横交错网格状格局，也有利于道路不断地向外延伸，从而促进城市空间规模不断扩大。除此之外，城市交通方式的变革，对城市空间的演化规模和空间布局结构也产生了较大影响。这一时期的城市规划取得了一定的成绩，然而仅仅是限于某些局部片区的规划，且大多是囿于道路网的布局，尚未能结合城市整体进行通盘考虑，加之中国处于内战外患的环境之中，城市规划多半是海市蜃楼。

毋庸置疑，开埠后济南城市空间的不断扩张是毫无争论的事实。如前所述，城市交通对城市空间有着重要的推动作用，但城市区位级差地租与城市交通密切交织，也在一定程度上对城市空间的增长施加着影响。城市区位级差地租，是指由于城市自身所处的区位、城市内部各主体地理位置的不同形成的超额利润的转移。按照马克思城市地租的理论观点，位置对城市地租具有决定性的影响。这些影响之所以会促使城市级差地租不断提高，在很大的

① 赵英丽：《近代济南城市规划和城市发展研究》，北京大学2006年博士学位论文，第85—86页。

程度上是由于随着经济的发展，它们扩大了城市土地资源的各种功能。[①]

1904年济南开辟商埠后，对城市房屋的修建管理，始逐渐走向条理化、制度化的方向。房屋修建的管理由商埠局工务处负责，其在“济南商埠租建章程”中予以明确规定。随着经纬各大马路的兴修，道路两旁新式建筑林立，各种商号如雨后春笋般出现，城市商业中心逐渐由旧城区转向商埠区，而商埠区又集中在经纬各大马路，如经二路东段和纬一路以东之间开辟的“新市场”；经二路中段路北，纬四路纬五路之间形成的万字巷商场等商业区域。关于经纬各路的情形，倪锡英在其游记《济南》中写道：“在这许多新式街道中，以经一路、经二路和纬三路、纬四路、纬五路的商业最为发达，尤其是大马路和二马路一带，市容也格外整饬；那大街两旁全是高耸的建筑，有点像上海南京路的气概……商埠地内各商店的贸易要项，差不多被洋货占了重心。在大马路和二马路上，我们可以看见极大的百货公司，极大的绸缎庄，随处分布着，几乎是变成了一个外货的倾销市场。”[②]如此繁盛的商贸活动也不断地拉动着房租的上涨。1929年12月商埠房租2 392.27元，1930年1月房租2 716.32元，[③]增长424.05元。之后，商埠地租继续上涨，1930年2月，福字地租每亩36元，福字不列号地租每亩16元，展界地租每亩20元，福寿喜展新字地租每亩24元。[④]商埠房租、趵突泉房租增减迁移不能预定，茶馆房租每年550元，万字巷菜市每月包租220元。[⑤]市内如此之高的地租，使工商业者望而生畏，城厢地带的“三关”地区成为其建厂的首选之地，据1928年的《历城县乡土调查录》记载，全市商号达8 800余家，其中城内4 235家，商埠1 444家，乡区3 209家。[⑥]

随着城市道路交通的发展，1934年济南市政府修订了《济南市工务局取缔建筑暂行规则》。该暂行规则中规定：“凡市民在拆修改建房屋兴工之前，

---

① 钟盛熙，祝国华等：《〈资本论〉与当代》，北京：学习出版社，2005年版，第263—264页。

② 倪锡英：《济南》（1936年），南京：南京出版社，2012年版，第108—109页。

③ 济南市政府秘书处：《济南市政月刊》，1930年第2卷第2期，第99页、101页。

④ 济南市政府秘书处：《济南市政月刊》，1930年第2卷第3期，第119页。

⑤ 济南市政府秘书处：《济南市政月刊》，1930年第2卷第3期，第120页。

⑥ 孙宝生：《历城县乡土调查录》，历城县实业局1928年编印。

必须先向工务局请领建房执照，并须附图样及估价清单。如起造、添建、改造、拆修各项工程等，另交执照费。百元以下者三角；百元以上五百元以下者五角；五百元以上千元以下者，千元以上五千元以下者，每千元二元五角；六千元以上至万元者，每千元三元五角；万元以上者，每千元五元。[①]此举更是刺激了地租的上涨，1934年6月，各类地租均出现了大幅增长，福禄寿喜各地块地租达到5 176.37元，趵突泉房租、商埠房租及东关房租共2 085.24元。[②]面对如此的红利，当局加紧收放土地，并持续强调交通因素在地价中作用。1935年4月，济南市北商埠收放土地章程公布施行，亦规定："凡放租之土地于马路筑成后，逾三年仍未建筑者，得收回另行标租。"[③]然而，面对房租的持续上涨，贫民、难民在市内难觅立锥之地，被迫到市郊寻地自建房屋或搭建窝棚谋生居住。1935年，市政府布告"黄台马路两旁所建房屋拟定办法三条"时，称"黄台马路两旁，有贫民自建房屋，进行小本经营，阻碍交通，壅塞水沟。如系官地，即予拆除；若系民地，应特免拆除"。[④]此举系是默许贫民自建房屋，寒来暑往黄台之地势成聚落村居。

此后，商埠土地地租改订一项屡经提高，日伪统治时期尤甚。1940年，市公署将商埠地租实施增高，为每年每亩自26元起至58元止，分为五等交纳。若地皮租金骤行增高倍蓰，一般租户容或力有未逮，年来权衡地价增高情势，拟采缓进办法，先于1941年度起，一律按售租金额实行增加三成。近来物价腾贵，地价上涨，市面商业亦较前发达，此次请续增七成，自1943年度起徵各节，所有商埠界内各字号段租地租金，统自本年度起，除按照售租金额，已经增加三成外，兹再续增七成，以裕市收。[⑤]

更为严重的是，1940年度起，济南市人口较战后增加，住房几至供不应求，各房主多乘此时机，借口物价昂贵，时向房客要求增租。市公署前为抑

---

① 济南市房产管理局编志办公室：《济南市房地产志资料》第三辑，1985年版，第24页。

② 济南市政府秘书处：《济南市政府市政月刊》，1934年第8卷第7期，第97—99页。

③ 济南市房产管理局编志办公室：《济南市房地产志资料》第三辑，1985年版，第24—25页。

④ 济南市政府秘书处：《济南市政府市政月刊》，1935年第9卷第2期第89—90页。

⑤ 伪济南市公署秘书处：《济南市政公报》，1943年第3卷第6期，第32—33页。

制房租高涨，会经规定限制办法。各房主遵照办法切实办理者，固属甚多，而惟知图利，仍敢增价者，亦复不少。市公署为平抑价格，根据六月十日之物价统制令，要求本市各房屋租，应即一律停止涨价。[①]同时，政府加紧订定平抑房租办法，确定房租租价标准：（甲）在民国三十年十二月三十一日有出租之房屋时，依当日之房租为标准（当日之房租不明时，以判明该日以后最初之房租为标准），但在民国三十一年一月一日以后本布告施行以前，因房屋之增建而变更房租时，以增建或改建之工程竣工后最初之房租为标准；（乙）不属于前项者在民国三十一年一月一日以后本布告施行以前出租房时，以当日之最初房租为标准（其不明时以判明最初之房租为标准），但其后于本布告施行以前因房屋之增建或改建而变更房租时，以增减或改建之工程竣工后最初之房租为标准；（丙）不属于前两项时，于本布告施行后有出租之房屋时，以本布告施行后最初日之房租为标准；（丁）前列各项之房租遇有不适当时本署得令其减低之。[②]此外，还修建平民住房调剂房荒。1942年夏季大雨倾注，山洪暴发，水势汹涌，莫可遏止，市区低洼之处，多被淹没，受灾市民流离失所，厥状极惨。鉴于灾民觅房困难，济南市公署水灾善后委员会遂经议决于北坛及南营二处，建修平民住房三百间，此项房屋灾民有优先租赁权，尽先供灾民租住。下余之房，再租给一般市民，既可救济灾民，复能调剂本市房荒。可见，政府平民住房多选在城乡之间的偏僻之地，拓展了城市空间。同时，为加强租赁管理，1942年济南市公署制定《租赁平民住房暂行办法十八条》，其规定“租用平民住房，仅限市区内居住之平民有正当职业者，并应向财政局请领保单，觅具妥实铺保；租赁者每户不得超过二间，每间月租暂定四元；租赁者于承租时，应先缴一个月租金，以后每月五日前缴纳该月份之租金，不得有拖欠或转租情事”。[③]从其租赁平民住房的资格来看，仅是部分市民有资格，广大的贫民、难民根本没有机会享受此等待遇，他们只能如同其前辈一样，到处漂泊，自行隙地而立。

---

① 伪济南市公署秘书处：《济南市政公报》，1942年第2卷第9期，第15页。

② 伪济南市公署秘书处：《济南市政公报》，1942年第2卷第10期，第37—38页。

③ 伪济南市公署秘书处：《济南市政公报》，1942年第3卷第2期，第42—43页。

第二节　城市交通与城市经济发展

一、城市产业结构的变动

城市是各种交通运输方式的集中地和交通运输的枢纽，城市经济的发展离不开城市交通运输的支撑，城市交通在整个交通运输体系中具有特别重要的地位。[①]近代济南城市经济格局的演化亦是有赖于城市交通发展。1904年，济南自开商埠，使城市功能结构发生巨大变化。此后，津浦铁路与胶济铁路交汇于济南，使济南区位优势更加明显，“北临黄河，东接小清河，胶济、津浦两铁路交会于城西”，水陆交通之便利，使济南成为土洋货物的集散中心和连接内地市场与沿海城市的枢纽。凡山东西部及山东、河南等省的土货，欲输往外洋者，先集中于济南，再转运青岛，故济南为鲁晋豫三省出口土货的最初集中市场。欲运入我国中部的进口洋货，先集于青岛，而后集于济南，故济南为中部洋货散布的商埠。[②]这种便利的交通形势，极大地促进了济南工商业的发展和繁荣。

伴随着商埠区的建立发展和济南枢纽地位的确立，城市经济格局也发生了变化，城市商业重心迅速由西关向商埠区转移，并出现了许多新兴行业。因商埠内“准各国洋商并华商于划定界内租地杂居”，仅三四年内，外商设立的洋行和公司就达20多家。[③]1912年，津浦铁路通车，进一步推动了济南商业的繁荣和发展，促进了许多新兴行业的产生，济南商户发展到32个行业1 993

① 王庆海：《城市道路交通规划与管理》，北京：中国建筑工业出版社，2007年，第16页。

②《民国山东通志》编辑委员会编：《民国山东通志》（第三册），济南：山东文献杂志社，2002年，第1418页。

③ 党明德，林吉玲：《济南百年城市发展史：开埠以来的济南》，济南：齐鲁书社，2004年，第83页。

家。[①]与此同时，行业细分加剧，出现了经营进出口商品的棉布业、五金业、百货业、西药业、花行、牛栈等许多专营商店，1914年，济南专营商户发展到248家，特别是大量的行栈发展更是迅速，自清末到民国初年发展到300余家，控制着20余个大宗贸易行业的商品流通。[②]到1919年，商埠内有洋行23家，洋货铺62家，有杂货铺、绸缎庄、钱庄、银行、中药铺、铁器、钟表、漆行、炭行等多种行业。[③]日本占领青岛后，济南更是“侨商麇集，日趋繁盛”。商业的繁荣不仅仅表现在新兴行业的不断涌现，商户数量的成倍增加也是有力的佐证。至此，济南市内商业户数达1 968家，较辛亥革命前增加了一倍多。1927年，城埠两地商业户数增至5 787家，较1919年又增加了近两倍，比辛亥革命前增加了五倍左右。[④]1928年“五三惨案”发生前，是济南商业历史上的兴盛时期，行业发展到48个、6 500余家。发展较快的牛栈业由民国初年的8家增加到30余家，棉花行由清光绪末年的2家增加到30余家，新开蛋行10余家，自行车行由1920年兴起时的4家增加到28家，西药业由1919年的11家增加到30余家，钟表行由1919年的28家增加到60余家，照相业由1919年的9家增加到30余家，金银首饰业由1914年的38家增加到130家，鞋帽业由1914年的21家增加到500余家，点心铺由1919年的22家增加到100余家，饭馆由1914年的15家增加到100余家，山果行由1914年的11家增加到150家，木材行发展到30余户，炭行由1914年的1家增加到90余家，绸、棉布行由1919年的133家增加到200余家，文具行由1914年的5家增加到200余家。[⑤]

1928年，日本帝国主义占领济南，制造震惊中外的“五三惨案”，并断绝津浦铁路交通，使济南交通形势发生了急剧变化，济南仅由胶济铁路与青岛

① 张福山主编，济南市史志编纂委员会编：《济南市志》（第四册），北京：中华书局，1997年，第3页。

② 党明德主编：《济南通史》（近代卷），济南：齐鲁书社，2008年，第315—316页。

③ 党明德，林吉玲：《济南百年城市发展史：开埠以来的济南》，济南：齐鲁书社，2004年，第83页。

④ 王守中，郭大松：《近代山东城市变迁史》，山东教育出版社，2001年，第371—372页。

⑤ 张福山主编，济南市史志编纂委员会编：《济南市志》（第四册），北京：中华书局，1997年，第11页。

相往，津浦铁路北至泺口，南至党家庄一段中断停驶，南北货运大受阻碍，运输维艰。加之“九一八事变”的影响，1928—1932年间济南商业一度萧条。1932年，总贸易额为1.67亿元，较上年减少三分之一。1933—1936年，商业市场渐次恢复并有所发展。1934年新开工商业户724家，同年歇业商号108家，实增616家。1932—1936年的货物运输仅铁路年输入量就达106万吨，比1927年增加一倍以上，年输出56万吨，增加四分之一。1937年12月27日，日军侵占济南，推行“以战养战”的反动方针，通过“组合”“协会”等形式垄断和掠夺物资，操纵主要商品市场，使商品流转遭到严重破坏，民族商业濒于破产境地。1943年5月，工商业户有7 400余户，多为小本经营的零售商和手工作坊。[①]

在国人轰轰烈烈开办实业的同时，外商创办的行业也开始在中国大量出现。1904年，《济南商埠租建章程》准许外国商人在济经商。1906—1919年间，外商在济南设洋行25家，洋货铺162家，其中以德、日两国的洋行为最多、最早。洋行中较大的有：德商的礼和、义利、太隆、瑞来洋行，英商的亚细亚煤油公司、卜内门公司、英美烟草公司、祥太洋行，美商的美孚石油公司等。洋行购进的商品主要是土产杂货，以棉花为大宗，草帽辫、发网次之，牛皮、牛骨、牛油、花生米、花生油、鸡蛋的数量亦相当可观；倾销的商品则以洋广杂货、棉纱、棉布、颜料、洋针、五金、器械等机制品为大宗。一战后，外商日渐增多，尤以日商为甚。1927年，在济日商增至250余家，从业人员有1 004人，居各国之首。1932年，在济南的外国侨民以经商为职业的占全部侨民的65%，洋行、洋庄、洋店约300余家，其中仍以日商最多，德商次之，英、美较少。[②]1937年底至1945年8月济南沦陷期间，日伪政府独揽主要商品，使济南民族商业受到沉重打击。抗日战争胜利后，美商趁机而入，大力倾销商品。直到1948年济南宣告解放，济南商业才彻底摆脱了

① 张福山主编，济南市史志编纂委员会编：《济南市志》（第四册），北京：中华书局，1997年，第3页。

② 张福山主编，济南市史志编纂委员会编：《济南市志》（第四册），北京：中华书局，1997年，第9—10页。

外国帝国主义的控制。

在新兴行业和外资企业出现、发展的同时，一些传统的行业受到冲击，开始日趋衰落。我们所熟知的手工纺织业便首当其冲地呈现衰微之势，其他各种手工业，凡是与进口商品相同，或可以用进口商品代替的产品，都不同程度地受到冲击，如蜡烛被洋烛排挤，火石、铁片被火柴取代等。[①]工商行业也未能幸免，在进口西药和国产新药出现并被人们较普遍接受之后，国药行渐次衰落；近代化的堆栈、转运业兴起之后，传统的“脚行”逐步消亡。[②]

二、城市经济空间的变迁

清初，济南商业多设在旧城内和城南关。光绪年间，西关商行繁多，栈铺林立，市场十分活跃，发展为商业繁荣区，拥有国药行、杂货行、绸布行、鞋帽行、钱行等享誉省内外的“西关五大行”，其辖区内的估衣市街、制锦市、筐市街、剪子巷、钉子街、篦子巷等是有名的商业地。至此，济南的商业中心逐渐由旧城、南关移到西关。随着胶济铁路的通车，1904年济南自开商埠，极力发展公共交通和进行公共事业建设，通过整修市内街道和马路、设立邮电局、疏浚河道等系列举措，畅通内外交通，促进商业的日趋繁荣，济南迅速变成了规模广大的内外贸易市场，大批中外商人蜂拥而至，市场迅速向经一路、馆驿街、丁家崖、普利街、迎仙桥、杆石桥、城顶和商埠区扩大转移，济南很快成为华北重要商业中心之一，成为“各省商贾辐辏之处”。[③]此时，济南市场中心由西关逐渐移向商埠，并带动了附近村镇商业的发展，泺口、黄台桥、段店等地逐渐成为商业集镇。泺口镇因黄河、小清河舟楫运输之便，尤为繁荣，粮食、土产、食盐等多由此卸船转运，煤油、煤炭、杂货、棉纱、布匹、面粉等多由此装船分销各处。[④]到清末已发展为地跨

① 党明德主编：《济南通史》（近代卷），济南：齐鲁书社，2008年，第274页。

② 王守中，郭大松：《近代山东城市变迁史》，济南：山东教育出版社，2001年，第374页。

③ 滕荣祥：《济南市场大观》，北京：中国展望出版社，1984年，第7页。

④ 张福山主编，济南市史志编纂委员会编：《济南市志》（第四册），北京：中华书局，1997年，第10页。

黄河两岸，拥有东南门、西南门、西门及大坝门的大城镇，和济南府城遥相呼应，有了“小济南”的别称。1912年，黄河泺口大桥落成通车，津浦铁路与胶济铁路交汇于济南，加之市内道路交通的不断完善和交通工具的发展，不仅使济南市容有了很大的变化，更是提升了济南城市的区位优势，使城市经济格局再次发生变化。

1925年，为使黄河、小清河水运与铁路联运，在市区北部开辟北商埠。同时，修建义威路，担负水路货物入城和商埠商品输往全国的任务，对于沟通北商埠和老商埠起到至关重要的作用。由此，济南北商埠逐渐成形，并整体带动了铁路以北片区的商贸发展。其后，随着市政建设的发展，商业市场逐渐扩大到经一路、经二路、纬一路至纬十路两侧。到1934年，济南城内形成比较有名的三大商市场域：第一片是商埠商市区，其经一路、经二路、经三路，纬一路至纬九路为商市区域，自纬三路至纬六路为繁荣区域，自经二路、纬四路、纬五路为商市繁荣中心，“商廛对列，百货荟萃”，营业状况与城内院西大街相伯仲。第二片是城内商市区域，其普利大街、估衣街、花店街、城顶街、剪子巷、南门外大街、正觉寺街、趵突泉街为商市区域。自普利门内至院西大街、院东大街为繁荣区域，以院西大街为繁荣中心，商业之景气不亚于商埠纬四路、纬五路之间。第三片为城内及商埠马路，其均为柏油马路，宽坦平滑，车马便捷。自正觉寺至经五路为金刚石马路，坚固耐久，其余各小街巷胡同多为青石板修建，风不扬尘，便利往来。[①]外城区有三处，趵突泉市场在趵突泉内，国货市场在趵突泉前门路南，新市场（俗称南岗子）在普利门外至魏家庄之间。[②]此外，济南还形成了专门贸易的集市和定期开行集市（表5-4）。这些集市主要分布在城内西关、南关，城门口内外，趵突泉附近，商埠区内及市郊一带，旧城内集市或因迁移，或被取代，数量逐渐减少，商埠区新增集市较多，并且乡区有定期较大集市。可以看出，其空间主要由城内逐渐向外多扩散。

---

① 罗腾霄著，济南市图书馆整理：《济南大观》，济南：齐鲁书社，2011年，第320页。

② 党明德，林吉玲：《济南百年城市发展史：开埠以来的济南》，济南：齐鲁书社，2004年，第84页。

表5-4　济南市集市分布汇总表（1934年）

集市名称	集市地址	开集时间	交易物品
银市	商埠钱业公会，城内福德会馆	每日清晨	钱币
粮市	商埠粮业公会	每日清晨	各色粮样
骨玩市	城内鞭指巷	无定期	以抽签按号依次出价，不得随便争购
发货市	城内西关城顶	每日清晨	主要鲜果、糖果
菜市	商埠万字巷、纬十一路新市场、城内刷律巷	每日清晨	鸡鱼鸭肉、海味蔬菜
鱼市	城内西门外顺河街、圆通巷	每日清晨	湖鱼、河鱼、海鱼、虾蟹
发菜市	小北门外	每日清晨	各类蔬菜
趵突泉集	山水沟崖	每逢二、七日	破碎日用品及零头绸布
泺口集	泺口一带	三、八日为小集，四、九日为大集	以粮米类为大宗
段店集	段店一带	每逢一、六日	粮米食物为大宗
萃卖商场	商埠三大马路		百货荟萃
新市场（俗称“南岗子”）	普利门外魏家庄之间	每日	百货辐辏，各商云集
西市场	商埠纬十一路	每日	百货、戏剧、鼓书、问卜、点课、相面、点痣等
趵突泉市场	趵突泉内	每日	新新电影院，百货陈列等
发货市	趵突泉前门路南	每日	针线、女红用品
药市	南关正觉寺街东首至趵突泉前门	每届夏历三月二十日至二十八日，会期十日	各类药粮

资料来源：罗腾霄著，济南市图书馆整理：《济南大观》（1934年），济南：齐鲁书社，2011年，第321—322页。

到抗战前夕，济南因工商业发展较快，城区及商埠马路纵横，老城、西关及商埠经一路、经二路、经三路及纬四路等区域携手并进，形成了一个繁荣的商业中心区，中外商人渐藏于市，济南成为当时华北地区仅次于京津的第三大都市，也是进出口货物的重要集散地。“七七事变”后不久，国民党军队弃城南逃，日本侵略者占领济南，控制了城市的内外交通，济南的社会经济已由半封建半殖民地经济变为殖民地经济。日伪当局不仅全部接管了所有官办工矿企业，还对民族工商业进行了排斥、劫夺和吞没。商品流转和市场组织遭到严重破坏，各种物资多被垄断，以致工业生产萎缩，商品流转呆滞，物资极端缺乏，通货恶性膨胀，又加苛捐杂税，摊派勒索的搜刮，致使民族工商业濒于破产境地。其中受害最严重的行业是棉花、粮食业，其次为棉布、茶叶、国药业，再次为牛栈、蛋行等行业。与上述市场衰落的情况相反，大烟馆、妓院、土膏店、茶社、剧院、酒楼饭庄、绸缎西装、香水口红、金银首饰等为日伪当局服务的行业却获得了畸形发展。[①]殖民地经济的另一个主要表现就是日商洋行、株式会社等伸至各行各业，并通过“组合”“协会”等组织形式，把持操纵着主要商品物资的产供销三个环节。此外，还利用汉奸充当爪牙，透过其商业关系进行物资搜刮。[②]民族工商业已丧失活力和在市场上的作用。

第三节　城市交通与城市人口发展

一、城市人口分布格局的变化

城市各要素中最基础的、最重要的是人，而且是大量集聚的人。就城市本身来讲，交通运输量、交通工具的选择、道路的等级与指标、市政公用设

① 滕荣祥：《济南市场大观》，北京：中国展望出版社，1984年，第9页。

② 济南市志编纂委员会编：《济南市志资料》第三辑，济南：济南出版社，1982年版，第117页。

施的组成与能力等的选定，无不与城市人口的数量与构成有着密切关系。[①]清代，济南城市的布局与明代相比，变化不大。行政区位于城内大明湖南岸，是巡抚、布政司、济南府、历城县的各级官衙所在地。商业区位于布政司衙前大街和抚院衙门前的院前大街，有较多旅馆和较大的包办酒席的饭店。文娱活动区则位于小布政司街、芙蓉街、西南关神堂巷、城西江家池及趵突泉一带。城里的东门大街、东西钟楼寺大街是大户集中居住区，普通居民多居住在四门之外，其中东南关一带为居民聚集区，身份、职业成为居住区的明显特征。此种城市布局基本上奠定了济南城市的人口分布格局，并且济南府城范围较小，包括旧城、城圩及乡区，全长仅6.4公里，[②]人口流动空间有限，从而使城区人口格局较为稳定。另外，济南的街道一般很窄，作为主要街道的院东、院西大街宽6米有余，一般街巷宽只有3米。街巷路面多由来自城南山区的青石板铺设。作为府城，济南一般人家不养牲畜，出行多雇轿雇车。在城里，以轿子、独轮小车为主，出远门主要坐骡马大车，男子外出多骑马。[③]城郊的普通居民多以步行为主。可见，城区的道路系统和传统的交通工具也严格限制了居民活动空间。后来，商业区逐渐西移，西关成为全城的商业中心。于是，城区形成了政治、经济两个中心，政治中心以城里抚院衙门为基点，经济中心以西门内外为基点，二者不仅辐射带动周边，而且相互交织，引起人口空间分布格局的变化。

开埠后，商埠区成为与旧城区相并行的区域，并迅速成长为新的人口吸附地。济南自清末开辟西关等处为商埠，商埠南北长2里，东西宽5里，其内首先进行的是道路的规划设计，并修筑了馆驿街和估衣市街作为连接旧城的通道，使自旧城院前大街经估衣市街、普利门至经二路，基本形成一条沟通旧城区与商埠区的商业干道。由于济南交通发达，地理位置重要，一经辟为商埠，很快便成为华北重要的物资集散地，极大地吸引着各地工商人士来投

---

① 王春兰：《大城市人口空间演变的政治社会学分析》，上海：上海人民出版社，2009年，第1页。

② 牛国栋：《济南乎》，济南：山东画报出版社，2003年，第5页。

③ 党明德，林吉玲：《济南百年城市发展史：开埠以来的济南》，济南：齐鲁书社，2004年，第56页。

资设厂或经营贸易，因而济南人口大量增加。1905年，城内三个区人口总计为53 904人，城外三个区人口总数为84 779人，商埠四个区人口总计为32 306人。合城厢区及商埠区人口，济南开埠之初人口为86 210人。[①]随着市内道路的逐步延展，工商业的迅猛发展及城区的拓展，1909年，有62 000户，246 000人；次年有68 000户，258 500人；1911年又增加1 000户，增加人口16 800人，为275 300人。[②]从上述数据可以发现，1909年至1910年间，济南城市户数增加了6 000户，人口增加了12 500人，城市人口骤增的速度可谓迅猛。辛亥革命以后，反封建的浪潮波及济南，社会剧烈动荡，政局不稳，济南城内的商绅大批迁走，人口开始逐渐减少。到1914年日军进占济南，占领胶济铁路全线时，因城市内外交通的中断，与1911年相比减少了6 800多户，人口减少了29 000余人，[③]这是济南开埠以来人口第一次下降。1914年济南共分九区，有61 176户，245 978人。相比宣统初年，无论是户数还是人口数，均有所下降，但比开埠前市区人口增长了64%。（表5-5）[④]

表5-5　1914年济南户数、人口数统计表

区别	户数			人口数		
	正户	附户	合计	男	女	合计
城内一区	2 211	1 939	4 150	14 287	5 944	20 231
城内二区	2 305	2 707	5 012	12 522	8 167	20 689
城内三区	1 818	2 010	3 828	10 406	5 248	15 654
城外一区	3 027	5 444	8 471	18 687	14 307	32 994
城外二区	3 038	3 286	6 324	16 327	8 977	25 304
城外三区	1 132	1 879	3 011	6 650	5 226	11 876

① 毛承霖纂《续修历城县志》卷4，《地域考三·户口》，第116—118页，济南大公印刷有限公司印行。

② 民国实业部国际贸易局：《中国实业志·山东省》（丁），1934年，第8页。

③ 山东地方史志编纂委员会编：《山东史志资料》第一辑，济南：山东人民出版社，1982年版，第181页。

④ 吴乃华，王秀银，张心侠：《济南人口》，北京：中国统计出版社，1992年版，第22页。

续表

区别	户数			人口数		
	正户	附户	合计	男	女	合计
东北乡区	12 755	4 233	16 988	38 105	31 679	69 784
西南乡区	7 852	3 984	11 836	21 156	17 131	38 287
商埠分区	1 699	855	2 556	8 066	3 093	11 159
共九区			61 176			245 978

资料来源：叶春墀：《济南指南》，1914年，大东日报社，第4—7页。

此后，商埠道路得以继续延展，1916年商埠内的道路从纬一路扩展到纬五路，1918年又向西扩展到经十路，向南展至经七路。与此同时，当局对旧有街道的改造升级也持续进行，到20年代初，济南共修筑碎石路42 410米，土基路18 000米，青石板路28 822米，沥青路320米，青石板人行道840米，各类道路总长90 392米。[①]不仅如此，1920年山东省还设全省路政总局，规划汽车道路事宜，济南市郊5条马路得以兴修。1924年兴修济泺马路，由济南至泺口镇，长约十二里；1925年兴修新城马路，由泺口乡林家桥至新城，长八里；1926年兴修济张马路，由济南至张庄，长十二里；1927年兴修千佛山马路，由南圩门外至千佛山，长四里；历长路由商埠纬九路起至历长交界党家庄入长清境，为济徐汽车路一部分。[②]城市街道、马路的修筑和改造，极大地提升了济南的市内外交通，改变了城市人口的分布区域，逐渐打破了旧城区人口的主流地位。（表5-6）

表5-6　1926年和1933年济南户数、人口统计表

区域	1926年		1933年	
	户数	人口数	户数	人口数
城内	12 663	53 904	14 493	71 543

① 杨天宏：《口岸开放与社会变革：近代中国自开商埠研究》，北京：中华书局，2002年，第354页。

② 济南市志编纂委员会编：《济南市志资料》第六辑，1986年，第151页。

续表

区域	1926年		1933年	
	户数	人口数	户数	人口数
城郭	17 722	84 779	21 108	105 618
商埠	8 356	32 326	14 957	80 233
乡区			46 310	170 378
总计	38 741	171 009	96 868	427 772

资料来源:《省会1932年调查人口数》，见《胶济铁路经济调查报告》分编六，第2页。

从上述两表不难发现，1914年商埠区与城郭户数和人口数之和已超过旧城，这与两地道路新建、整修及扩建关系甚大。与1914年相比，可清楚地看出济南城区和商埠区人口、户数变化情况，1926年城内户数减少327户，人口数减少1 670人，而商埠区户数却增加了5 802户，人口增加了11 117人，很明显商埠区成为新的吸纳人口之地，人们的居住空间进一步拓展。同样，从总量上来看也呈增长趋势，1926年济南的户数仅增长5 391户，增长率为16.16%，而人口则增长了33 102人，增长率为24%，人数与户数之比由原来的4.14：1上升为4.41：1。更为令人震惊的是，1927年济南全市人口平均密度为每方里约五万人，比北京每方里还多一万七千人左右。[①]关于这一点从济南城市警察管辖区域及其区内户口数目（表5-7）也可考证。1933年这种趋势继续保持，并且商埠区人口数增加了154.8%。值得注意的是，本年度商埠户数、人口数均超过了城内。[②]这说明人们居住生活的空间已从旧城区明显地转向商埠区，人口分布更加广阔。《济南城市百年发展史》也持同样的观点：1915年到1933年间，济南城市共增加人口119 497人，其中88%进入商埠区，仅有10%挤进旧城区。1915年，商埠区、外城区和老城区的人口之比仅为

① 周传铭著，济南市图书馆整理:《济南快览》，济南：齐鲁书社，2011年，第158页。

② 杨天宏:《口岸开放与社会变革：近代中国自开商埠研究》，北京：中华书局，2002年，第345—346页。

0.8∶5.1∶4.7，而到1933年则为3.1∶5.8∶2.7。[①]

表5-7　济南城市警察管辖区域及其区内户口数统计表（1927年）

类别	区数	所在地	所管辖之区域	区内户数	户口		男女合计
					男丁	女丁	
城内区	一	娘娘庙	南至城根，北至明湖，东至县东巷，西至芙蓉街	3 899	10 946	5 664	16 610
	二	督城隍	北至明湖，南至南城根，东至东城根，西至县东巷	5 488	9 642	8 036	17 678
	三	顺公街	北至明湖，南至南城根，东至芙蓉街，西至西城根	3 556	9 682	4 910	14 592
城外区	一	三元宫	北至南城根，南至南圩子，东至东圩墙，西至半边街	8 708	18 646	14 394	33 040
	二	速报寺	北于北圩墙，南至南圩墙，东至半边街，西至西圩墙	6 567	18 863	9 077	27 940
	三	长盛街	东至东圩墙，西至东城门，北至北圩墙，南至青龙街	3 180	6 722	5 467	12 189
商埠四区	一	普利门外	普利门外至大马路	3 184	7 511	3 231	10 742
	二	二马路	二马路至纬十一路	3 484	9 696	4 158	13 854
	三	三马路	三马路至纬十一路	1 723	4 312	2 139	6 451
	四	四马路	四、五马路至纬九路	1 882	3 614	2 458	6 072
乡区	东北	小北门外菜市	小北门外北园子黄台桥一带	14 689	37 647	31 432	69 079
	西南	官驿街	西南圩外杆石桥一带	23 932	465 32	32 617	79 149
总计				80 291	183 813	123 583	307 396

资料来源：周传铭著，济南市图书馆整理：《济南快览》，齐鲁书社，2011年，第158—159页。

① 党明德，林吉玲：《济南百年城市发展史：开埠以来的济南》，济南：齐鲁书社，2004年，第86—87页。

然而，1928年5月，日本帝国主义借保护侨民之名，再次占领济南，并制造震惊中外的“五三惨案”，济南城关和商埠人口死伤数千人，并伴有大量的人口逃亡，济南城市人口再次遭到浩劫。同年8月，国民政府颁布《市组织法》，规定全国城市分为特别市和普通市，“市”正式成为一级行政区。1929年，根据其第三条规定：“凡人口满二十万之都市，得依所属政府呈请暨国民政府之特许建为市。”济南按照普通市组织法，将城区、商埠划归济南，与历城县分离，以济南府城、城外商埠及城厢四郊辟建为济南市政府，济南遂成为一个政治、经济、军事等方面的重要城市。其后，市政建设，尤其是道路交通建设及其规模也较前规范和扩大。总的来看，此时的济南行政区域与之前的1914年警察厅管辖区域范围基本上相差不大，但人口数量却差别较大，1929年（379 549人）比1914年（245 978人）增加了133 571人，增长了87.6%，平均每年增加11 815人（表5-8）。[①]究其原因，市政府的设立带来了市政道路交通的更新发展，加之政府官署机构庞大，大批从事公共服务、商业服务的部门更加齐全，从而陆续招引来不少产业资本和商业资本，致使大量的人口集中于济南从事商业活动。

表5-8　济南市公安局人口变动统计表（1930年1月公安局制）

事别 区别	迁入			徙出		
	户数	男	女	户数	男	女
城内第一分局	311	545	426	155	296	18
城内第二分局	167	279	276	187	415	245
城内第三分局	79	141	146	71	162	92
城外第一分局	121	1 292	161	138	1 231	145
城外第二分局	61	179	76	79	210	60
城外第三分局	34	56	55	24	40	40
东北乡分局	81	143	20	94	154	126

① 刘春明：《济南通史》（现代卷），济南：齐鲁书社，2008年，第311页。

续表

区别＼事别	迁入			徙出		
	户数	男	女	户数	男	女
西南乡分局	20	34	32	21	34	28
商埠第一分局	90	188	124	72	198	96
商埠第二分局	38	52	54	42	84	61
商埠第三分局	58	126	85	43	91	73
商埠第四分局	85	155	122	52	101	83
总计	1 145	3 195	1 667	978	2 916	1 067
说明	1. 本月份迁入、徙出两数相比，计增居户167户，人口879人； 2. 男婚者148人，女嫁者128人，因内有娶于市外者12人，计增12人； 3. 出生死亡两数相比，计增7人，又失踪者减4人，计增3人； 4. 按本月份迁入、徙出、出生、死亡之数相抵，计增居户167户，人口894人，连同1929年12月份列报居户89 006户，人口381 463人，统计居户89 173户，人口382 657人。					

资料来源：济南市政府秘书处：《济南市市政月刊》，1930年第2卷第2期，第121—122页。

城市道路交通的提升，在促进商业发展的同时，也引起人口布局的变动。1934年，商埠第一分局辖区有21 813人；商埠第二分局辖区有户口4 760户，人口23 263人；商埠第三分局辖区有11 541人；商埠第四分局辖区有户数4 239户，人口21 086人；城外第一分局辖区有43 635人；城外第二分局辖区有户数7 383户，人口44 278人；城内第一分局辖区有户数4 791户，人口26 002人；城内第二分局辖区有26 785人；城内第三分局有21 077人；东北乡分局有户数13 212户，人口59 787人；西南乡分局辖区有户数30 294户，人口112 812人。[①]到1936年12月，省会公安局调查济南市有99 934户，442 250人，比民国初年（1914年）增长了近一倍，比1929年增长了16.5%，十三年间平均每年增

① 罗滕霄著，济南市图书馆整理：《济南大观》（1934年），济南：齐鲁书社，2011年，第301—314页。

加15 098人。（表5-9和图5-3）

表5-9　民国年间户口调查表

时间	户数	男	女	合计
1914年	62 174	146 206	97 772	245 978
1919年	88 473	222 687	156 862	379 549
1930年	91 510	231 171	160 882	392 053
1931年	94 006	238 374	164 608	402 982
1932年	95 408	260 845	160 739	421 584
1933年	96 868	263 500	164 272	427 772
1936年	99 954	269 035	173 215	442 250

资料来源：（伪）济南市公署秘书处编：《济南市政概要》，1940年，第16页。

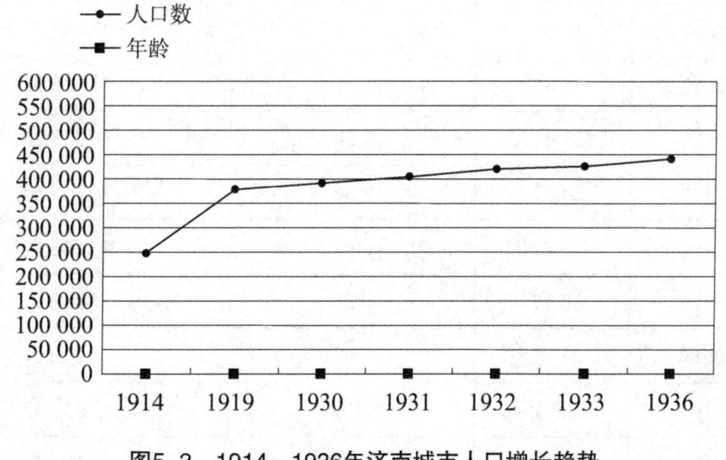

图5-3　1914—1936年济南城市人口增长趋势

济南沦陷后，居民纷纷他徙，略形减少，同年四月，济南市公署成立，截止1939年12月，内外城人口合计为491 494人（表5-10）[①]。为便于加强人口管理，日伪公署于1940年5月将市区划分为十一个辖区，称济南市城内东区、城内西区、城外东区、城外西区、商埠东区、商埠中区、商埠西区、东

① 伪济南市公署秘书处编：《济南市政概要》，1940年，第17页。

乡区、西乡区、北乡区。其中，城内两个区、城外两个区、商埠三个区和东乡区，每区分别划分为十个坊；北乡区划分为十一个坊；南乡区和西乡区分别划分为四个坊。济南市共设十一个区、九十九个坊。[①]此后，济南人口又呈现增长趋势，1940年有户数109 530户，人口527 995人；1941年有户数109 647户，人口550 663人；1942年5月有户数112 740户，人口569 337人。[②]城市交通在推进人口扩散的同时，也因市内交通场域位置的各异，而呈现出吸纳人口聚集的不同效应，从而出现人口密度差异。（图5-4）

表5-10　济南市各区人口密度统计表（1939年）

区别	人口数	面积（平方公里）	密度（每平方公里人口数）
城内一区	21 171	0.86	24 617.44
城内二区	25 068	1.07	23 437.38
城内三区	21 737	0.89	24 424.6
城外一区	49 639	1.53	32 443.79
城外二区	41 855	1.31	31 950.38
城外三区	21 412	1.28	16 728.28
商埠一区	24 574	0.67	36 677.61
商埠二区	19 211	0.98	19 603.06
商埠三区	10 121	0.56	18 073.21
商埠四区	22 565	1	22 565
乡一区	153 059	57.64	2 655.41
乡二区	31 589	67.1	470.77
乡三区	41 589	42.73	973.3
合计	491 494	177.62	2 722.62

资料来源：（伪）济南市公署秘书室编：《济南市公署二十八年统计专刊》，1940年，第35页。

① 刘春明：《济南通史》（现代卷），济南：齐鲁书社，2008年，第309页。

② 伪济南市公署秘书处：《济南市概要》，1942年，第16页。

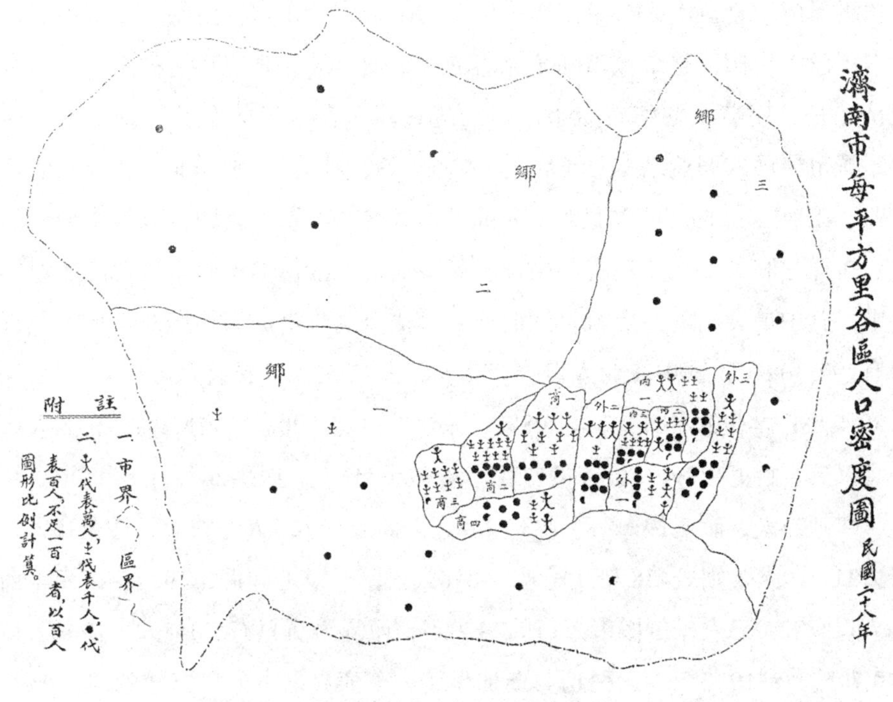

图5-4　济南市每平方里各区人口密度图　1939年

资料来源：（伪）济南市公署秘书室编：《济南市公署二十八年统计专刊》，1940年，第36页。

二、城市人口职业和社会分层的转型

职业和工种的不同是造成出行量不同的主要原因之一，各国的居民出行数据都表明了这一点。汽车司机、推销员、采购员、业务员、个体业主的平均出行多，工人、科技人员、公务员、医护人员、教师、行政管理人员的平均出行少。此外，无固定职业的居民出行次数普遍高于有固定职业的出行次数，主要原因是其工作关系不稳定、生活来源变化较大。①开埠前后济南城市居民的职业结构出现多元变化，其因职业需求而催生的市内人员的流动基本上也是遵循了上述规律。

开埠前济南城市主要局限在城墙内及东、西、南三关，空间相对狭窄，

① 邵春福：《交通规划原理》（第2版），北京：中国铁道出版社，2014年版，第135页。

且各级衙门、官宦人家、豪门士绅以及依附官府及权贵营生的人在城市居民中占了较大比例，整个城市除了显著的政治功能外，其他功能都不突出，在经济上是一座典型的消费城市。但经过开埠后若干年的发展，到辛亥革命后，城市居民的职业结构已不再是“士农工商”四民类别，而是代以农业、矿业、工业、商业、自由职业、公务员、教员等类别，其职业分类出现专门化、多样化和细致化的趋势。由此，城市居民逐渐被纳入到正规化的职业体系中，其中最突出的一点就是工商业人口比重明显增加。如1927年城区及近郊有297 308人，其中在业人口96 785人，占32.55%；农业人口149 892人，占50.42%；学生26 141人，占8.8%；无业人口24 490人，占8.2%。在业人口中，议员、官吏173人，公务员1 842人，教员116人，医生264人，新闻记者40人，律师24人，矿业19人，工业30 268人，商业10 057人，牧业、渔业15人，苦力31 719人，娼妓438人，其他21 810人。基于以上数据，1927年济南工商界人口有72 063人，占城市人口的24.24%，政界人员只有2 015人，占总人口的0.7%。[①]到1932年，这种趋势更加显著，工商界已占人口总数的31.62%，而军政界只占人口总数的3.75%。[②]而其时济南的市内道路交通条件和新式交通工具均获有了极大发展，为社会各阶层经济和社会活动，尤其是工商业者因生意需求而奔波往来于城市内的各个角落，提供了便捷条件。1936年，济南城市人口的职业结构继续沿袭并扩大着这种趋势，公署局所34 073人，监狱641人，团体12 081人，学校28 139人，工厂6 623人，金融业1 041人，寺庙255人，教堂3 408人，公共场所313人，娱乐场所174人，报馆44人，通讯社41人，商号60 758人，农业145 916人，乐户947人。[③]此时的市集是最具人口流动的典型代表，据1936年地理游记《济南》载“趵突泉，在济南南关外吕祖庙内，名称上是一个泉，实际上却是一个极热闹的旧式市集，那是和北平的

① 李宏生，刘大可等：《齐鲁烽火：辛亥革命在山东》，济南：山东人民出版社，2011年，第289—290页。

② 转引自杨天宏：《口岸开放与社会变革：近代中国自开商埠研究》，中华书局，2002年，第346页。

③ 转引自杨天宏：《口岸开放与社会变革：近代中国自开商埠研究》，中华书局，2002年，第346页。

天桥，上海的城隍庙，南京的夫子庙同一典型的通俗市场。每逢阴历的二、七日，便是集期，一个月中有六天逢集，也是趵突泉更加热闹的日子，在这些逢集日期，济南城里的居民，城外的乡农，都远远近近地赶到趵突泉来，把整个趵突泉内外的街路上，全都塞满了人，有的是来交易的，有的是来买东西的，有的是来鉴赏泉水的，有的是来喝茶听书的，还有些简直是无目的而来”[①]。总的来说，济南的城市人口中的消费性人口逐渐减少而生产性人口逐渐增加，济南已经从传统的单一性城市开始向多功能的现代城市转变。

不仅如此，济南市有职业人口比例也发生变动。据1929年10月的调查，当时济南无业人口男女分别为62 816人和125 798人，合计有188 614人，占当时全市人口的46.69%。[②]1936年，济南市政府统计全市人口有435 136人（表5-11），其中有职业的人口有434 493人，占人口总数的99.8%，无业人口有642人，仅占人口总数的0.2%；[③]1938年济南市公署成立时，有职业人口比例有所下降，有278 974人，占总人口数66.5%，[④]但此后有职业人口数量又陆续增加。由上述数据可知，济南市有职业的人口数基本上呈递增趋势，并且工商业人口比例逐渐上升。这些职业人口借助于市内四通八达、纵横交错的交通网络和各种交通运输工具，大大缩小了市内、城乡间的空间距离，不仅来回川流于市内的各商业区、住宅区、办公区等场所，而且频繁活动于临近的乡区，满足其的工作和生活的需求。

表5-11　济南市户口分类统计表

类别	户数	人口		
		计	男	女
共计	98 018	435 136	266 178	168 963
公署局所	413	34 073	34 038	35
监狱	2	641	573	68

① 倪锡英：《济南》（1936年），南京出版社，2012年版，第72页。

② 济南市政府秘书处：《济南市市政统计》，1936年，第101页。

③ 济南市政府秘书处：《济南市市政统计》，1936年，第100页。

④ 伪济南市公署秘书室编：《济南市公署二十七年统计专刊》，1938年，第68页。

续表

类别	户数	人口		
		计	男	女
围体	101	12 081	12 081	
学校	201	28 139	21 007	7 132
工厂	52	6 623	3 981	2 702
金融业	88	1 041	1 041	
寺庙	133	255	201	54
杀堂	34	3 408	2 333	1 025
公共厕所	16	313	216	97
娱乐场所	51	174	95	79
报馆	22	44	44	
通讯社	23	41	41	
商号	5 312	60 758	31 788	28 970
农户	33 839	145 916	81 290	61 326
普通住户	37 515	140 982	74 432	66 550
乐户	216	947	22	925

资料来源：济南市政府秘书处：《济南市市政统计》，1936年，第101页。

此外，外侨（商）群体人数不断增加，且日侨人数一直占有绝对优势。济南开埠后，外国侨民不断增加，特别是“济南惨案”后，日本侨民大量增加。1918年济南仅有外国侨民1 005人，至1927年济南共有欧洲侨民338人，其中有英国侨民87人、德国侨民84人、法国侨民15人、美国侨民86人、俄国侨民60人、其他国侨民6人，这些侨民主要以官吏、教员、教士、医生、工程师、商人、游历等身份居住中国，其中商人最多，有96人，占28.4%。[①]日侨

① 周传铭著，济南市图书馆整理：《济南快览》（1927年），济南：齐鲁书社，2011年，第161—162页。

在1927年则达到2 453人，且日侨从事之职业无所不包，小到日常用品锅碗瓢盆等。1928年1月，山东省交涉署向国民党外交部报告济南外侨及经商情况，统计旅居济南的外国侨民总计3 459人，其中日本共2 514人，经商2 335人，其他179人。美国有398人，经商29人，传教士231人，其他38人。德国有181人，经商48人，传教士119人。英国有163人，经商40人，传教士94人，其他29人。其他国有14人。①

此后，侨民在济南所从事的职业一直涉及社会生活的诸多方面，主要领域为工商业，以1932年为例，济南外侨有3 459人，经商办店的有305家，占90%以上，涉及汽车、卷烟、五金、火柴、肥皂、茶叶、新闻、建筑等76个业别。②据《胶济铁路经济调查报告分编六》统计，1933年济南的外国侨民人数已占商埠总人口的2.33%。③1934年济南的外侨主要以日侨、德侨、美侨为主，日本户数433户，男821人，女813人；德国户数22户，商民55人，传教士35人；美国户数22户，119人。④他们主要以经商为主，洋行、当商成为此时期的主要经营方式，日本侨民甚至还成立了济南商工会议所、济南金融组织、济南信用组合等商业机关。1938年至1945年是日伪统治山东时期，显然此时留济的日侨已远远超过了其他国家的侨民，由战前的499户增加到2 101户，人口数由2 054人猛增到7 904人，而其他国家的侨民仅有155人。1938年，英、美等国侨民陆续返国，而日本侨民却大量涌入，致使在济日侨达到4 347人，占外侨总人数的95%，1939年有日侨7 904人（表5-12），1944年迅窜至49 101人。⑤从上述数据不难发现，旅居济南的外侨总数，一直呈现递增趋势，且日本侨民一直占有绝对的优势。这一群体是公共交通的率先利用者，他们在市区内的职业活动与公共交通密切相连。

---

① 济南市人民政府外事办公室编：《济南外事1840—1988》，济南：济南出版社，1989年，第235页。

② 刘春明：《济南通史》（现代卷），济南：齐鲁书社，2008年，第524页。

③ 吴乃华，王秀银，张心侠：《济南人口》，北京：中国统计出版社，1992年版，第22页。

④ 罗腾霄著，济南市图书馆整理：《济南大观》（1934年），济南：齐鲁书社，2011年，第3页。

⑤ 山东省地方史志编纂委员会：《山东省志·外事志》，济南：山东人民出版社，1998年，第261页。

表5-12　济南市户口调查表（1939年12月）

户口 国籍	户口			人口		
	普通户	准户	计	男	女	计
本国人	102 820	723	103 543	286 423	196 946	483 369
日本人	2 101		2 101	4 293	3 611	7 904
美国人	20		20	19	60	79
英国人	9		9	17	15	32
德国人	24		24	56	37	93
意大利人				1	1	2
丹麦人	1		1	1		1
比利时人				3	1	4
瑞典人	1		1	1	1	2
波兰人				1		1
西班牙人				1		1
匈牙利人				1		1
法国人					1	1
加拿大人				1	2	3
无国籍人（白俄）					1	1
总数	201 977	723	213 700	290 817	200 677	491 494

资料来源：（伪）济南市公署秘书处编：《济南市政概要》，1940年，16—17页。

三、市民生活质量的提高

出行是指为完成某一目的（如上班、上学、购物等）从起点到讫点的全过程。影响居民出行选择的因素是多方面的，包括个人属性、家庭属性、出行特征属性、交通方式的服务水平属性等，但出行选择的共性心理实质是出行品质的最优化过程。居民出行的品质将影响居民出行方式的选择，而交通需求管理措施可以通过改变不同出行方式的品质，达到改变居民出行方式选择的作用。[①]开埠前，济南的交通出行方式主要以步行、轿子、独轮车为主，受交通工具的约束，出行距离极为有限。开埠后，自行车、人力车等半机械化交通工具及公共汽车、机器脚踏车等机械化交通工具开始引入济南，不仅使人们的出行方式的选择多元化，而且还帮助人们扩大了活动范围。这些新式交通工具正因其满足舒适度、速度和方便性等优点的要求，日渐受到商民的青睐，各阶层使用新式交通工具者日众。公务人员使用新式交通工具上班者屡见不鲜。1930年，公安局呈请转函军政党各机关称“军政党各机关公用自行车为数尚多，亦应装设灯铃，以昭划一”。[②]不仅如此，政府还编制公务员骑行队，“省垣各机关公务员，练习脚踏车者，日见增多，既经济又敏捷，固代步之利器也。惟案日漫无组织，每逢集会，辄紊乱无绪，省府韩主席有鉴于此，特谕令秘书处，负责将所有各机关，谙习自行车公务员编制成队，共到218人，编为三大队，计第一队80人，第二队80人，第三队58人。用意在使大家有团体精神，并可互相切磋技术”[③]。并且，政府还就公务员所乘脚踏车进行统一管理，民政厅以奉省令交核济南市政府呈称“以脚踏车行驻轻便，市府及各机关公务员，用以代步者，见其多，往往见有无灯铃及车牌运动之车辆，在街市任意行使，不独有违定章，亦日甚为危险，各市民固应恪遵规定，分别购领，工务人员尤当切实遵行，以资提倡，除转饬公安局严行取缔外，请转令各机关协助维持等情”[④]。同样，新式交通工具也是人们喜爱的休闲方式之一，时常出现于公园等公共场所。如“日来气候温和，商埠中山公园内，海棠、苹果、梨花齐放。红白相映，风景绝佳，故游人如织，惟自公园开放以来，有一般不自爱之辈，竟在园内任意骑脚踏车，来往飞驰，不但违背市府前定不准在公园内骑车之禁令，且有撞伤游人之危险……市府

① 胡晓建，陆建，祁玥等：《交通出行选择行为分析与交通需求管理》，南京：东南大学出版社，2014年版，第87、89页。

② 济南市政府秘书处：《济南市市政月刊》，1930年第3卷第1期，第72页。

③《各机关公务员编制脚踏车队》，《济南日报》1936年4月25日，第4版。

④《公务员所乘脚踏车——应照定章安装车牌及制动机》，《济南日报》1937年1月24日，第4版。

以公园为全市市民公共游息之所，对于园内秩序若不加意维持，稍知自爱之市民将裹足不前，有违设立公园之本意。市府特令公安局派警会同公园管理员认真整顺，凡脚踏车一概不准进公园”[①]。

市民出行方式的变化还表现在休闲旅游出行上。为满足市民休闲生活需要，1929年，市政府规划修筑龙洞路，其称“东南乡龙洞，风景极佳，游人不绝于途，惟山路崎岖，游人甚感困难。建设厅有鉴于此，饬令历城建设局负责修筑马路，以便游人”[②]。10月17日，历城建设局局长杨汝铨，沿途勘查，准备修路。其呈称：“沿途修筑土路，约需洋1 200元。”建设厅据报后，当令历城县长史树璋，督同建设局长征调沿路各村民夫，酌给工资，分段赶修。嗣经历城县政府，召集沿路各区区董、里长及建设局长，开会讨论修路应行筹备各事项。其后，建设局派员领同各里长等前往复勘，划区承修段落，并酌定工资数月。其应行占用民地之处，亦丈量清楚。且建设厅业已将修路应需款项（1 200元）如数拨给，兴工督修，预料月内即可落成。[③]1931年8月，《山东省政府行政报告》记载：“由济南至龙洞、佛峪一段路，前经省府决议，限一个月赶修完毕，由历城县修缮，令利菏路局每星期天开车，并令该县派警保护游人。”[④]可见，当时济南至龙洞、佛峪间道路已修筑完毕，并定时发送旅游班车。随着前往龙洞游玩市民的增多，山东汽车路局开始加开龙洞汽车，其同样称“东乡龙洞，为济南第一名胜，于济南春光明媚之际，前往游览者，络绎不绝，山东汽车路局济东濮段，有鉴于此，定于四月十二日起，每逢星期日加开龙洞汽车，以资供游览，票价定为一元×角”。[⑤]嗣后，春秋两季出游龙洞、佛峪的市民不断增加，《济南日报》记载，“龙洞为济市最负盛名之风景胜地，较北平之海山尤胜一筹，而在秋季，更为出色，遍山翠柏，实属一幅天然画卷。昨日为星期例假，又适值天晴风静，各

① 《整理公园不准骑脚踏车》，《山东民国日报》1934年4月21日，第 5版。

② 《修筑龙洞路》，《山东民国日报》1929年9月22日，第6版。

③ 《建设厅修筑济南龙洞间汽车路》，《山东民国日报》1929年10月17日，第6版。

④ 中国人民政治协商会议山东省济南市委员会文史资料研究委员会：《济南文史资料选辑》（第5辑），1984年，第97页。

⑤ 《济东濮段加开龙洞汽车》，《济南日报》1936年4月10日，第4版。

学校类多赴龙洞、佛峪旅行，晨七时许，龙洞道上即已布满学生队伍，而本省要人如各厅长及黄利会委员长孔祥榕氏，亦联袂往游，寂寞之地，突然变成热闹市场，市内营业汽车，多一扫而空”①。汽车路局见此情形，为增加营业收入，规定“在春光明媚，万象更新之时，为便利游人，自四月一日起，每逢星期日，开行龙洞游览车，往返票价一元一角”②。

此外，为方便市民出行和规范游览秩序，政府还制定相关措施。一是翻修马路，禁止大车通行，保护路基。政府以灵岩寺为济南市附近名胜，为保存胜迹，便于游人前往游览起见，除将山上庙宇翻修，焕然一新外，并将由济南至灵岩一段马路，函由第三路总部派驻济辛庄之八十一师部队，将该路翻修平坦。业经建设厅长沈鸿烈前往验收。同时省政府为保持该路永久平坦起见，特张贴布告禁止大车在该路通行，以免损坏路基，而便游览者往来。③二是派员巡逻，禁止不文明行为。省会警察局以入夏以来，城头马路每日午后游人云集，其端正规矩而游览者固居多数，然一般无赖之徒，任意向城外窥向，举动轻佻，损坏建筑，及无知小儿乱扔碍石，并车辆冲撞堕城者，亦屡见不鲜，不但有伤风化，且危险堪虞，维持保护之责至非重要，举自该管分局岗警维持，究属势单薄，特由保安第二队选派干练警长，或一等警一名，带警士两名，担任西面城头马路及南北两段梭巡维持，均以每日午后六点至晚十时前梭巡值班。④

①《龙洞佛峪昨一度变为热闹市场》，《济南日报》1936年11月2日，第4版。

②《春光明媚正宜游览》，《济南日报》1937年3月31日，第4版。

③《灵岩马路修竣后，禁止大车通行》，《济南日报》1937年6月2日，第4版。

④《城头马路警局派干员逡巡》，《济南日报》1937年6月27日，第4版。

结 语 ≫

自开商埠是济南城市发展的重要契机，而城市交通无疑又是助推城市转型和空间演变的重要动力。胶济铁路和津浦铁路的交汇，使济南的区位优势更加得以彰显，城市经济吸纳力不断增强，从而引起城市中人与物空间运动量的增加，由此促使着城市内部交通的发展。以上我们主要从开埠后济南城市交通的发展状况、机构演变、制度建设、管理举措，以及城市交通与城市空间、城市经济、城市人口之间的关系等为着眼点，较为全面地考察了开埠后济南城市内部交通建设与管理的方式和特点。由此，我们该如何定位和评价开埠后济南城市交通的建设与管理?

从历史上来看，随着城市规模的扩大，人与物大规模的空间运动，必须借助于城市内部交通工具的发展，才能保证城市经济生活正常有序进行。交通工具的变革是城市内部交通系统中最明显、最活跃的因素，以在城市内部交通中采用公用性现代交通方式作为表征，考量国内外城市内部交通的基本概况，可以发现国内外城市因工业化和城市化起步阶段不同，致使城市交通尤其是内部交通进入近代化年代差异也较大，如国内最早开设现代公共交通的天津，在1905年出现市内有轨电车，比英国伦敦的第一条公交客运线晚了近80年，而内陆城市济南则是在1948年济南宣告后才正式开设市内公共交通，更是无法与之相匹敌。

从国内来看，各个城市的公共交通也并不是同步兴起和发展的，天津（1905年）、上海（1908年）、北京（1924年）、大连（1909年）、南通（1915年）、沈阳（1925年）、南京（1931年）、青岛（1933年）是采用新式交通工具较早的城市，[①]内陆济南无法与之匹敌。然而，为窥视济南城市内部交通近代化水平，明确济南城市内部交通在山东省，乃至全国的地位，拟选取省内开放较早的沿海城市青岛、烟台，及同时自开商埠的潍县、周村，省外城市选取石家庄、郑州、成都，以新式交通工具为参照点，来定位、评价济南城市的内部交通状况。

青岛市是山东最早拥有汽车运行的城市。1901年，德国人率先购买两辆汽车，代替欧洲的传统马车。1927年，青岛市内有自用营业汽车行10余家，拥有汽车200余辆；运货汽车约有30辆。[②]到1931年，青岛市内不仅有公共汽车69辆，而且还有自用汽车549辆，营业汽车225辆，与20年代自用和营业汽车相比，增加了500余辆。[③]1933年，青岛市共有公共汽车69辆，车行37家。[④]车辆到处即为行址。对此，当局筹备整顿公共汽车办法，并于1935年7月，成立青岛公共汽车股份有限公司。此后，市内公共汽车就由商办的“青岛公共汽车股份有限公司”管理。[⑤]其行驶路线分成市区和乡区两部分：市区以内有六条路线，通行市内各热闹市街，以及公共场所；乡区有二条干线、二条支线，大都是向崂山取包围的形势。[⑥]不仅如此，青岛还是山东最早开展交通设施建设的城市。为维持秩序而保安全起见，当局在车辆众多、行人拥挤的路

① 曹钟勇：《城市交通论》，中国铁道出版社，1996年版，第102页，有所改动。

② 刘春玲：《青岛近代市政建设研究》（1898—1949），吉林大学博士学位论文，2010年，第228页。

③ 赵琪修：《胶澳志·卷三》，民社志六，职业，1928年铅印本，第80页。

④ 青岛市政府秘书处编印：《青岛市政府行政纪要》，1933年，第147页。

⑤ 刘春玲：《青岛近代市政建设研究》（1898—1949），吉林大学博士学位论文，2010年，第231页。

⑥ 倪锡英：《青岛》，上海：中华书局，1936年版，第55—56页。

口，如中山路天津路口、中山路胶州路口、中山路堂邑路口、胶州路上海路口，各装设信号灯，以资指挥交通。[①]

烟台是山东开埠通商最早的城市，但市内公共交通发展缓慢。1921年，烟台始有客运汽车28辆。30年代中期，计有官、商汽车200辆。市内公共汽车的真正出现则是1948年烟台宣告后的事。[②]与烟台处于同样窘境的潍县，开埠后仅修建了纵贯南关的大马路。城内道路一直窄狭、曲折。唯一值得称道的是，1933年，建跨白浪河连接县城与东关庆成门的钢筋混凝土大桥，使城里与东关成为通衢，极大改善了城区的交通。此后，开始较大规模地整修路面，由青石板改为花岗石板。至于周村，其情况基本与潍县相似，城内街道变化不大。据资料显示，仅有商会于1930年至1931年将大街、丝市街铺成石板路面。[③]

石家庄是近代的新兴城市，其市内的公共交通工具缺失严重，既没有电车，也很少有公共汽车，发展极为缓慢。30年代之前，石家庄虽有同和、陆丰、三顺、明德、同义等5家私人汽车行，实有汽车31辆，但多为运货车。“市内代步除洋车外，仅有各机关自备之少数汽车”。城市道路交通主要用于货运，至于载人的代步工具，“石门于过去，曾一度有公共汽车之开驶，每日往返于朝阳路上，乘者极为称便”。但是，好景不长，仅为昙花一现。[④]

郑州作为中原腹地城市，1920年自辟为商埠，城市发展方向基本上是沿着京汉铁路以东和陇海铁路以北区域内进行。[⑤]郑州市政府成立以后，非常重视市区道路的修筑，1929年郑州开始有汽车。此后，汽车发展到10余辆。[⑥]

成都是西部内陆城市，现代交通工具有发展，但较缓慢，截止到1938

① 青岛市政府秘书处编印：《青岛市政府行政纪要》，1933年，第148页。

② 烟台市地方史志编纂委员会办公室编：《烟台市志》（上卷），北京：科学普及出版社，1994年版，第564页。

③ 黄志强：《济南、潍县、周村三地主动开埠与山东区域社会变迁》，江西师范大学硕士学位论文，2008年，第29页。

④ 李惠民：《近代石家庄城市化研究 1901—1949》，北京：中华书局，2010年版，第391页。

⑤ 中共郑州市委宣传部编：《古都郑州》，2004年版，第143页。

⑥ 郑州市交通志编纂委员会编纂：《郑州市交通志》，北京：方志出版社，1999年版，第165页。

年，成都公共汽车数量极少，现代交通工具多属少数人所有，并未面向大众。1943年，成都机动车辆（主要为汽车）已不再属于少数人专有，而是开始面向大众，其公共汽车能到的地方有茶店子、犀脚河、老西门、羊市街、上西顺城街、提督西街、春熙路北段、城守东大街、东门大桥、牛王庙、牛市口、沙河堡等街。①

基于以上分析看出：就全国而言，开埠后济南城市的内部交通发展较为缓慢，但就省内而言，城市内部交通发展较快，并超越了开埠较早的烟台。济南城市的内部交通在发展过程中，受到多种因素的影响，在此着重分析影响城市内部交通发展的四点因素：地理环境因素、政治因素、对外交通因素、社会环境因素。

一般来说，地理环境因素是城市发展的基础。从大的环境来看，山东处于中国政治中心与经济中心之间，成为近畿三个省份之一，政治地位较一般省份为优。从自然地理环境来看，济南紧邻京津，在天津之南，青岛之西各约250余里，并且处于山东中部，起于泰山北麓，东西山岭回环，北有黄河为济南门户，鹊华二山势称一市关键，泺水相抱，东流小清河，直达渤海，系连接内地与沿海的重要通道。

政治因素颇有利于济南。自开商埠是政治上的最重要举措，它是推动济南城市发展和市内交通拓展的重要推手。由此，济南城市发展开始转型，开启了近代化发展之路，新式交通工具逐渐取代传统交通工具，成为市民往来、市内商贸运转的主要承载方式。另外，济南自明代以来，一直是省会之地，其政治地位是省内其他城市不可比拟的，无形之中在全省发展中起到带头示范作用。加之，济南官衙林立，官僚、绅士聚集，他们比较关心、用心从事市政建设，乐意接受、使用新式交通工具。

对外交通状况与市内交通发展密切相关。黄河、小清河为华北优质水道，商贸往来便利，加以胶济铁路和津浦铁路相交于济南，北通平津，南至

① 何一民：《变革与发展：中国内陆城市成都现代化研究》，成都：四川大学出版社，2002年版，第279页。

京沪，东会青胶，舟渡东瀛，四通八达。如此发达的对外交通条件，不仅提升了济南在山东商贸往来中的地位，促进了济南城市商业的繁荣，使济南城市成长为政治、经济及文化中心，更是极大地带动了市内交通的发展，密切了商埠与旧城、城市与乡村的往来，发展新式交通工具势在必行。

社会环境因素并不有利于济南城市交通的发展。战乱始终是城市发展的噩梦，对城市交通发展亦是如此。开埠后的几十年中，济南屡遭战争蹂躏，先遭军阀混战，再到“五三惨案”，直至完全沦陷，如此不稳定的社会环境，致使城市建设时断时续，甚至是失去“自主”控制，市内交通发展深受影响。再者，近代山东灾荒频繁，省城济南也深受波及，致使城市交通建设事业时受羁绊，不同程度地迟缓了近代济南城市交通的发展。

除此之外，当局碍于各种因素的影响，推进城市交通变革的措施、决心不够坚决，一定程度上束缚了济南城市交通的发展。总之，这些因素对开埠后济南城市交通的发展利弊兼有，近代济南的城市交通在这些因素的作用下演绎着转型发展与提升。

附录：济南市道路统计表（1929年）

警察区域	路名	种类	长度：公尺	宽度：公尺	有无沟渠	车辆繁简	损坏情形	备考
商埠一二三	经一路	石碴	2 200	16.5	暗沟	繁	尚称完善	由馆驿街西口至经十路
商埠一二三	经二路	石碴	2 100	15.95	明沟	繁	局部损坏	由普利门至纬十路
商埠一二三	经三路	石碴	2 240	16.6	明沟	繁	路面尚好	由纬一路至纬十路
商埠一二三	经四路	石碴	2 790	16.65	暗沟	繁	局部损坏	由麟祥门至纬十路
商埠二四	经五路	石碴 土路	1 472 474	17 15	纬一路至纬六路暗沟；纬六路至纬八路明沟	简	局部损坏	由纬一至纬八石碴路 由纬八至纬十未修
商埠四	经六路	石碴 土路	1 101 1 017	17	暗沟	简	局部损坏	由纬一至小纬六石碴路 由小纬六至纬十未修
商埠四	经七路	石碴 土路	260 1 043 1 017	17	暗沟	简	局部损坏	小纬五至小纬六路石碴路 纬一至小纬五未修 小纬六至纬十未修

续表

警察区域	路名	种类	长度：公尺	宽度：公尺	有无沟渠	车辆繁简	损坏情形	备考
未开辟	经八路	土路	3 140	24	暗沟	简	局部损坏	由城圩墙至纬十路
商埠一四西南乡	纬一路	石碴	1 393	12	经一至经三明沟 经三至经七暗沟	繁	路面损坏	由经一路至经七路
商埠一	小纬一路	石板 石碴	50 230	9.4	无	繁	局部损坏	由经一路至胶济铁路
商埠一四	纬二路	石碴 土路	1 285 29	12	暗沟	简	路面损坏	由经一路至经六路石碴 由经六至经七土路
商埠一四	小纬二路	石碴	822	12	暗沟	简	路面损坏	由经三至经七
商埠二四	纬三路	石碴	1 093	12	暗沟	繁	路面损坏	由经一路至经六路
商埠二	纬四路	石碴	280	2.5	暗沟	繁	新修	由经一路至经六路
商埠二四	小纬四路	石碴	179	12	暗沟	简	新修	由经五路至经六路
商埠二	纬五路	石碴	429	13	暗沟	简	新修	由经一路至经三路
商埠二四	小纬五路	石碴	350	12.3	暗沟	简	局部损坏	由经四路至经七路
商埠三四	纬六路	石碴	1 204	12.4	暗沟	简	局部损坏	由经一路至经七路
商埠二四	小纬六路	石碴	912	12.2	暗沟	简	局部损坏	由经二路至经七路
商埠三四	纬七路	石碴	807	12.4	明沟	简	路面完好	由经一路至经五路

续表

警察区域	路名	种类	长度：公尺	宽度：公尺	有无沟渠	车辆繁简	损坏情形	备考
商埠三四	纬八路	石碴	958	12.5	明沟	繁	局部损坏	由经一路至经六路
商埠三四	纬九路	石碴 土路	576 595	12.55	无	简	局部损坏	由经一路至经四路石碴路 由经四路至经七路土路
未开辟	纬十路	土路	729	12	无	简	局部损坏	由经二路至经六路
西南乡	纬北路	石碴	258	5.2	无	繁	局部损坏	由小纬一路至津浦马路
商埠二	公祥街	石碴	194	4.4	无	简	局部损坏	由纬五路至小纬六路
商埠二	万字巷	石碴	420	5.7	无	简	局部损坏	由纬二路至纬四纬五
商埠二	通惠街	石碴	167	8.5	无	简	局部损坏	由纬二路至纬四路
商埠一二	升平街	石碴	269	9.2	无	简	局部损坏	由纬二路至纬三路
商埠二	通惠街	石碴	167	8.55	无	简	局部损坏	由纬二路至纬四路
商埠二	万字巷	石碴	420	5.7	无	简	局部损坏	由经二路至纬四纬五
商埠二	公祥街	石碴	194	4.4	无	简	局部损坏	由纬五路至小纬六路
西南乡	纬北路	石碴	258	5.2	无	繁	局部损坏	由小纬一路至津浦马路
关西城外二区	竹杆巷	石板	114	4.5	无	简	局部损坏	由英贤街至上元街

续表

警察区域	路名	种类	长度：公尺	宽度：公尺	有无沟渠	车辆繁简	损坏情形	备考
关西城外二区	靖安街	石板	174	5.5	无	简	局部损坏	由福康街至普利大街
关西城外二区	福康街	石板	142	5.5	无	简	局部损坏	由武韬街至靖安街
关西城外二区	英贤街	石碴	103	7	暗渠	简	路面尚好	由蕉家隅首至西城圩门
关西城外二区	隅蕉首家	石碴	145	6.5	暗渠	简	路面尚好	由武韬街至英贤街
关西城外二区	花店街	石碴	203	7.2	暗渠	繁	路面尚好	由铁塔街至武韬街
关西城外二区	筐市街	石碴	187	6.3	暗渠	繁	路面尚好	由城顶起至铁塔街
关西城外二区	估衣市街	柏油	336	17.7	暗渠	繁	路面尚好	由城顶起至西门止
西关	普利大街	石碴	462	8.2	暗渠	繁	局部损坏	由普利门起至城顶止
西南乡	丁家堐	土石	276 40	4	无	简	坎坷不平	东清泉街西经二路
商埠四	北上山街	土	162	3.3	无	简	尚可	北至纬一路南至经七
西南乡	南上山街	土	380	4	无	简	坎坷不平	北经七路
西南乡	乐山街	土石	东西276 南北50 133	4	无	简	东西稍坏南北尚可	北经七南上山街

续表

警察区域	路名	种类	长度：公尺	宽度：公尺	有无沟渠	车辆繁简	损坏情形	备考
商埠四	公和街	土	东西165 南北226	6.5 7	无	简	尚可	南至经七北至经六
商埠四	公祥街	土	东西165 南北226	6.5 7	无	简	坎坷不平	西小纬二路东纬二路
关西城外二区	廉泉胡同	石板	67	2	无	简	路面尚可	朝阳街星垣街
关西城外二区	星垣街	石板	86	2.9	无	简	路面尚可	石巷街裕宏后街
关西城外二区	石巷子街	石板	74	3.6	无	来往水车甚繁	局部损坏	铁塔南口星垣南口
关西城外二区	西杆面巷	石板	322	4.8	无	简	局部损坏	锦缠街花店街
关西城外二区	锦缠街	石板	265	4.6	无	简	局部损坏	北小门街制锦市前街
关西城外二区	锦屏街	石板	136	6.5	无	简	局部损坏	西杆面巷北小门街
关西城外二区	三圣街	石板	140	5	无	繁	局部损坏	制锦市前街西杆面巷
关西城外二区	东杆面巷	石板	232	3.7	无	简	局部损坏	花店街三圣街
关西城外二区	朝阳街	石板	214.00	5.1	无	简	局部损坏	制锦市前街花店街东口

续表

警察区域	路名	种类	长度：公尺	宽度：公尺	有无沟渠	车辆繁简	损坏情形	备考
关西城外二区	（南北）铜元局街 制锦市前街	石板	485.00	4.8 3.9	大暗沟 无	简	局部损坏	由富贵里西口至朝阳街东口
关西城外二区	镇武街	石板	280	6.4	无	繁	路面损坏	北小门街制锦市前街
关西城外二区	北小门街	石板	245	5.7	无	简	路面损坏	安乐街外二分局派出所
关西城外二区	乐安街	石板	151	5.5	无	简	路面损坏	由蕉家隅首至北小门
关西城外二区	上元街	石板	106	3.8	无	简	局部损坏	由福康街至圩子根
内三区	东华家西井	石板	51	4.7	无	简	路面尚好	
内三区	华家井街	石板	195	4	无	简	路面尚好	小沧街双忠祠街
内三区	小沧街	石板	240	4.4	无	简	路面尚好	西城根街华家井北口
内三区	西城根街	石板	431	5.5	无	简	路面尚好	太平寺街乾健门
内三区	太平寺街	石板 土路	380 60	4.8 5	明沟	简	尚称良好	西门大街太平寺街北口
关西城外二区	制锦市后街	石板	98	4	无	简	局部损坏	铜元局西口制锦市前街
关西城外二区	东铜元西局后街	石板	210	4.2	无	简	局部损坏	铜元局前街制锦市后街

续表

警察区域	路名	种类	长度：公尺	宽度：公尺	有无沟渠	车辆繁简	损坏情形	备考
关西城外二区	启胜街	石板	287	8	无	简	局部损坏	第三虹桥小北门
关西城外二区	顺河街	石板	290	5.8	无	简	局部损坏	西城门第三虹桥
关西城外二区	铜元局前街	石板	760	6.5	无	简	局部损坏	东流水北口第三虹桥
关西城外二区	东流水街	石板	420	3.4	无	简	局部损坏	估衣市街第一虹桥
关西城外二区	江家池	石板	100	4.1	无	来往水车甚繁	局部损坏	裕宏前街估衣市街
关西城外二区	江家池东街	石板	133	2.8	无	简	局部损坏	江家池东流水
关西城外二区	裕宏前街	石板	61	5.6	无	来往水车甚繁	局部损坏	石巷子街江家池
内三区	贡院后街	石板	290	5.7	无	简	路面尚好	晏公街福禄街
内三区	顺贡街	石板	119	3.8	无	简	路面尚好	抱厦街贡院后街
内三区	晏公庙街	石板	122	4.8	无	简	路面尚好	省党部抱厦街贡院后街
内三区	抱厦街	石板	106	4	无	繁	新修	寿佛楼北口
内三区	寿佛楼后街	石碴	182	6	无	简	新修	西至乾健门
内三区	慈林院街	土路	97	3.7	无	简	路面尚好	寿康楼西公界街

续表

警察区域	路名	种类	长度：公尺	宽度：公尺	有无沟渠	车辆繁简	损坏情形	备考
内三区	寿康楼南街	土路	130	3.5	暗沟一道	简	路面尚好	寿康楼北街西公界街
内三区	寿康楼街	石板 土路	65 70	4.3	暗沟一道	简	路面良好	西公界街华家井
内三区	西公界街	石板	301	3.3	无	简	路面整齐	双忠祠寿康楼街
内三区	熨斗裕	石板	170	5.7	无	简	路面整齐	双忠祠将军街
内三区	双忠祠街	石板	171	4.3	无	简	尚称良好	鞭指巷洋楼西街
内三区	将军街	石板	183	4.3	无	简	尚称良好	鞭指巷高都司巷
内三区	鞭指巷	石板	366	4.1	无	简	尚称良好	西门大街双忠祠
内三区	高都司巷	石板	233	4.3	明沟	简	尚称良好	洋楼街西门大街
内三区	启明街	石板	57	4.8	无	简	路面尚好	洋楼西街太平寺街
内三区	洋楼西街	石板	154	3.6	明沟	简	路面尚好	小沧街南口启明街
内一区	王府池街（东西）	石板	61	2.8	路中暗沟	简	路面尚好	由水池起至西更道
内一区	魏家胡同	石板	21	3.6	路中有暗沟	简	路面尚好	起凤桥王府池子
内一区	起凤桥	石板	135	2.7	无	简	路面尚好	芙蓉街西更道

续表

警察区域	路名	种类	长度：公尺	宽度：公尺	有无沟渠	车辆繁简	损坏情形	备考
内一区	马市街	石板	84	3.8	无	简	路面尚好	东花墙子街
内三区	茶巷	石板	81	2.7	路中有暗沟	简	路面尚好	西花墙子街贡院墙根街
内三区	西奎文街	石板	80	3.4	路中有暗沟	简	路面尚好	西花墙子街贡院墙根街
内三区	府学西庑街	土路	144	3.8	无	简	路面尚好	西奎文街起
内三区	西花墙子街	石板	109	3.6	无	简	路面尚好	芙蓉街北口府学西庑
内三区	芙蓉街	石板	450	4.9	暗沟	繁	路面尚好	西门大街西花墙子街
内三区	布政司大街	石碴	359	6.15	暗沟	繁	局部损坏	民政厅西门大街
内三区	小布政司街	石板	289	4.4	暗沟	繁	路面尚好	芙蓉街鞭指巷
内三区	贡院墙街	石板	426	6.3	东边有暗沟	繁	路面尚好	鹊华桥西街小布政司街
内三区	鹊华桥西街	石板	161	4.15	暗沟	繁	全部损坏	贡院后街鹊华桥
内三区	福禄街	石板	214	4.7	无	简	新修一段	鹊华桥西街贡院后街
内三区	贡院墙根街	石碴	207	6.1	无	简	路面尚好	抱厦街东口贡院墙根南北街
内一区	小兴隆街	石板	132	2.5	路南有明沟一道	简	路面尚好	曲水亭起院后止
内一区	轱辘把子街	石板	37	4.9	无	简	路面尚好	文庙后宰门

续表

警察区域	路名	种类	长度：公尺	宽度：公尺	有无沟渠	车辆繁简	损坏情形	备考
内一区	东花墙子街	石板	134	3.7	无	简	路面尚好	芙蓉街轱辘把子街
内一区	涌泉胡同	石板	60	1.8	无	简	路面尚好	曲水亭东花墙子街
内一区	曲水亭	石板	143	2.8	路中有小河一道宽3公尺	简	路面尚好	西更道百花桥
内一区	西更道街	石板	316	2.9	路中暗沟	简	路面尚好	南西辕门北曲水亭止
内一区	西辕门街	石板	57	4.5	路中暗沟	简	路面尚好	平泉胡同西辕门
内一区	芙蓉街	石板	132	3.5	无	简	路面尚好	院前起芙蓉街
内一区	翔凤巷	石板	100	1.8	路中暗沟	简	路面尚好	西芙蓉街东平泉胡同
内一区	金菊巷	石板	100	2.6	路南面有暗沟一个	简	路面尚好	芙蓉街平泉胡同
内一区	平泉胡同	石板	146	2.5	路西有暗沟一个	简	路面尚好	王府池
内一区	王府池街	石板	31	3	路中暗沟	简	路面尚好	北由王府池街南至平泉胡同

主要参考文献 ≫

[1] 盛叙功. 交通地理 [M]. 上海：商务印书馆，1931.

[2] 白寿彝. 中国交通史 [M]. 北京：中国文史出版社，2015.

[3] 周传铭. 济南快览 [M]. 上海：世界书局，1927.

[4] 隗瀛涛. 中国近代不同类型城市综合研究 [M]. 成都：四川大学出版社，1998.

[5] 何一民. 变革与发展：中国内陆城市成都现代化研究 [M]. 成都：四川大学出版社，2002.

[6] 张利民. 华北城市经济近代化研究 [M]. 天津：天津社会科学院出版社，2004.

[7] 张利民. 艰难的起步：中国近代城市行政管理机制研究 [M]. 天津：天津社会科学院出版社，2008.

[8] 李长莉，闵杰，罗检秋，左玉河，马勇. 中国近代社会生活史 [M]. 北京：中国社会科学出版社，2015.

[9] 王笛. 街头文化：成都公共空间、下层民众与地方政治（1870—1930）[M]. 北京：中国人民大学出版社，2006.

［10］张仲礼. 近代上海城市史研究［M］. 上海：上海人民出版社，1990.

［11］忻平. 全息史观与近代城市社会生活［M］. 上海：复旦大学出版社，2009.

［12］安作璋. 山东通史（近代卷）［M］. 济南：山东人民出版社，2008.

［13］济南市社会科学研究所. 济南简史［M］. 济南：齐鲁书社，1986.

［14］吕伟俊. 民国山东史［M］. 济南：山东人民出版社，1995.

［15］吕伟俊，董宝训，李平生，赵兴胜. 山东现代区域化研究（1840—1949）［M］. 济南：齐鲁书社，2002.

［16］王守中，郭大松. 近代山东城市的变迁［M］. 济南：山东教育出版社，2001.

［17］庄维民. 近代山东市场经济的变迁［M］. 北京：中华书局，2000.

［18］杨天宏. 口岸开放与社会变迁：近代中国自开商埠研究［M］. 北京：中华书局，2002.

［19］孙竹兮. 济南老街老巷［M］. 济南：山东人民出版社，2005.

［20］张润武，薛立. 图说济南老建筑（近代卷）［M］. 济南：济南出版社，2007.

［21］张继平. 济南街巷漫话［M］. 济南：济南出版社，2011.

［22］徐华东. 济南开埠与地方经济［M］. 银川：黄河出版社，2004.

［23］党明德，林吉玲. 济南百年城市发展史：开埠以来的济南［M］. 济南：齐鲁书社，2004.

［24］苗尔澜，管萍. 老济南商埠琐记［M］. 济南：济南出版社，2009.

［25］王音. 济南城市近代化历程［M］. 济南：济南出版社，2006.

［26］马德坤. 民国时期济南同业公会研究［M］. 济南：人民出版社，2014.

［27］济南市档案局编. 穿越时空的记忆：济南档案史料探微［M］. 北京：中国档案出版社，2007.

［28］聂家华. 对外开放与城市社会变迁：以济南为例的研究（1904—1937）［M］. 济南：齐鲁书社，2007.

［29］盖志芳. 济南城市文化通论［M］. 济南：山东人民出版社，2016.

［30］王颖，盖志芳. 近现代山东城市文化研究［M］. 济南：山东人民出版社，2023.

［31］雍坚. 济南城记［M］. 济南：山东画报出版社，2017.

［32］丁芮. 管理北京：北洋政府时期京师警察厅研究［M］. 太原：山西人民出版社，2013.

［33］王瑞芳. 近代中国的新式交通［M］. 北京：人民文学出版社，2006.

［34］丁贤勇. 新式交通与社会变迁：以民国浙江为中心［M］. 北京：中国社会科学出版社，2007.

［35］郑若葵. 交通工具史话［M］. 北京：中国大百科全书出版社，2000.

［36］蔡士铖，梁来增. 交通安全［M］. 天津：天津科学技术出版社，1987.

［37］王建勇. 中国道路交通和交通管理［M］. 北京：警官教育出版社，1995.

［38］黄承锋. 区域交通发展与管理［M］. 成都：电子科技大学出版社，2013.

［39］沈建武，吴瑞麟. 城市道路与交通［M］. 武汉：武汉大学出版社，2011.

［40］刘进. 道路交通管理学［M］. 昆明：云南科学技术出版社，2007.

［41］张举兵，张卫华，焦双健. 城市道路交通规划［M］. 北京：化学工业出版社，2006.

［42］谷中原. 交通社会学［M］. 北京：民族出版社，2002.

［43］邵春福. 交通规划原理［M］. 北京：中国铁道出版社，2004.

［44］王炜等. 城市交通规划［M］. 南京：东南大学出版社，1999.

［45］秦殿发. 道路与交通环境［M］. 北京：中国人民公安大学出版社，1990.

［46］丁立民. 道路交通管理［M］. 北京：警察教育出版社，1999.

［47］王春才. 城市空间演化与交通的互馈解析［M］. 北京：冶金工业出版社，2008.

［48］何玉宏. 社会学视野下的城市交通问题［M］. 南京：南京出版社，2006.

［49］苏生文. 中国早期的交通近代化研究（1840—1927）［M］. 上海：学林出版社，2014.

［50］韩括. 交通变迁与城市发展［M］. 兰州：兰州大学出版社，2015.

［51］邵春福. 城市交通概论［M］. 北京：北京交通大学出版社，2016.

［52］孙倩. 上海近代城市公共管理制度与空间建设［M］. 南京：东南大学出版社，2009.

［53］王新文. 积极保护：基于问题导向的济南老城保护与更新［M］. 中国建筑工业出版社，2014.

［54］山曼. 济南城市民俗［M］. 济南：济南出版社，2001.

［55］严强，王金环. 济南旧影［M］. 北京：人民美术出版社，2002.

［56］施坚雅. 中华帝国晚期的城市研究［M］. 叶光亭，徐自立，王嗣均，等译. 北京：中华书局，2000.

［57］鲍德威. 中国的城市变迁：1890—1949年山东济南的政治和发展［M］. 张汉，金桥，孙淑霞，译. 北京：北京大学出版社，2010.

［58］汤姆逊. 城市布局与交通规划［M］. 倪文彦，陶吴馨，译. 北京：中国建筑工业出版社，1982.

［59］皮埃尔·梅兰. 城市交通［M］. 高煜，译. 北京：商务印书馆，1996.

后　记 ≫

本书是在我的博士论文的基础上修改完成。在博士毕业近乎两年后，重拾自己辛苦孕育的“成果”，往事历历在目，诸多感想群拥而至。想当年，在论文完稿之际，我曾誓言要好好写下自己，回顾成长历程，感恩那些在人生道路上给予过我帮助、指导的师友，但因其时忙于诸多毕业事务，使得我的这一想法一时搁置。今天，趁忝列学校博士文丛出版之际，顺达往昔夙愿。

回首往昔，我依稀记得小学第一堂数学课上，老师让回答“课本屋顶上小鸟的数量”，而我却抬头“朝屋顶看去”的场景，以致整个一年级，每逢学区考试，我都被“锁”于教室之中。毫不夸张地说，我从小就“崭露”出笨拙之势，能够跨越“农门”步入高等学府的殿堂，我想除了家庭经济贫困给我的激励外，很大程度上源于母亲从小给我灌输的“月拿200元，不吃庄户饭”思想。我就是这样肩负着家庭的使命，一路磕磕绊绊地从初中升到高中，并经历波折后，有幸进入大学，获得学士、硕士学位，直至完成博士研究生的学习生涯。

毋庸置疑，我能够在求学的道路上走到现在，同样源于老师、同学及朋友的指导和帮助。平时因性格木讷、不善言谈及个人能力所限，不能一一道谢，只能趁此机会在这苍白的纸上表达最诚挚的致谢。首先，要感谢我的导师张利民教授。承蒙老师不弃，收下我这个“大学生”（读博时已36岁），让我开启了梦寐已久的博士学习生涯。读博的三年里，导师的学识、涵养及博大胸怀无不感染、影响着我，向老师学习，向老师看齐，努力提升自己，必将成为我一生追求的目标。博士论文从构思、选题、框架设计、开题直至撰写过程，始终浸透着导师的心血。依稀记得，每当我诉说论文困惑之时，导师的点评如同润物细无声的春雨，点点滴滴，滋润我的心灵，使我茅塞顿开。写作过程中，我感触最深的就是驾驭论文能力的欠缺，有时候思维收放极其困难。修改过程中，我更切身地感受到导师严谨的学术态度、独到的研究视角、敏锐的观察力。而同时我更感到“学问”二字的分量，要真正会“做学问”“做好学问”，还有很长的一段路要走。其次，还要感谢天津师范大学历史文化学院李学智教授、田涛教授。在学院里，我同两位老师的接触最多，从复试、授课、听报告到开题，两位老师的学识、人品让我印象深刻。论文开题之时，两位老师给予的中肯建议，纾解了我困惑许久的问题，使我在后续论文的写作过程中，厘清了思路，节省了时间。再者，感谢毛曦教授、孙立田教授、徐悦老师、郭葶老师、周二宝老师、胡东鸣老师等诸位的帮助。另外，还要感谢我所在年级的博士同学们，有师兄王新利、高泽峰、廖凯，同班同学穆怀寅、左志军、郭四维、董振华、王家超、孙柳、迟雪鑫、周致新、迟慧、张琼、李艳蕊、马俊燕，遇到他们是我的幸运，我倍加珍惜同学之谊。

另外，我要感谢就职单位的诸位领导、同事、同学。首先，感谢部门领导唐家路教授，2006年我刚入职时就有幸结识唐教授，其后曾数次得到其帮助，特别是在我攻读博士期间，他更是大力支持，给予了较为宽松的工作环境，使我能专心地从事论文写作。部门同事战国栋、蔡青春也给予了工作上的较多帮助，在此一并致谢。其次，要感谢校领导董占军教授多年来对我的无私帮助。感谢挚友兼领导徐磊教授一直以来对我的鞭策、鼓励和帮助。再者，感谢徐学标、张华清、吴修成等，与他们的朝夕相处使我心情舒畅，博士论文中的许多想法是在与他们探讨交流中产生的。另外，还要感谢办公室勤工助学的焦楠同学、刘倩同学、赖世芬同学，他们不仅分担了我的部分工作，还帮我整理了部分论文资料。最后，我要特别感谢王任老师，与王老师相识十多年来，不仅数次得到过其无私帮助，而且博士论文中许多资料的获得也得益他的赠送、引荐。要感谢的人还有很多，在这里不再一一陈述。

最后，我要特别感谢我的家人。感谢父亲、母亲，他们虽已年近古稀，却还因为我穿梭、忙碌于家庭事务之中，担负着部分家庭重担。父母恩情如滔滔海水连绵不绝，我一生都无法偿还，唯有不忘初心，砥砺前行，来报答他们。我更应该感谢我的妻子贺艳红女士，自结婚以来就承担起了育儿养家的事务，尤其在我读博的这三年里，她更是上要照顾老人，下要照看两个嗷嗷待哺的儿子，每天劳累程度可想而知，这些为论文的顺利完成提供了坚强后盾。正是由于家庭成员的无私支持，我才能“任性”地长期住在学校，安心地从事论文的写作工作。

千言万语道不尽我的感激之辞，我会永远铭记大家的恩泽。今后，我将继续以“不忘初心，不违本心，不负真心”为座右铭，踏踏实实学习、工作和生活！

午夜的时钟已经敲响，我的思绪也被拽回了当前。可以说，此书是我的第一本学术专著，它虽凝聚了我三年的心血，但其中不当之处定然存在。“文章千古事，得失寸心知”，在我看来它或多或少显得有些幼稚。在此，我诚恳地请大家批评指正，并提出宝贵意见，以备我以后继续完善。

任谢元　于济南西蒋峪
2023年6月5日